古代歷史文化研究輯刊

二二編

王明蓀 主編

第 15 冊

趙舒翹年譜

閆強樂 著

國家圖書館出版品預行編目資料

趙舒翹年譜／閆強樂 著 — 初版 — 新北市：花木蘭文化事業
有限公司，2019〔民 108〕
目 2+184 面；19×26 公分
（古代歷史文化研究輯刊 二二編；第 15 冊）
ISBN 978-986-485-909-2（精裝）
1.（清）趙舒翹 2.年譜
618   108011816

ISBN-978-986-485-909-2

古代歷史文化研究輯刊
二二編　第十五冊　　　　　　ISBN：978-986-485-909-2

趙舒翹年譜

作　　　者　閆強樂
主　　　編　王明蓀
總 編 輯　杜潔祥
副總編輯　楊嘉樂
編　　　輯　許郁翎、王筑、張雅淋　美術編輯　陳逸婷
出　　　版　花木蘭文化事業有限公司
發 行 人　高小娟
聯絡地址　235 新北市中和區中安街七二號十三樓
　　　　　　電話：02-2923-1455 ／傳眞：02-2923-1452
網　　　址　http://www.huamulan.tw 信箱 hml 810518@gmail.com
印　　　刷　普羅文化出版廣告事業
初　　　版　2019 年 9 月
全書字數　157656 字
定　　　價　二二編 25 冊（精裝）台幣 63,000 元

趙舒翹年譜

閆強樂　著

作者簡介

閆強樂，陝西西安人，中國政法大學法學院博士研究生，本科、碩士畢業於蘭州大學歷史文化學院，研究領域，中國法律史。

提　要

　　趙舒翹（1848～1901）是晚清政壇的一位重要人物，歷任安徽鳳陽知府、浙江溫處道、浙江按察使、浙江布政使、江蘇巡撫、刑部左侍郎、刑部尚書、軍機大臣。因庚子事變被指爲「禍首」之一，下令「自盡」。任職刑部時著有《提牢備考》，亦是中國法制史「陝派律學」的重要人物。其人治學交遊，授業於關學大儒柏景偉，與劉古愚私交甚密，於《易》研究頗有心得，可見亦爲關學之一代表人物。本文是在民國陝西王步瀛所編《愼齋年譜》基礎之上充分吸收《愼齋文集》、《愼齋別集》、與趙氏往來先賢文集、相關檔案資料增補而成的新年譜。附錄整理趙舒翹任職提牢廳主事所著《提牢備考》趙舒翹相關傳記資料。此年譜的寫作對於趙舒翹 晚清政治、「陝派律學」、關學的研究具有一定的參考價值。

目

次

趙舒翹年譜

1848 年，清道光二十八年，戊申，一歲。

六月二十八日趙舒翹生於陝西西安府長安縣大原村。

趙舒翹，字展如，號琴舫，晚年號慎齋。身半胖，中等身材，身高約 1.70 米。目近視，官場中講官話（北京話），日常說陝西話。〔註1〕

高祖父趙祥，國子監生，鄉飲介賓〔註2〕。曾祖父趙際雲，縣學生，妻曹

〔註1〕據趙舒翹曾孫趙農先生追記。

〔註2〕「鄉飲介賓，即鄉飲大賓。唐代由州推縣薦應科舉的士子，因鄉貢的士子參加鄉飲酒禮，故稱「鄉賓」。周制，鄉學三年業成大比，考其德行道藝優異者，薦於諸侯。將行之時，由鄉大夫設酒宴以賓禮相待，謂之「鄉飲酒禮」。歷朝沿用，亦指地方官按時在儒學舉行的一種敬老儀式。《儀禮？鄉飲酒禮》賈公彥疏引漢鄭玄《三禮目錄》：「諸侯之鄉大夫三年大比，獻賢者能於其君，以賓禮待之，與之飲酒，於五禮屬嘉禮」。鄉飲酒禮舉鄉里處士之賢者爲「賓」，次爲「介」，又次爲「眾賓」。其後歷代相沿，名稱不盡相同。明清時又有「賓」，（亦稱「大賓」）、「饌賓」、「介賓」、「三賓」、「眾賓」等名號，統稱「鄉飲賓」。參考李俊義《〈鄉飲介賓司殿英先生墓誌銘〉作者考略》，《赤峰學院學報》2009 年第 8 期，第 12 頁。據徐忠明、杜金的研究，清代鄉飲酒禮沿襲明制，如明代規定了「讀律」內容——據說，它來自《周禮》的「令民讀法」之制，通過「聽講律，受戒諭」的活動，冀以警戒頑民。如有違反，笞五十。清代的鄉飲酒禮，也有「讀律「的內容；違者，同樣是笞五十。根據清代法律規定，參與鄉飲酒禮的人員除了地方官員和負責講讀律令的「執事」——學校生員，還有普通民眾——士農工商。（參考徐忠明、杜金：《讀律生涯：清代刑部官員的職業素養》，《法制與社會發展》2012 年第 3 期，第 49～50 頁；亦載於徐忠明、杜金：《傳播與閱讀：明清法律知識史》，北京大學出版社，2012 年，第 239～240 頁。但該文又指出：倘若鄉飲酒禮的「讀律」活動得到了切實貫徹的話，那麼清代中國應該是一個法律知識普遍流播，而且「法制觀念」亦深入人心的傳統社會；然而，鄉飲酒禮每每流於虛應故事。另外我們對鄉飲酒禮上究竟講讀哪些法律條文，也不清楚。）而趙氏的祖輩皆爲地方士紳，相應地鄉飲酒禮是經常參加的，而這若是一種常態，必定在趙舒翹的幼年即產生了重大的影響。

張氏。本生曾祖父趙慶雲，縣學生，妻柏氏。祖父趙元鼎，縣學生，妻賈氏。本生祖父趙元士，字澧浦，妻呂氏。本生父趙宗謙，字德柄，妻任氏。兼祧父趙宗讓，字禮閒，妻董氏。

《愼齋年譜》：「先生姓趙氏，諱舒翹，字展如，號琴舫，晚年號愼齋，陝西西安府長安縣人。高祖祥，國子監生，鄉飲介賓。曾祖諱際雲，縣學生，配曹張氏。本生曾祖諱慶雲，縣學生，配柏氏。祖諱元鼎，縣學生，配賈氏。本生祖諱元士，字澧浦，配呂氏。本生父，諱宗謙，字德柄，配任氏。兼祧父諱宗讓，字禮閒，配董氏。均以先生貴，贈封光祿大夫，一品夫人。」〔註3〕

《愼齋年譜》：「是年秋九月二十五日，本生父趙宗謙卒。」

《趙舒翹呈請兼祧略》：「本生胞叔宗讓早逝，叔母董氏，年二十一歲，矢志守節，翹遭家不造，生一歲而喪父，三歲而本生胞叔故，十二歲而喪母，十六歲而祖母與本生祖母皆故，十九歲而本生祖父見背，遂奉本生叔母董氏同居，翹視叔母如母，叔母亦視翹如親子，相依爲命已二十餘年矣。且翹由次房出嗣，長房年已四十有六，子嗣尚虛，內願單微，兢兢危慄，惟有援照大宗兼祧小宗之例，以本生胞叔母董氏爲翹兼祧嗣母，日後設遭大故，乞准報丁解任持嚴期年，稍盡區區儒忱將來生子，再行分祧兩房。」〔註4〕

《趙母董太夫人墓誌》：「太夫人父諱朝鼐，母氏張，誥贈光祿大夫諱宗讓公之妻，而前刑部尙書展如司寇之兼祧母也。幼而端靜，寡言笑，年十九歸於趙氏，三年而宗讓公歿，太夫人痛絕，誓以身殉。當是時，尙書本生父宗謙公早卒，而母任太夫人亦病甚，本生祖元士公方在堂，乃共勸其忍死撫孤，以延宗祧。而任太夫人旋亦見背，於是，太夫人與尙書母子相依爲命，食辛味苦，教以成立。」〔註5〕

1850 年，道光三十年庚戌，三歲。

《愼齋年譜》：「澧浦公憐先生失怙，鍾愛甚，教之識字，穎悟異常童。」

1851 年，咸豐元年辛亥，四歲。

〔註 3〕（民國）王步瀛：《愼齋年譜》，民國十三年（1924 年）酉山書局鉛印本。

〔註 4〕（民國）王步瀛：《愼齋年譜》，民國十三年（1924 年）酉山書局鉛印本。

〔註 5〕張安興：《新徵集民國〈趙母董太夫人墓誌〉淺說──兼談趙舒翹其人其事》，收錄於西安碑林博物館編：《碑林集刊》第十輯，西安：三秦出版社，2004 年，第 149～153 頁。

1853 年，咸豐三年癸丑，六歲。

《愼齋年譜》：「是年兼祧父禮閒公卒。」

1854 年，咸豐四年甲寅，七歲。

《愼齋年譜》：「始從從堂祖愼修公讀書，一過成誦，授以大義亦了悟，其根器有大過人者。」

「幼在塾中讀書，一日師外出，諸童戲將羊趕至豬圈，師歸見狀，即出一上聯，能答上者不罰，師曰：『羊在豬圈』，趙即對『鶴立雞群』，師奇之」。〔註6〕

1859 年，咸豐九年己未，十二歲。

正月二十四日，本生母任氏卒，兼祧母董氏撫之至成立。

《愼齋年譜》：「春正月二十四日，本生母任太夫人卒，兼祧母董太夫人撫之至成立。」

1860 年，咸豐十年庚申，十三歲。

《愼齋年譜》：「從族祖贊五公讀書馬務村，學業大進。」

《〈時藝論〉序》：「余十二三歲時，從族祖贊五夫子學作文，即以仁在堂家法口授，蓋贊五夫子受業於李兆林先生焌，而兆林先生乃路門高第子也。故余雖甫成童，而遭亂離，學文日淺，尚未差謬者，實賴仁在堂批語先入爲主耳。」〔註7〕

1861 年，咸豐十一年辛酉，十四歲。

《愼齋年譜》：「從贊五公讀書。」

1862 年，同治元年壬戌，十五歲。

四月，陝甘回民起義〔註8〕波及西安，趙舒翹同祖父母避難扶風縣，仍讀

〔註6〕據趙舒翹曾孫趙農追記。

〔註7〕（清）趙舒翹：《愼齋別集》卷1，民國十三年（1924 年）西山書局鉛印本。

〔註8〕陝甘回民起義：19 世紀清朝同治年間發生在中國西北地區的一場大規模動亂和戰爭。這次戰爭的起因主要是回漢矛盾，戰爭主要表現爲失去理智的相互殺戮。同治回亂自 1862 年起直至 1873 年結束，持續 10 餘年後才被清廷鎮壓。這場暴亂除了在陝西及甘肅外，還波及寧夏及青海以及新疆各省，對中國西北地區經濟和文化造成了巨大的破壞，史料顯示，陝甘兩省共損失人口總數保守估計約 2000 餘萬，造成漢族聚居的村落及城鎮出現十室九空的慘狀，不少戰前回民聚居的州縣戰後回民蹤跡全無。

書不輟。時長安柏景偉〔註9〕參與鎮壓陝甘回民起義，爲長安縣地區團練頭目，現長安縣馮村仍存當時禦敵土築城垣。

《愼齋年譜》：「夏四月，同州回作亂躪西安，先生奉祖父母避難扶風，賊至守陴，賊退讀不輟，人曰：「此何時而讀書乎」？先生曰：「朝聞道夕死可矣」。其顛沛不廢學如此。」

1863 年，同治二年癸亥，十六歲。

《愼齋年譜》：「先生在扶風，本生祖母呂暨兩庶祖母相繼殂謝，時道梗，權力攢室。先生避難扶風詩：祖母年拱木，茂陵寄上邱。」

《避難扶風作》：「憶昔爲童稚，悠悠不知愁；出入有人使，衣食心不謀；延師課誦讀，攜友遠交遊；自謂負不凡，一生得自由。無端狂寇起，一家四漂流；嬏母同舅竄，而曲受顛憂；祖母年拱木，茂陵寄上邱；零丁我孤苦，顛憐耶白頭；房屋焦土嶡，田園荒草稠；親朋無片紙，寄食受稜眸；困苦已如此，干戈上未休；飢饉接踵至，苗稿不成秋；所願欃槍掃，大有慶豐收；偃武修文誥，耕田鑿井謳；他時毛羽滿，一飛上瀛洲。」〔註10〕。

是年亦有：「『毛羽滿飛上沄洲』的豪邁詩句。」〔註11〕

1864 年，同治三年甲子，十七歲。

《愼齋年譜》：「先生在扶風。」

1865 年，同治四年乙丑，十八歲。

《愼齋年譜》：「先生在扶風作醉時歌，云：有客漂泊茂陵隈，太息盡世少奇才，狂寇如瀾無人回，他鄉落日一登臺。自注云：時年十八歲，賊退東歸，室廬盡毀，僑居青門，從王濟臣、梁鏡海二先生學。」

〔註9〕 柏景偉（1830～1891），字子俊，號忍庵，晚號灃西老農，陝西長安縣馮村人。清咸豐五年舉人。晚年從事教育，主講關中、涇干、味經各書院，爲社會培養以趙舒翹、劉古愚爲代表的人才。又刊印了馮從吾的關學著作和其他許多實用書籍，建立了味經書院的刊書處，爲陝西地區近代教育發展做出巨大貢獻，光緒二十五年，陝西巡撫上奏清廷獲准，將柏載入國史館儒林傳。著作有《柏灃西先生遺集》和《灃西草堂集》等。參考《清史稿·儒林傳·柏景偉傳》、《續修陝西通志稿·人物傳·柏景偉傳》、《陝西省志·教育志》、《灃西草堂集》。
〔註10〕 《愼齋別集》卷4。
〔註11〕 據趙舒翹曾孫趙農追記。

《醉時歌》：「有客漂泊茂陵隈，太息盡世小奇才；狂寇無瀾無人回，他鄉落日一登臺；風霜兵燹交殘摧，天生我才早栽培；高歌詩書且銜杯，萬事浮雲付劫滅；醉後豪情出塵埃，直欲騎鶴到蓬萊。此中有樂亦快哉，何須富貴逼人來；郤笑阮籍氣先頹，痛哭窮途徒自哀。」〔註12〕

1866年，同治五年丙寅，十九歲。

《慎齋年譜》：「春娶夫人張氏。奉本生祖灃浦公歸大原村，居傾之，無疾而逝，卜葬大原村東柿林。時家計蕭索，四年之間四遭大故，子身枝柱，卒無廢事。」

是年趙舒翹作《詠梅》：「不隨桃李放春天，瘦骨亭亭映嶺顛；和靖未曾相別去，問君底事減清妍」。〔註13〕。

1867年，同治六年丁卯，二十歲。

《慎齋年譜》：「受業同里柏子俊孝廉。（諱景偉，國史有傳）灃浦公暮年嘗指先生語孝廉曰：『此子後來讀書成立將汝是賴』，孝廉亦決先生大器接遇特優。先生德業風節得諸孝廉為多。」

《咸寧長安兩縣續志》：「景偉負經世才，磬授所蓄，日漸月摩，諸過客又匯而濡之，蓋其為秀才時已自佼佼矣。」〔註14〕

1868年，同治七年戊辰，二十一歲。

《慎齋年譜》：「縣試第一。受知學使仁和周伯蔬先生（諱蘭，補縣學生），旋詣扶風奉祖母暨兩庶祖母歸正丘，首祭告先墓。」

1869年，同治八年己巳，二十二歲。

《慎齋年譜》：「秋應鄉試不售，益力學，屏絕俗累，交咸陽劉煥堂（光緒乙亥舉人）。」

作詩《贈咸陽劉煥堂孝廉》：「和似光風藹似春，胸懷爛漫見天真；他時若訂金蘭譜，特筆書君第一人。」〔註15〕

〔註12〕《慎齋別集》卷4。
〔註13〕《慎齋別集》卷4。
〔註14〕（民國）宋聯奎等修：《咸寧長安兩縣續志》卷15《趙舒翹傳》，民國二十五年（1936年）鉛印本。
〔註15〕《慎齋年譜》。

1870 年，同治九年庚午，二十三歲。

《愼齋年譜》：「科試一等，補廩生，學使爲奉新許仙屏（諱振禕）〔註16〕。是年張夫人卒。」

1871 年，同治十年辛未，二十四歲。

《愼齋年譜》：「繼室呂夫人來歸，六閱月卒。」

作《歲暮書懷》：「金縷歌殘廿四秋，此身猶是酒句留；才疏難定平生事，識淺翻深萬古愁。友愛黃生消鄙吝，詩吟白傳寄風流；歲寒紙帳梅花好，松竹亦嫌冷淡不。」〔註17〕

1872 年，同治十一年壬申，二十五歲。

《愼齋年譜》：「再繼室朱夫人來歸。」

1873 年，同治十二年癸酉，二十六歲。

《愼齋年譜》：「始得薛文清公讀書錄，讀之。」

《序〈汪雙池讀書錄〉》云：「猶憶二十六歲時，讀書省垣草場巷，六月間假得讀書錄，反覆細繹，心境和靜，覺得目前簾動花開，有萬物得所妙趣。」〔註18〕

《愼齋年譜》：「秋舉陝甘鄉試第二十二名。」

是年作詩《北上車中》：「下簾終日坐帷車，大道風塵四面遮；手把奇書罇有酒，渾忘身己在天涯。」〔註19〕

《雪中過靈石阪》：「太嚴橫天地，崎嶇一徑開；雲連群壑起，雪挾亂峰來；馬足冰如鑒，車輪鐵欲摧；下阪靈石驛，回顧盡崔嵬。」〔註20〕

《曉渡滹沱河弔古》：「霜風破曉渡滹沱，冷據吟鞍發浩歌；荻渚沙圍疑故壘，蒦亭址沒長秋禾；龍與白水層冰合，鹿逐中原戰骨多；終古滔滔流不盡，無人識是漢山河。」〔註21〕

〔註16〕許仙屏（？～1899）：江西省奉新人，名振禕，同治進士。曾任陝西學政、河南按察使、江寧布政使、東河河道總督、廣東巡撫等職。主張廢止釐金，節用民力。

〔註17〕《愼齋別集》卷4。

〔註18〕《愼齋別集》卷4。

〔註19〕《愼齋別集》卷4。

〔註20〕《愼齋別集》卷4。

〔註21〕《愼齋別集》卷4。

《途見新柳》：「依依官柳兩行栽，嫩眼參差向我開；莫怪青衫揮別淚，春光遙憶灞橋回。」〔註22〕

《不寐》：「四更茅店月輪高，屢警宵寒覆敝袍；鄰舍賈兒應不睡，猶聞哀哀話錢刀。」〔註23〕

1874 年，同治十三年甲戌，二十七歲。

《慎齋年譜》：「春，應禮部試，中狀元陸潤庠榜進士，改主事，讖分刑部〔註24〕。」

《明清進士題名碑錄索引》：「趙舒翹，同治十三年進士，三甲第四十二名。」〔註25〕

1875 年，光緒元年乙亥，二十八歲。

請假回鄉，祭祀祖墳。

《慎齋年譜》：「請假旋里。」

1876 年，光緒二年丙子，二十九歲。

《慎齋年譜》：「回京供職。」

《咸寧長安兩縣續志》：「當是時同邑薛允升爲本部郎，精法學，卓卓無論比。舒翹以邑後進隨允升後，公余問業，昕夕不倦，薰浸磨琢，名譽鵲起，幾與允升埒治。」〔註26〕

〔註22〕《慎齋別集》卷4。

〔註23〕《慎齋別集》卷4。

〔註24〕清朝科舉制度，殿試名次按成績分三等，即一甲、二甲、三甲。一甲通常只有三人，即應屆考試的一、二、三名。頭三名有特殊稱謂，一曰狀元，二曰榜眼，三曰探花，銜頭謂之「賜進士及第」。二甲不定名額，銜頭爲「賜進士出身」。三甲更無定額，銜頭爲「賜同進士出身」。按照慣例，殿試的三甲不能入翰林，而翰林又是清朝高官遷升的基本臺階。《清史稿·選舉三》及其例事說：「三年考試散官，優者留翰林爲編修、檢討，次者改給事中、御史、主事、中書、推官、知縣、教職……凡留館者，遷調異地官。有清一代宰輔多由此選，其餘列卿尹膺疆寄者，不可勝數」。參考（民國）趙爾巽等撰：《清史稿》卷180，北京：中華書局，1976年，第3149頁。

〔註25〕朱保炯等撰：《明清進士題名碑錄索引》第3冊，上海：上海古籍出版社，1980年，第2832頁。

〔註26〕（民國）宋聯奎等修：《咸寧長安兩縣續志》卷15《趙舒翹傳》，民國二十五年（1936年）鉛印本。

1877 年，光緒三年丁丑，三十歲。

《慎齋年譜》：「先生童時信因果，後讀《近思錄》諸書，悟爲己之學當改過自新，所言所行每日據事直書，有過則改，名曰《課身格》懼作輟無常。讀《近思錄》諸書，修身養性，反省己身。」

六月二十八日，作《課身格弁言》：「余成童時見《因果錄》中有功過格，心善之以爲積善，積惡殃慶，自以類至，命固由人造耳。後讀《近思錄》諸書，漸悟改過自新實所當爲明道，計功利心終熾。若日以功之，有無過之大小與鬼神，乘除禍福，吾儒爲己之學不如是也。因仿其意於每日所言、所行，據事直書，日用交接，間亦附記，俾由後溯，前知某日學，某日不學，某日有事，某日無事，有過則改，無則加勉，以課吾身焉已矣。爰名之曰《課身格》，第作輟無常，悠悠忽忽已往，歲月皆虛擲矣。今爲余三十初度之期，雞鳴起冠服敬天地，畢，望闕叩首，回內廷以香燭茶酒祭先靈，自念科名早獲，不爲八股時文所縛，天之厚之者至矣。當此國步多艱，正吾輩習勤殖學以待有用之時，稍耽安逸，即屬暴棄，況余孤苦零丁，以一身肩祖宗之緒，欲不入其身，無忝所生，更當如何自勵乎？自今以始，誓行此格，日常檢點，以副生成，苟仍蹈前轍行，見志與年，而俱衰氣，因境而漸餒，此身有不覺而入下流者矣。謹弁言冊首，朝夕觸目，怵心湯銘，日苟日新，此余再生之日也」。〔註 27〕。

《慎齋年譜》：「雞鳴起，露香告天，誓行此格，日常檢點，詳見自序。蓋仿上蔡常惺惺法而濟以河間獻王之實事求是。先生嘗言：『閱陸桴亭《思辨錄》，亦從丁丑年勵志起，與大儒學道，年分偶合，爲之忻幸』。」

作詩《立秋日早起見雲勢如華嚴》：「祇緣薄宦去秦中，夢繞鄉山逸興濃；豈謂朝雲圖萬變，翻身奇勢作三峰；能爲霖雨無心出，自具嵐靄絕頂封；似助冷官秋氣味，天然好景當扶笻。」〔註 28〕

《慎齋年譜》：「十二月限定辦事讀書分早、中、晚三功。」

1878 年，光緒四年戊寅，三十一歲。

《慎齋年譜》：「是歲改早、中、晚爲正、副、餘三功。讀律功甚勤，並與同部雷瀛仙、胡輯五會講著《象形錄》，採古人有關刑政嘉言懿行及現行例案，足資出治者，依類箚記，雲縣崔邵方編修志道，敬先生正，人與訂交。」

〔註 27〕 《慎齋別集》卷 1。
〔註 28〕 《慎齋別集》卷 4。

《〈象形錄〉序》：「《周易》六十四卦，爻象繁積，冒盡天下情偽，未易遂曉，惟大象則專以人事言天德王道，靡不該備。然皆一卦繫一事，獨言刑者，重有六卦，首在《噬嗑》，大象曰：先生以明罰飭法，蓋昭揭憲典，使民懷刑知懼，古人懸書讀法義從茲起也。《賁》即繼之，曰：君子以明庶政，無敢折獄，蓋言治獄尚實，不可稍涉文致也。其在《解》曰：君子以赦過宥罪，矜擬寬緩，諸法具見此焉。其在《豐》曰：君子以折獄致刑，至此方言審斷有罪也。《旅》即繼之曰：君子亦明慎用刑，而不留獄，蓋恐得情自矜，求深而失之，淹禁謹之至也。《中孚》終之曰：君子以議獄緩死，此即今之秋讞大典也，而刑政於是全矣。考六卦之次第，已明垂用之法；究六卦之精微，實括盡欽恤之道。夫刑特政治一端耳，而聖人反覆言之者，何哉！囂爭不息，禮讓難興，訟獄失平。干戈隨起，歷古為然矣。才智之士每以刑為法家言，卑之，無甚高論，及至登仕，版坐高皇，倉猝持剖決權，乃有於生民日用飲食之常訟顛倒錯謬，而不能得其當，況事涉疑難繁複重者乎。後世治日少而亂日多，率由於此聖人憂之者、深且遠故言之者屢其詳也。余供職西曹，自愧庸愚，恐負闕職，公暇讀書於古人有關刑政之嘉言懿行以及現行例案有資出治者，過事箚記，苦無端緒，因取卦象分門聊便，聚學非敢問世也。《書》曰：象以電刑；又曰：象刑惟名，雖非卦象之象，而象義實在其中。故藉以明是帙云。」〔註29〕

1879年，光緒五年己卯，三十二歲。

《慎齋年譜》：「夏四月預四川東鄉縣案，旋派秋審處行走，兩為查辦內務府及新舊太倉隨員詢案兵部十餘次。」

四川東鄉袁廷蛟案，妄殺無辜百餘人，時人謂之「奇冤」。光緒五年詔令，重勘此案，趙舒翹參理其事，據實給袁廷蛟等百餘人平反昭雪，川督丁寶楨等被革。〔註30〕旋派秋審處行走。

《慎齋年譜》：「八月派提牢廳差。」

是年年日作詩《除夕》：「一歲堂堂此夕辭，聊沽杯酒以維之；梅花香暗清誰見，爆竹聲高烈易知；宜麥預欣佳雪兆，安貧不怨小官備；光陰荏苒愁虛度，珍重青燈對我時。」〔註31〕

〔註29〕《慎齋別集》卷1。
〔註30〕（清）潘文舫：《新增刑案匯覽》卷4，清光緒紫英山房刻本。
〔註31〕《慎齋別集》卷4。

1880 年，光緒六年庚辰，三十三歲。

《愼齋年譜》：「預內閣會議崇厚案，並派內務府廣升等案，或陰以賄屬峻據卻之，立起自責曰：『予有敗行歟，何穢言至我前也』。」

吉同鈞《樂素堂文集》中譽爲：「以清正絕俗之操，抱忠公體國之志，門絕饋送，人鮮私千」。〔註 32〕

1881 年，光緒七年辛巳，三十四歲。

《愼齋年譜》：「派秋審處坐辦，辭不獲定，遞現審人犯數目單，四日爲期，俾免淹禁，先是南北兩司監外看人犯，至竟不服應，先生毅然釐正之弊以息。」

八月提牢報滿，作詩《辛巳提牢度中秋步青士原韻》：「寂寞園扉靜掩門，棲鴉古樹向黃昏；十分明月流雲護，五日歸期逝水奔；犴獄思君猶食德，鴻泥笑我亦留痕；熒熒官燭終宵對，更道鈴聲驚夢魂。」〔註 33〕

十二月補直隸司主事。

《愼齋年譜》：「是歲用功分養身、殖學、明刑，庇家、酬世、書字六綱。」

1882 年，光緒八年壬午，三十五歲。

《愼齋年譜》：「補秋審處提調。九月提升福建司員外郎，既而有退志，以辦河南王樹文案〔註 34〕堂司不和故也。是歲因事有戚以保身，謹言作一大功課。」

〔註 32〕 （民國）吉同鈞：《樂素堂文集》卷 3，北平楊梅竹斜街中華印書局鉛印本。

〔註 33〕 《愼齋別集》卷 4。

〔註 34〕 河南王樹汶案：趙舒翹光緒八年九月提升爲福建司員外郎，審理王樹汶臨刑呼冤案。光緒五年（1879 年）河南鎮平縣的捕頭胡體安糾結一班衙役趁夜搶劫富豪之家，以供一己之揮霍，五月二十八日這夥強盜前往百里之外來的河南光山縣，明火執杖洗劫卸任京官尹文法家中。事蹟敗露之後，胡體安逃走，且誘騙年僅 15 歲、並未參與搶劫的隨從王樹汶冒名頂替，此案曾經鎮平知縣馬翥、南陽府知府任愷以及臬臺吳直審判，但在官官相護、審理顢頇之下，外觀與胡體安不同的王樹汶依舊被判斬立決。臨刑前，馱犯人的兩匹騾子突然發狂，衝進城隍廟不動，王趁機喊冤，監斬官陸惺以爲有異，奏請覆查。然而河南巡撫李鶴年、東河總督梅啓照等人覆查審理之後，卻僅將王樹汶的罪名改爲從犯，依舊處以死刑。由於此案轟動京城，許多京官上書彈劾此案官員，慈禧遂依刑部尚書潘祖蔭之推薦，交付時任刑部員外郎的趙舒翹審理。時某親王亦欲袒護，指使刑部尚書潘祖蔭授意趙舒翹敷衍了事，趙舒翹拒不答應，對潘祖蔭説：「人命至重，可遽就耶！某可去，此案不可移。趙舒翹不畏權勢，以法公斷，終於使王樹文冤案平反昭雪。」（河南）巡撫李鶴年，河道總督梅啓照及初審官鎮平令馬翥、覆審官開封守王兆蘭、知府馬永修等皆得罪。具體參見陳德鵬：《王樹汶臨刑呼冤案考略》，《平頂山學院學報》2011 年第 1 期；徐忠明：《晚清河南王樹汶案的黑幕與平反》，《法制與社會發展》2014 年第 2 期。

是年以辦河南王樹汶案廉正「聲震天下」。時柏景偉言:「河南臨刑呼冤一案,聞頗費力,支撐卒能百折不回,一如所擬似,此方不愧吾道,不負所學」。〔註35〕

《清史紀事本末》:「潘祖蔭時長秋官,乃奏請提部覆訊,且革馬翥職,逮入都。郎中趙舒翹研鞠數月,始得實將具奏,祖蔭入鶴年游說,忽中變,將仍依原獻上。舒翹力爭曰:『舒翹一日不去秋審,此案一日不可動也』,方劇爭問。祖蔭忽以父喪去官,繼之者爲張之萬。會前承審官大挑知縣張亨嘉,會試入都,陳牒刑部,述是案始末,慕詳案,遂得直釋,豎紋歸戍,馬翥及知府馬承修極邊,鶴年、啓照及臬司陳寶箴以下承審是獄者,各降調有差,是案首尾五年始議結」。〔註36〕

徐凌霄、徐一士《凌霄一士隨筆》:「傳稱刑部平反王樹汶案,允升時爲刑部尚書,稍誤。《春冰室野乘》記此案云:「……吳縣潘文勤,時長秋官,廉得其實,乃奏請提部覆訊,……於時趙舒翹方以郎中總辦秋審,文勤專必是獄屬之。研鞠數月,始得實。行具奏矣,而鶴年(按:河南巡撫李鶴年也)使其屬某道員入都爲游說。某故文勤門下士,文勤入其說,遽申變,幾毀舊稿,仍依原讞上矣。趙爭之甚力,曰:『舒翹一日不去秋審。此案一日不動也!』方爭之烈,文勤忽丁外艱去官,南皮張文達繼爲大司寇。文勤亦旋悟,貽書文達,自咎爲門,下士所誤,所以慰留趙者甚力。……獄之起,當光緒己卯,迄癸未春始議繕。」其時允升尚未爲尚書,蓋以侍郎主部事,而斯獄之平反實與有力耳。《野乘》言舒翹時在秋審處,亦似較確。秋審處主平亭重案,提牢則掌管監獄也。」〔註37〕

徐柯《清稗類鈔》:「長安趙展如司寇舒翹以寒素起家,致位六卿。晚節不終,失身奸黨,論者輒詆訶之。然其歷官治事,實有過人之才,不可沒也。趙初通籍,觀政刑部。京曹本清苦,刑部事尤繁重,俸入又最廉。趙聰強絕人,耐艱苦,恒布衣蔬食,徒步入署,爲常人所不能堪。秦士官秋曹多有聲,趙尤冠其僚,論者謂薛雲階尚書允升以學力勝,趙則以天資勝,自二人外,前後數十年,無第三人也。吳縣潘文勤公祖蔭官大司寇時,尤器其才,奏留,

〔註35〕 (清)柏景偉撰:《灃西草堂集》卷3,民國十三年(1924年)蘇州金陵思過齋刻本。

〔註36〕 (民國)黃鴻壽撰:《清史紀事本末》卷56,民國三年(1914年)石印本。

〔註37〕 (清)徐凌霄,徐一士:《凌霄一士隨筆》,太原:山西古籍出版社,1997年,第1296~1298頁。

未五年，即以提牢廳補主事缺，總辦秋審，旋擢員外郎，外保京察一等。胡體安獄起，李鶴年爲汴撫。初以王樹汶代體安死，暨樹汶臨刑呼冤，則又援強盜不分首從立斬律，當樹汶大辟，卒置體安不問。汴京官聯銜參奏，文勤力主提案至京，委趙主其事。讞垂定矣，文勤忽入李鶴年客某言，欲寢其事弗究，而仍依汴中原讞定案。趙持稿，上堂力爭，聲色俱厲。文勤不能堪，然心亦知趙所持正，顧未欲於眾司官前顯示詘伏。方猶豫，趙遽拂衣出，歸家繕呈，乞開缺回籍修墓，擬翼日入署呈遞，而文勤以是夕丁外艱矣。繼任者爲南皮張文達公之萬，文勤於倚廬中手書致文達，略謂「趙司官學問才品皆不居第二流，蔭於五年中超擢其人，由笺股至律例館提調。前日之事，曲實在蔭。丈既接任秋卿，乞仍照趙君所讞定案。趙君剛烈過人，尤望吾丈曲意保全之也。」時趙去志已決，文達以文勤手書示之，始已。是時趙名震中外，而人尤服文勤之勇於改過、篤於愛才也。」〔註38〕

是年有柏景偉《寄趙展如》、《復趙展如》書信兩封〔註39〕。

是年有《聲明要案俟招供到部再行定擬片》、《請飭河南督撫查取承審要案職名議處摺》、《飭河南巡撫迅將要案人證卷宗送部片》、《請飭提承審要案官員到部質訊摺》、《擬發回王紀福等以省拖累片》、《奏交審要案大概情形摺》、《請鈔發各奏摺並飭查拏胡體洨務獲送部片》、《請飭河南督撫查明主稿畫押人員以憑核辦片》、《奏重案情多隱飾先將大概情形陳明摺》、《奏審明要案請旨遵辦摺》、《擬將知府王兆蘭即行發配片》、《奏審明要案分別擬結摺》、《請飭嚴懲賊犯張和尚等並緝拏逸盜摺》、《遵議河南巡撫奏王樹汶案毋庸立專條摺》、、《遵議河南巡撫奏王樹汶案毋庸立專條摺代》、《會議太僕寺少卿鍾佩賢請復盜犯罪名舊例摺》〔註40〕等。

1883 年，光緒九年癸未，三十六歲。

《愼齋年譜》:「補湖廣司郎中。讀《困學錄》、《朱子全書》，向學益篤。」

有《直隸司京城錢鋪章程奏稿》、《河南司議覆光祿寺少卿延茂失入案件寬免處分奏稿》、《前奏附片稿》、《變通安置軍流奏稿》、《前奏附片稿》、《奉天司命案駁稿》〔註41〕等。

〔註38〕 （清）徐柯:《清稗類鈔》第3冊，北京:中華書局，1984年，第1441～1442頁。
〔註39〕 《灃西草堂集》卷3。
〔註40〕 上述十六份奏摺均出於（清）趙舒翹:《愼齋文集》卷5，民國十三年（1924年）酉山書局鉛印本。
〔註41〕 上述六份奏摺均出自《愼齋文集》卷3。

八月十二日邸鈔浙江降調按察使陳寶箴奏瀝陳愚悃據稱張佩綸奏名節有關事。二十二日閻敬銘覆奏傳到員外郎廷傑、趙舒翹等。〔註42〕

《灃西草堂集集》：「來書稱近喜看《朱子全書》，即一語亦皆實獲我心，足見好學之勤然，學以變化氣質為先，展如性似過剛量，似過隘，讀古人書見一言中吾病痛，務求抉去」。〔註43〕

作詩《即以送別》：「人生偶聚亦前緣，苦樂周旋況十年；此去功名應遠到，幾回杯酒且流連；豫河浪險蛟龍惡，嵩岳雲高虎豹眠；事事當為民設想，升沉祗合付蒼天」。〔註44〕。

1884年，光緒十年甲申，三十七歲。

《慎齋年譜》：「辭秋審處管理提調，舉雷瀛仙自代。朝邑閻文介公〔註45〕起為戶部尚書，訪先生寓邸，既去歎為謙為可法。讀《倭文端公遺書》，敬其為學，苦心亦自勉。有歲晏讀易有得。」

作《讀易隨錄》：「乾六爻皆陽，猶人辦光明正大之事，似乎可以遊行自如，而三爻以惕?咎，上爻以亢有悔，人可自恃、自滿也哉。胡石莊云：上經前十五卦無直言凶者，惟豫初之鳴為凶，聖人警人逸豫也，至矣。並象汔至亦未繘，並羸其瓶凶照程，傳亦字作與字解最有味。蓋世之白首失節，功敗垂成，半途而廢，皆可作如是。觀卦詞正為汔至者勉也。易終於未濟，未濟上爻，終以不知節，可見人事；事求全備如意，縱慾極樂，皆不知天道者也。

先儒謂後天八卦乾坤讓，六子用事，退居無用之地；不知火與金相剋，非坤不解；陰與陽相薄，非乾不勝。說卦曰：致役乎！乾戰乎！乾豈無用哉！坎，萬物之所歸；鬼者，歸也。道家謂北斗注死，北方為眾神所居之地，似亦有理。現在地球東西南北可以翻轉，惟北不能，人謂將來亦必開關，余恐永古，北方終閉，人跡難到，艮其背不見其人，豈有人能見其背哉！離象先言利貞，而後亨以附麗於人，必求得正，而後可亨也，隨卦所指者，大故象

〔註42〕 （清）文廷式撰：《純常子枝語》卷10，民國三十二年（1944年）刻本。

〔註43〕 （清）柏景偉撰：《灃西草堂集》卷3。

〔註44〕 《慎齋別集》卷4。

〔註45〕 閻敬銘：1817～1892，字丹初，陝西朝邑縣（今屬大荔縣）人。道光二十五年進士，歷任戶部主事、湖北按察使、署布政使、署山東鹽運使、山東巡撫等。光緒八年調任戶部尚書，光緒九年充軍機大臣，總理各國事務衙門大臣，晉協辦大學士，光緒十一年授東閣大學士。光緒十八年辛後追贈太子少保，諡「文介」。

以時言，其六爻之隨以未嘗不重乎正耳。胡石莊云：易之爲書卦者，言人之有是事也；爻者，言人之所居之位也。一事而六位殊焉。六位之中，剛柔各有所宜，吉凶悔吝於此，而生事有定，體人有定位，吉凶有定，象此易所謂辭也。事以時而遷，人以位而異，吉凶以德而易，此易所謂變也。因事以觀其位，因位以觀其人，因人以觀其德，此易所謂占也。君子無事之時，常取易之所謂辭者。習而玩之，使其理粲然意中，知天下之事千變萬態而歸於一，致如日月風雨雷霆寒暑有目所共睹，非杳冥不可見測。又以漸相及非一旦狎至者，所謂觀象玩辭也。迨其身在事中，即知所以處是事者合於某爻，則吉合於某爻，則凶或先凶後吉，或先吉後凶，擇其吉者從之，其不吉者及其行之未成也，而急改之，則爲補過，爲知幾，所謂觀變玩占也。文中子以革之，初九自處，此豈揭耆布卦，而後謂之占乎？蓋於有定之中求其無定，所以示天地之變動不居，而本來固有之性稍放恣焉，未必不流於陷溺一時偶值之險阻，非不可以人力濟者，於無定之中求其有定，又以見天地之理，莫非生物爲心，而人事之險阻皆其所自作。雖利害生於情僞之感，吉凶生於愛惡之攻，悔吝生於遠近之相取，而天地之心自始至終生生不已，生生之謂易也。知其無定，可以破窒礙之見；知其有定，可以絕支離之說，此學易之旨也。易所以異術數者，以其能補過也，既知其過，則改悔之心已動，從而補之，固易爲力，然不可無所依。據故聖人作易示以吉凶，使知所趨避而濟，其知力所不及急卦之象可知己成之吉，凡行合乎象之吉者，即無不吉也。從而占之，可知將來之吉，凡動合乎占之吉者，亦無不吉也。蓋吉凶之相勝，非並立而相爲勝敗也。持心以操，必勝之權，偶有不正，亦必刀返於正，不可狃於晏安。凡事委棄而自處不勝者，蓋世有必當任事之人，人有必當任事之時，當其位者，於是非相雜中靜求有是無非之理，於成敗欲分時深思有成無敗之冊，此乘時當位者，事不容諉諸他人也。內陽外陰曰：泰；損上益下曰：益；此事之定體也。九五爲在上之大人，九二爲在下之大人，此人之定位也，所謂易之序也。當居而安之者也，位猶是位也。家人之象，則以五爲正位於外之男子，二爲正位於內之婦人，此因事而位易者也，體猶是體也。剝之六三，則於君子並受其福；夬之上六，則爲小人獨當其禍。此因人而體易者也。所謂辭之變也，當樂而玩之者也。以正直之德居君子之位，是謂人當其事；險難之事，濟以君子之德，是謂事得其人，皆所謂當位也。凡易曰：位正當者，無不吉者也。君子而藏小人之心，是謂人爽其事；小人而居君子之位，是謂

事爽其人，皆所謂不當位也。凡易曰：爲不當者，未有不凶者也。乾之上九，龍得亢矣，既知其亢，所不恐懼，自抑損者，非易也。泰之六四，小人同心以陷正直。知其相陷，苟可維持，善類而不冒難，立朝使賢者有所庇依，亦非易也。推類言之，無其兆則當戒懼於平日；有其兆則亟補救於初幾，非但取徵驗，而神明其術也，此易所以異於術數也。易者，天地之吉凶也。以意說易，是謂以管窺天，未有能知天也。解說倒置，吉凶亦倒置；吉凶易位，趨避亦易位，是教人以陷阱爲坦途也，以門戶爲羅網也，其害更甚於無易，故易不可臆說也。沈端恪公云：一部易經，只是用九用六。所謂陰變爲陽，陽變爲陰，以趨中耳。所謂君子而時中時，中者，易之道，象之有剛柔者，其氣質也。占之有吉凶者，其氣數也。變化氣質，挽回氣數，其用九用六之謂乎！又云：文王開口教人是一貞字，貞者，正也。周公開口教人是一潛字，潛者，藏也。大約人需守正潛，藏不收斂，固便不能發散暢達。周易廓云：睽初九惡人謂上九初澤動，而下之極；上火動，而上之極。睽無睽於是者，火烈人畏，故曰：惡人兌爲見初，不肯苟同。惡人豈所願見，然初上相爲終始。故原始要終明處，睽之道固在於義命，自安亦不可絕物太甚，惡人既與我爲始終，即不能不見，以見爲貶節，而堅守不見，睽之所以終睽，故漢末陳仲弓弔張讓，所全實多不得，譏其枉己。若前明趙忠毅不見魏廣微反授小人以釁，只召咎耳。程子言新法之禍，亦自吾輩激成，即此義見之而咎可解，是亦小事之吉也。」〔註46〕

有詩《歲晏讀易有得》：「身世何須苦費思，維持誠敬結天知；陶鎔萬物新寄活，俯仰千秋舊案垂；安逸由來成鴆毒，憂勤自可固藩籬；挑燈子夜唫無盡，至樂存焉在此時。」〔註47〕

《慎齋年譜》：「是歲得京察一等。」

是年有《有直隸司京城錢鋪章程奏稿》、《河南司議覆光祿寺少卿延茂失入案件寬免處分奏稿》、《前奏附片稿》、《變通安置軍流奏稿》、《前奏附片稿》、《奉天司命案駁稿》、《議覆御史鄭承訓請情輕盜犯聲明歸例奏稿》、《覆核湖北命案奏稿》、《直隸張明清京控案駁稿》、《代擬陝西司命案說帖山東劉延泰案駁稿》、《江蘇盜案監禁駁稿》、《宗室婦女犯罪坐夫男折罰議辦救親例義說帖》、《定拒捕殺人奏稿》、《廣西土官遷徙議》、《前案稿尾》、《強盜髒議》

〔註46〕《慎齋別集》卷2。
〔註47〕《慎齋別集》卷4。

〔註48〕、《奉天提京命案奏稿》、《代核婦女實發例議》、《永遠枷號議》、《命案婦女離異議》、《會議服制奏稿》〔註49〕等。

1885 年，光緒十一年乙酉，三十八歲。

《愼齋年譜》：「先生愼交友，相友善者張成勛、王聯壁、沈家本、鄭秉成、張翰卿、黨蒙，皆西曹一時之英。」時人謂「趙司事學問才品皆不居第二流」。〔註50〕

《愼齋年譜》：「二月朔，引見記名，以府道用，旋因奉滿截取，奉旨以繁缺知府用。」

《愼齋年譜》：「七月著《提牢備考》〔註51〕，成時部議欲將朝審人犯減等，後同家屬簽往新疆。先生恐此例一開拖累無窮，且數千里簽發無婦女，非所以保全名節，上堂力爭，卒寢。其議讀《嘉懿集》、《近思錄》、《許魯齋集》均有感悟處。」

《〈提牢備考〉序》：「刑部提牢一職，管理南北兩監，事繁責重，稱難治焉。己卯年八月間，堂憲派翹提牢擬陪，自念以孤寒雜廁曹末，忽蒙上官謬加賞識，懼弗勝任，貽隕越羞，自此益懍懍。或曰提牢處分綦重，子無加級，一有蹉跌，即失官矣。何捐一級，以備意外。翹又念今得此任，本屬意想不到，若應失官，則是天為之也。即有一級何益，況欲捐級，必須借貸，失官後豈不更增一累，似不如就職分當盡者，竭誠致愼，以結天知，或可無事也。而時居心如是，行險僥倖之譏，固不能免。然一年之內，考校此中情弊，亦微有得焉。謹就淺見所及臚著於冊，非敢云舊政必告也，聊以備後任諸君子，採擇云爾。光緒乙酉五月長安趙舒翹識於宣武城南寓齋。」〔註52〕

是年有《前案餘議》、《新疆流犯屯田奏稿》、《匯核各省安置軍流徒奏稿》、《前議夾片稿》〔註53〕等。

〔註48〕 上述十七份奏摺均出於《愼齋文集》卷3。
〔註49〕 上述五份奏摺均出於《愼齋文集》卷4。
〔註50〕 （清）徐柯著：《清稗類鈔》第11冊，北京：商務印書館，1984年，第37頁。
〔註51〕 關於趙舒翹所著《提牢備考》，現存光緒十一年序刊本、光緒十九年重刊本；張秀夫著譯：《提牢備考譯注》，北京：法律出版社，1997年；薛梅卿、楊育棠點校：《〈庚辛提牢筆記〉點注》，北京：中國政法大學出版社，2007年。
〔註52〕 《愼齋別集》卷1。
〔註53〕 上述四份奏摺均出於《愼齋文集》卷4。

是年作詩《乙酉除夕》：「餞歲京華十二年，歲回人事變桑田；常危宦境飄無定，幸喜心光練愈堅；四海藏波思砥柱，一家分黨笑時賢；聞雞自願中宵舞，詎羨祖生先著鞭。」〔註54〕。

1886年，光緒十二年丙戌，三十九歲。

《慎齋年譜》：「側室王氏來歸。」

三月二十九日補授安徽鳳陽府知府。作詩《金陵》：「龍盤虎踞帝王州，形勢誰知屬上游；若使荊關沈鐵鎖，難憑天塹鞏金甌；吳君青蓋徵妖夢，唐主紅巾寫舊愁；寄語奸雄觀往事，幾人立馬在山頭。」〔註55〕

《登大觀亭》：「聞道江亭勝，登臨果大觀；山驅荊皖合，潮帶古今寒；砥柱思前哲，隨波愧此官；忠宣祠下過，不覺淚氾濫。」〔註56〕

《有感》：「諸艱不試氣終輕，試盡艱辛白髮生；人事勞勞難逆料，天心默默豈無情；儀鴻常有雲中志，軒鶴徒增物外榮；此後前途憑命定，休從卜筮問浮名」。〔註57〕

四月初一，有《新授安徽鳳陽知府謝恩》〔註58〕摺。

《慎齋年譜》：「六月抵任，清理積案，剖斷如流，人皆驚服，先生歎曰：「此尋常公事，何益於民，非化民之本也」。先生又言：「後世官民休戚不關，生死聽民自謀，善惡任民自擇，無所謂教養也。第於聽訟之際能多開導，數言以示風化。少拖累，數日以全身家，亦可稍見官與民親之意」。先是吏胥舞文因緣為奸利，先生察知，痛懲，立行文印法，衙蠹斂跡，僕從月給廩，不得受外間一錢，衙署如水，庶政一清。鳳陽民瘠俗悍，先生政向清嚴，盜賊懼伏，遊惰復業，治行為安徽最。」

是年有公牘《稟撫憲陳》六份，《稟賑局憲錢》五份〔註59〕，有公文《上江藩許仙屏師》〔註60〕五份。

〔註54〕《慎齋別集》卷4。
〔註55〕《慎齋別集》卷4。
〔註56〕《慎齋別集》卷4。
〔註57〕《慎齋別集》卷4。
〔註58〕中國第一歷史檔案館編：《光緒朝朱批奏摺・第四輯・內政》，北京：中華書局，1996年，第657頁。
〔註59〕上述十一份公牘均出於《慎齋文集》卷6。
〔註60〕上述五份公文均出於《慎齋文集》卷9。

1887年，光緒十三年丁亥，四十歲。

《愼齋年譜》：「二月護理鳳穎六泗道。」

《愼齋年譜》：「四月回任，日坐堂，皇訊案公事畢，即讀儒先書，尤服膺曾文正、胡文忠，手鈔成秩，以謹身從政，讀書三端，自策力，戒玩泄。有《四十生日漫成詩》：「我愛孟夫子，四十不動心，巉覺豪氣退，便已白髮侵。事業知無望，好修良足欽，世情略嘗備，吾道在山林。」

《愼齋年譜》：「八月河南鄭州黃河決口，泛溢入淮，民遭昏墊，壽州尤甚，捐廉一千九百餘金，備購賣席，舉辦急賑，並上書當道勸民遷徙高阜。」

作《河防議》：「謹按黃流濁旱，自古難治，在大禹亦不過分九河以殺其勢，多以地與水而已。河由東北入海，其勢順由東南入海，其勢逆自宋時，澶淵之決漸徙而南，議者多欲回河之，北屢塞屢決，迄不能成。至明遂全行入淮，而河患稍息，咸豐間河決河南銅瓦廂，北徙奪大清河入海。今欲回河於南，視前朝欲回河於北，事體倍難，則挽回故道之說已不能行，惟大清身較淮更狹，兼以沙積海口，尾閭不暢，亦與淮之海口雲梯關相同，遂致山左河患日深一日，今據東撫前後奏稱，海口沙泥凝結，名曰鐵板，堅不可破，非機器所能挖取，河身淤墊日高，譬如水多盂小，勢難杜其旁決等語，均係實在情形，所恃者僅繕堤堵合，增卑培薄，與悍流爭地之一法第。河自孟津以下經萬里折回而怒放，挾百川灌注而奔騰，無高山之障，無大澤之蓄，區區大清河一線安能容具沖溢，震盪而不潰決四出哉！然則將聽其漫流而不治乎，亦惟循水漸北之勢分流以殺，多以地與水而已。九河故道雖不可尋而徙駭馬頰，鉤盤三河尚有舊跡，如能得熟地形而善治水者，相地開引俾，勢分力減，庶望安流，或曰多一河即多一防汛，且河流不測，未見其能順軌而分，是惟在治河者度高卑而施工，力固堤陴而勤巡視，平時不惜小費方不至大費也。又謂古時土曠人稀，故可任河游衍，今則堤外居民密比，安能多以地與河殊，不知近河居民貪種灘地小利，外來者多非盡土。著該處有收麥、碿麥、無麥碿賑之諺，若以賑款資其遷居，則餘地正復不少。總之黃河無十年不變之時，治河無一勞永逸之法，當此庫帑支絀，若無習知河事之人，僅以賈讓下策，勞費無已，不如徐觀其勢，俟下流路暢，因其自然而施以利導，加以隄防，亦行所無事之一道也」。〔註61〕。

《愼齋年譜》：「是歲側室卜氏、高氏來歸。」

〔註61〕《愼齋別集》卷1。

是年作詩《哭雅農》：「與君相別已經秋，怪底音書未一酬；初謂微屙占勿藥，豈知長往等浮漚；馮唐才竟終郎署，賈誼名空噪帝州；白髮高堂今哭子，令人北望不勝愁。」〔註62〕

《與靖波壽田吉雲遊署後園池》：「政餘何處暢幽情，頗愛荒園野趣橫；好友頻招忘跡久，炎威到此覺秋生；蓮中水鄉遊魚過，柳下風來異鳥鳴；太守建亭原有意，可能豐樂自天名」。〔註63〕

《疊前韻》：「人含孔思與周情，偶步秋園爽氣橫；牆不遮山嵐翠近，林還依水鳥魚生；眼前但覺天機暢，仕路何須得意鳴；雉兔鶹鷞任來往，緬懷文囿本無名。」〔註64〕

《再疊前韻》：「風塵難避世中情，文牘偏多案上橫；一昧忙時眞意少，偶來幽處隱心生；滿園鳥語山林樂，兩部蛙聲鼓吹鳴；忽憶澧橋秋景好，誤人方覺是浮名。」〔註65〕

《三疊前韻》：「風光本地最怡情，難得蕭然一水橫；微露即垂嫌柳弱，污泥不染愛蓮生；斜空燕並凌波過，落日蟬爭亂木鳴；現在園林懇作主，賢聲願讓後人名。」〔註66〕

作文《題沈石先生吟秋圖》：「丁亥春，余攝鳳穎道事，佐余治錢穀者爲常熟沈叔庚茂才，喜其事事精覈通達，治理不類尋常遊幕者，流暇日見示其尊甫石生先生唫秋圖，乃歎叔庚之學有自來也。先生以有用之才困於米鹽瑣屑，舉平日倜儻不羈抑鬱不舒之氣悉發之於詩，其謂之唫秋者，蓋悲長年之易逝，欲及時而有爲，非若秋老蟲，窗徒嗟遲暮也。彼睹斯圖者以爲紅袖伴，讀得名士之風流，木樨聞香，參禪宗之妙趣，先生壯志不其隱乎。或謂子未與先生遇，何以知之。余曰：欲知其父視其子。余觀叔庚之爲人，余知先生之學矣，豈苟焉而言哉。抑尤有感者，余逾歲失怙，未睹音容，又遭亂離，遺澤一無所存，每讀蓼莪，徒傷疊恥，叔庚乃能於兵燹之餘，得守斯圖以伸儒慕，亦人子之大幸也。叔庚行將入仕，其朝夕視此，思所以無忝所生哉。」〔註67〕

〔註62〕《愼齋別集》卷4。
〔註63〕《愼齋別集》卷4。
〔註64〕《愼齋別集》卷4。
〔註65〕《愼齋別集》卷4。
〔註66〕《愼齋別集》卷4。
〔註67〕《愼齋別集》卷1。

《題沈孺人蓉城秋夢圖》：「夢為幻景，而亦視其人果品格志趣，平素有定，雖夢亦不甚相遠也。芙蓉乃花中潔品，植湮沒深處，隱然幽秀，古人取況清修，良非無故。孺人以夭桃穠李之時，夢境冷淡如此，與其夫君唫秋之意，恍有同情，非平日具幽閒貞靜之德所感而然乎，流荇榮於河洲，窈其望矣；望菡萏於陂澤，儼然在焉。圖內風徽可與藉詠，至孺人享年不永亦偶驗耳，詎足概斯夢哉。」〔註68〕

有公牘《稟桂觀察》一份，《稟撫憲沈》七份，《稟臬憲張》一份，《稟藩憲阿》一份，《稟臬憲嵩》一份〔註69〕，又有公牘《六安州盜案請示詳》、《鳳臺書吏控案詳》、《靈璧搶賣孀婦控案詳》、《渦陽縣京控案詳》、《潁上縣控案詳》、《阜陽地畝案詳》、《請歲科並行詳》、《各屬備賑箚》、《整飭泗州衛箚》、《飭發育嬰捐費箚》、《鳳陽命案箚》、《靈璧縣控賑稟》〔註70〕等。

1888年，光緒十四年戊子，四十一歲。

《愼齋年譜》：「夏旱，禁販運，辦平糶，時黃水為災，賑撫兼施，有踏災行部詩及和王介艇觀察夏時愁旱詩，又有上巡撫陳公彝書。略云：鄭工之敗，由專注堵塞，徼幸成功，不知重視引河先為穩計，蓋河小，決可硬堵，河全徙不可力塞也；便當時分三分之一帑項專挑引河，裨寬、深、長，遠則洪流分趨下游，受害當不至如斯之甚。又云：此時就皖北議補救法，賑恤而外，挑濬誠為要圖，第鳳屬蓄水湖，汊不一，其著名者如壽州城西湖鳳臺，焦岡湖，懷遠孔冊湖，鳳陽方澤花園等湖，現皆一片汪洋無從施工，已飭屬確勘稟覆，如有可以疏曳之處，當認真興辦，解民墊溺。冬例散棉衣二千襲，先生慮難遍及，輸俸添製，並令夫人率婢女躬親縫紉，是歲捐公費三千金，賑興育嬰堂，又創恤嫠局、水龍局、保嬰自乳法，皆捐廉倡辦，並捐置洪澤湖救生紅船，後在浙江藩司任又輸千金以資久計。時旱蝗連年，並輸資收瘞蝻子為署邑倡，蝗蟲不為災。」

《踏災行部詩》：「蕭然行郡一車單，無益蒼生愧此官；地接芒徐風莽漾，人經兵燹氣凋殘；牛溲茅屋誰知苦，龜坼秧畦不忍看；夜泊幸聞霖雨降，憂心稍釋古淮干。」〔註71〕

〔註68〕《愼齋別集》卷1。
〔註69〕上述十一份公牘均出於《愼齋文集》卷6。
〔註70〕上述十二份公牘均出於《愼齋文集》卷7。
〔註71〕《愼齋別集》卷4。

《和王介艇觀察夏時愁旱詩》：「長淮氣莽瀁，由來稱戰區，南北分爭日，千里彌榛蕪；聖朝車書同，飛挽成通衢；地雖瘠且苦，民樸亦足愉；伊昔紅巾亂，徧地起萑苻；卅年戎馬靖，後復獨此隅；賤子檄時會，守土來分符；俯仰愿衝要，兢兢惕不虞；意謂凋殘久，民生或有蘇；雨暘咸時若，衣食資稅租；方期鳩藏拙，與民同歡娛；豈謂奇災降，黃水破淮趨；四瀆混不分，兩戒淆坤圖；旁溢兼倒注，天盧化泥塗；蘊藏既漂沒，麥禾種又無；嗟嗟天造昧，子黎亦何辜；傳聞工次紛，道謀議多誣；帑幣擲萬億，宣防仍潰渝；此事掣全域，豈徒害皖吳；波臣災未艾，旱魃肆毒荼；火雲連月照，秋苗半槁枯；似此艱迍至，將無兆戈殳柔良亦不堪，矧此勁俗殊；赤手仰屋歎，乏術求牧芻；瘡痍環待澤，勢難容濫竽；進退疑豫間，濡尾象小狐；幸有賢長官，憂時形慨籲；仁愛詩篇寄，眞摯洗菜鋪；字字關民瘼，讀之刻肌胃；倉猝和一曲，痌瘝代籲呼。」〔註72〕

《和王介艇觀察遊明陵原韻》：「峰迴路轉費疑猜，壞土巍然起草萊；玉殿翠華成往事，夕陽只見牧童來。」〔註73〕

《其二》：「元末蒸民困暴徵，天教神武救時生；狐鳴篝火群雄瑞，曾似風雷特地成。」〔註74〕

《其三》：「今歸小祀祭無登，石獸崢嶸尙幾層；毓秀鍾靈三百載，漫言王氣應金陵。」〔註75〕

《其四》：「參差列岫本難齊，到此群山一覽低；芳草青青連不斷，千秋勝地鳳城西。」〔註76〕

《醉後書懷》：「犧爻讀罷會心多，虎尾履來危境過；十畝園林時悵望，一官跼蹐恐磷磨；身能退步途皆坦，學不通天道是魔；此氣浩然原自在，微惄發待醉顏酡。」〔註77〕

《同壽田重散步園池並索和章》：「去年遊讌尚關情，曾幾何時歲月更；草樹混淆三徑掩，雲天開朗一心清；露垂荷柄花含色，風聚桑林葉弄聲；四韻先成期引玉，知君筆陣已縱橫。」〔註78〕

〔註72〕《愼齋別集》卷4。
〔註73〕《愼齋別集》卷4。
〔註74〕《愼齋別集》卷4。
〔註75〕《愼齋別集》卷4。
〔註76〕《愼齋別集》卷4。
〔註77〕《愼齋別集》卷4。
〔註78〕《愼齋別集》卷4。

《後園寓目書懷》：「蒼夷滿目繫痌瘝，吏隱休云小有間；眾卉芸芸環待澤，孤懷耿耿仰高山；紅看蜀菊園牆角，青愛蒲盧映水灣；獨立小橋搔首笑，問予底事鬢毛斑。」〔註79〕

《後園散步》：「官齋荒落野花開，點綴良時亦快哉；犬解迎入先跳往，鵝知尋路自歸來；靜聞牧豎飛歌唱，暇督園丁去草萊；本地風光言不盡，何須搜索費詩才。」〔註80〕

《池上看蓮》：「一官無味已三年，喜見池中又綻蓮；淨出淤泥光映水，收隨晚照氣含煙；花高未礙魚來戲，葉大能招鷺下眠；更愛四圍蘆葦茂，江鄉風景在當前。」〔註81〕

《後園書懷》：「平生志願大而疏，得此園林且自如；動植懷新人意暢，坡陀映遠地形舒；楗柮啓閉權誰假，邱壑經綸事豈虛；茂樹蔭交終日坐，韋編寡過惜居諸。」〔註82〕

《夜坐感時》：「黃水南趨地紀淆，滔滔江皖下爲巢；未聞河道循前軌，又苦火雲照我郊；害在波臣於失種，虐兼旱魃阜無苞；蒼茫天意眞難測，夜念時艱睫莫交。」〔註83〕

《喜邑令祈雨即得》：「密雲不雨象需遲，一夜滂沱禾黍滋；萬姓願歌賢令尹，黃堂代頌賦新詩。」〔註84〕

《重陽陪王觀察龍興寺登高》：「冠蓋荒陬集，杯盤古刹陳；下交容脫略，放飲不逡巡；杲日乾無菊，秋風爽憶蓴；登臨憂未釋，暮色起遙澤。」〔註85〕

《喜雨不寐》：「天心眞不測，一夜忽滂沱；播種深宜麥，回涼滌燥痾；緣拌葵圃轉，黃定菊籬多；喜極挑燈坐，先書大有歌。」〔註86〕

《後和王觀察重陽登高用原韻有序》：「敬誦，憲箸始以眾樂，情深繼以時危，意麓忝在末，屬志亦同焉。乃略流連光景之詞敍，切磨心性之道，非敢謂遊即是學，無人不得聊藉，腐語遣聲以志，感發云爾。謂遊即是學，無入不得聊藉，腐語遣聲以誌感發云爾。

〔註79〕《愼齋別集》卷4。
〔註80〕《愼齋別集》卷4。
〔註81〕《愼齋別集》卷4。
〔註82〕《愼齋別集》卷4。
〔註83〕《愼齋別集》卷4。
〔註84〕《愼齋別集》卷4。
〔註85〕《愼齋別集》卷4。
〔註86〕《愼齋別集》卷4。

製錦未成操刀試，作官眞能奪人志；朽索馭馬民有岩，況履虎尾值危地；天時人事俱蒼茫，午夜惕厲願焚香；從政殆而古如此，譏聖莫怪楚之狂；平生最愛孟夫子，能以尊德並爵齒；饑溺常關天下懷，禹稷顏子同道耳；是知人有終身憂，一朝得失無須愁；事到艱難疆爲善，樂不冥眩疾弗瘳；賤子持身屢自檢，心亨得力習於坎；屬在下吏荷優容，放言無忌由心感；才庸祗求隨分安，和詩何敢翻舌瀾；斯會從遊希舞雩，誰把茱萸仔細看。」〔註87〕

《詠盆菊》：「異種繁哉亦有姿，總推晚節到秋奇；平生悔識陶元亮，不得安居傲竹籬。」〔註88〕

《因事有省》：「半世橃天幸，平安得至今；敢云才足副，常覺險如臨；自己求多福，隨錄抑躁心；但期私盡淨，樂向孔顏尋。」〔註89〕

《王觀察屢邀賞菊，代菊言以謝，仍用盆菊前韻》：「穠華共賞媚爲姿，誰識寒英淡愈奇；幸有高風陶靖節，時來枉顧到東籬。」〔註90〕

《王觀察留飲花圃東軒賞菊花並設菊羹而賦此》：「忘形無慮醉言差，人坐芳叢興愈賒；共詠官梅期後日，先開東閣賦黃花。」〔註91〕

《其二》：「不羨東坡玉版羹，色香味並飽饗英；老饕嗜此原非創，秋菊無言怨屈平。」〔註92〕

《其三》：「縹色牡丹盈洛陽，金精醞釀此花黃；留香晚節榮秋圃，應續鄉山書錦堂。」〔註93〕

《其四》：「一官無補日紛營，羞對花中隱逸名；枝傲似迴塵吏駕，田園三徑草縱橫。」〔註94〕

《春日偕雲樵、子和散步郊原》：「暖風晴日暮春天，同學知心幾少年；遊與詩書通息息，逸羞裙屐舞翩翩；鳴禽應候如相引，秀麥懷新別有妍；隨柳傍花明道樂，宛然光景在當前。」〔註95〕

〔註87〕《慎齋別集》卷4。
〔註88〕《慎齋別集》卷4。
〔註89〕《慎齋別集》卷4。
〔註90〕《慎齋別集》卷4。
〔註91〕《慎齋別集》卷4。
〔註92〕《慎齋別集》卷4。
〔註93〕《慎齋別集》卷4。
〔註94〕《慎齋別集》卷4。
〔註95〕《慎齋別集》卷4。

有公牘《稟撫憲陳》一份，《稟撫憲沈》五份，《稟督憲劉》三份，《稟藩憲阿》一份，《稟道憲王》一份〔註96〕，又有公牘《泗州盜案正法稟》、《蒙城縣兇犯正法稟》、《渦陽匪犯案稟請假修墓稟》、《稟辦鳳郡育嬰堂情形請示立案》、《渦陽匪犯案再稟》〔註97〕、《宿州童生府考滋事示》、《靈璧童生訐考示》、《禁童生混爭板凳示》、《場內賣文童生岳毓秀等姑寬免議傳學立案示》、《各童混入正案示》、《課士諭》、《宿州董萬程爭墳山判》、《懷遠縣孫玉山爭地畝判》〔註98〕等，

1889年，光緒十五年己丑，四十二歲。

《愼齋年譜》：「二月以皖北水災捐廉二千兩助賑，賞戴花翎。先生居官常存退志，俸餘多行惠政，嘗寓書同年高傳久京尹（萬鵬）云：但願地方平安，藏拙數年即擬歸田，修一小園，名曰映灃山房，讀書其中，窮究天人之奧，俯仰古今之變，隨意抒寫，較抑鬱下吏，聽人舒卷，無益國民，得失固自有辦第，前路茫茫未知，彼蒼如何位置耳。」

《愼齋年譜》：「三月奉巡撫命辦鳳郡旱賑，有行部憫旱詩，又有途中喜雨詩。」

《行部憫旱詩》：「節過清明雨未施，寒風非今復狂吹；生民底事逢多難，我輩為官愧此時；北皖豐成全域繫，淮南凋敝好春遲；輿中不住雲霓望，早晚芃芃麥秀滋。」〔註99〕

《途中喜雨詩》：「三載淮陽守，偏逢旱屢災；春行星駕出，雲釀雨膏來；吏果勤民摯，天降愛物回；祗慙誠未足，感格莫疑猜。」〔註100〕

《曹根生北上決策賦數語以壯其懷，非曰送言願當驪唱》：「天賦男兒志矢孤，單車匹馬向王都；集枯集莞尋常事，高望千秋有正途。」〔註101〕

《與壽垣田吉雲政餘小飲（談道）》：「浮雲世態古同今，且掃塵氛定此心；公暇但開三益徑，言清不及四知金；春風杯酒聊微醉，霽月胸懷偶一唫；富貴功名隨遇合，時將樂趣孔顏尋。」〔註102〕。

〔註96〕上述十一份公牘均出於《愼齋文集》卷6。
〔註97〕上述五份公牘均出於《愼齋文集》卷7。
〔註98〕上述八份公牘均出於《愼齋文集》卷8。
〔註99〕《愼齋別集》卷4。
〔註100〕《愼齋別集》卷4。
〔註101〕《愼齋別集》卷4。
〔註102〕《愼齋別集》卷4。

《慎齋年譜》：「十月往安徽省城過金陵，謁方伯許仙屏師，有晉省紀行詩，陳中丞詢牧令賢否，先生覆書略云：當今官場成就人才甚難，敗壞人才甚易，應酬汨沒，眾口紛搖，非素具根柢，鮮有不移其志，兼之一登仕籍，負債累累，起居服御復趨怙侈，方欲以一時脂膏填萬念谿壑，而望其清心以治事，勤政以及民則更難矣，是必處以簡約以端其本事，事勤求以達其用，庶能守經正而去就輕，通時變而君民利，歷觀古今良吏，未有不由此也。素知大人講學明道，略分言情，敢布芻蕘為察吏助先，是陳中丞保薦先生，奏稱趙舒翹義利之辨，皎然不苟，勤於治事，夜以繼日，於外官依阿瞻徇之習，絲毫不染，充其所至鉅任可，膺時事方殷似，宜早為拔擢，可否遇有安徽道員缺，出特旨簡放，抑或交軍機處記名等語。奉朱批交軍機處村記。」奉朱批交軍機處存記。

《慎齋年譜》：「是年大計保薦卓異。」

是年作《晉省紀行詩》：「拙迂本素性，竭力避名場（三年養時晦丙戌到鳳後未入省非敢學疏狂）；茲以友朋勸，晉省勉束裝；朔風送南雁，首途月小陽；出城五里許，小艇渡幾傷；犧經著旅義，人生當備嘗；陸行抵烏衣，登舟夜鳴榔；斜日過長江，浪平漾天光；入涉印否否，輪舶須招商；會垣多湫隘，相迎柳與草（柳馥堂軍門章幹臣直刺為東道主）。

住我彭公樓，供饌屬膏粱；日日謁大府，隨班學趨蹌；天時寒復熱，征逐汗沾裳；官舍紛躁營，出色更當行；隅坐靜以聽，答焉兩相忘；譬如頑鄙人，入市迷所方；揖辭出省垣，忽若鳳翱翔；二三知己侶，祖餞蔓船倉；中宵人爭渡，其勢頗匆忙；屋矮僅容膝，悶麓氣不揚；幸與老友同（王子範太守同舟乃秋曹舊雨也），燈燭共話長；便道金陵過，藩開夫子牆（時許仙坪開藩秣陵）；恰逢獻壽辰，珍錯屢稱觴；署樓有遺像，瞻拜中山王（藩署係中山王府）；邀遊新經舍，遠躅文正芳（許師新造文正書院落成）；更有西江桂，一見異尋常（桂香亭觀察一見如故）；引觀遍機器（時香亭司機器局事），駭目歎未央；復為留眞面，鏡影照嚴莊；數日盤桓樂，春風坐中香；吾師期望遠，菲材愧不遑；歸帆占利涉，五更輿趁霜；此行雖非久，苦樂頗相當；嗟乎宦海潤，一葉泛茫茫；徒自風塵走，無以報明堂；幾時隱林麓，映澧起山房；圖史羅滿室，吾生任徜徉」。〔註103〕

〔註103〕《慎齋別集》卷4。

《重遊明陵》:「宦海浮沉歲月流，春深冠蓋復同遊；雲龍際會眺三立，石獸荒涼土一壞；碧浪麥風薰陌隴，青袍草色亂汀州；村童不解興亡事，笑向斜陽驅牧牛」。〔註104〕

《和王觀察遊明陵原韻》:「巡春無意感興亡，一路鋪菜麻與桑；但願年年豐樂象，何妨汲黯守淮陽」。〔註105〕

《其二》:「人知進退與興亡，自樂閒閒十畝桑；一葉尙隨滄海泛，幾時歸馬華山陽」。〔註106〕

《送壽田應京兆試》:「入暮襄予事事勤，愛君不止在能文；行旌正值龍舟渡，此去奪標定冠軍」。〔註107〕

《其二》:「玉樹亭亭髦士娥，蟾宮錦就待登科；把衣鎭重驪歌唱，京國風塵緇易多」。〔註108〕

《偶然自慰》:「不愁無子不卑官，但治心田事事安；松柏終當千尺立，增高輸與葦花灘」。〔註109〕

《感時》:「去歲淮南旱魃馳，今年寰宇水無涯；凋殘遺庶何堪此，空匱司農久不支；軌轍難移周道砥，劫灰誰憶漢廷恩；諸公衮衮觚稜近，自古高言罪位卑」。〔註110〕

《輪船》:「水火功能濟，何須破浪風；天教中外合，地使海江通；戰艦規皆舊，營臺瞬悉空；我生奇愈出，憂歎浩無窮」。〔註111〕

作文《徵信錄序》:「世有不望報而爲善，不因悔而知警，尙矣，而其人甚少，必深歷乎。憂慮之途漸明乎，感應之理從此，謹言愼行，惕惕終身，則其前之受禍實天欲福而成之也。吾友胡君靖波習刑名學，少年已爲上賓，偶以戲致災，因病生悔，因悔生悟，愈後日孜孜讀善書，遇果報顯而有徵者，手錄成帙，欲付剞劂，藉以勸世，此又仁人君子之用心也，商之於余，余嘉其意，慫恿成之，並捐資助印，但望靖波常守此意，以質鬼神，遇事兢兢，無掉輕心，來日進境正未可限量，切勿以一刻善書，此願已了，而忘天難諶，

〔註104〕《愼齋別集》卷4。
〔註105〕《愼齋別集》卷4。
〔註106〕《愼齋別集》卷4。
〔註107〕《愼齋別集》卷4。
〔註108〕《愼齋別集》卷4。
〔註109〕《愼齋別集》卷4。
〔註110〕《愼齋別集》卷4。
〔註111〕《愼齋別集》卷4。

命靡常之義也。余亦係爲善無恒者，不自治而勉人書至此，又不覺愧汗交集爾。光緒己丑孟秋朔長安趙舒翹拜敘〔註112〕等。

有公牘《鳳臺縣耆民李光儒呈批》、《鳳臺縣孀婦朱宋氏呈批》、《鳳臺縣馬玉堂等呈批》、《鳳臺縣民人周文堂呈批》、《鳳臺縣民人邵維本呈批》、《鳳臺縣民人黃金萬呈批》、《宿州民人王得平呈批》、《靈璧縣民人王得超呈批》、《靈璧縣職員王道成呈批》、《靈璧縣民人卞家懷等呈批》、《靈璧縣文生聞鳳鳴等呈批》、《靈璧縣孀婦趙張氏呈批》、《靈璧縣民人呂從江呈批》、《靈璧縣武生強元捷呈批》〔註113〕等，有公文《答宿州何》、《答沈叔庚》、《答前青陽縣湯》、《與郭善臣軍門》、《答郭善臣》、《與沈觀察》、《答鄒墨賓太守》、《答壽州鄭》、《與定遠縣忠》、《與壽州曾》〔註114〕等。

1890年，光緒十六年庚寅，四十三歲。

正月六日作和、誠、敬、義、重、靜、默七箴：

《和箴》：保合絪縕，與物同春，旁流須節，介石嶙峋。

《誠箴》事有始終，離此無物，立信主忠，金城仡仡。

《敬箴》主一無適，對越帝天，內惺外肅，力徹中邊。

《義箴》時措制宜，變通盡利，思之思之，活法皆備。

《重箴》儼然氣象，視履考祥，萬夫莫撼，動作有光。

《靜箴》風燭影亂，止水物清，凝神定氣，此主人生。

《默箴》時行物生，天本無言，不大聲色，眾妙之門。〔註115〕

自序云：「余人官宦已十六年，顛危迭遇，家境多遷，心氣因而歉弱，漸形衰象，推原其故，實由學鮮得力，內功不敵外悔，近稍知反約省檢，予所短者，七字各繫箴言，帶佩期以勿忘，如再捨此而氾濫則虛殼淪胥，嗟無及矣」〔註116〕。

《慎齋年譜》；「上陳京尹書，略云：竊以僕質庸才，雖稍知讀書明道而身心且不治，遑言安濟，前放外任，自揣必爲時所棄，不意到皖半年，即依仁宇，栽培誘掖，引勉於正，臨行復以賤名廁列薦牘，返躬無本，實慚聲聞過情，以大人辦事存心猶遭屈抑，不得直行其志如翹者，敢有他希冀耶。惟

〔註112〕《慎齋別集》卷1。
〔註113〕上述十四份公牘均出於《慎齋文集》卷8。
〔註114〕上述十份公文均出於《慎齋文集》卷9。
〔註115〕《慎齋別集》卷1。
〔註116〕《慎齋年譜》。

有疆恕行仁，勵學砥節，俾此身無人下流，不致貽知我者，失人之羞而已。（按陳公時由安徽巡撫調順天府府尹。）又上河道總督許仙屏師書略云：春間奉臨行手諭，謂曾文正善與人同，此乃西銘育才不匱之道，為學問大本原然，在今日辦事若徒有至公至正之心而無能受委屈之量，則不足以濟事；即有能受委屈之量，而或稍失至公至正之心，則又適以喪己，此中兩全實難，念及此惕然退矣。又云：細繹明訓無一可似，惟有勤學明道，期於出處無愧，近來看書稍見古人精微處，而其大要總不外中庸、慎獨、素位、明善、成物數端，且內重分外自覺輕一分，此翹惟日不足者，餘皆聽其自然。」

《慎齋年譜》：「夏大旱，步禱郡城隍神，翌日得大雨，飛蝗遍野，設法捕滅。」

《慎齋年譜》：「八月二十五日稟請開缺回籍修墓。」

《慎齋年譜》：「十一月十一日卸任，有卸郡事詩云：朝來攬鏡歎華顛，薄宦匆匆十六年。自注云：上游以人情無位置，迫令赴引膽缺派署，余即發文請假開缺。」

《卸郡事詩》：「朝來攬鏡歎華顛，薄宦匆匆十六年；麗日和風嘉有會，洪濤巨浪浩無邊；逼人軒冕須知己，退我林泉合任天；難得忙中閒歲月，呼童釀酒展詩箋。」〔註117〕

《灃西草堂集‧與晏文介書》：「趙展如書來稱沈中丞逼伊赴引，決計告歸，阿方伯又不准，遂去，擬少緩再定行止。在鳳治續皖，人極稱明斷惠廉，難治之區熙然向化，偉則惟愛其性情純潔，苦勵學行，自少孤貧，一毫不苟通籍，後篤念親舊，無德不報，有一飯千金俠氣，本此以推，必不負君，必不負民」〔註118〕。

《慎齋年譜》：「十二月在鳳陽度歲，因微疾作箴期諸終身箴云：惟敬與義兩者是程會歸致遠倚恕疆，行人之喜怒勿榮，吾情物之奇好勿搖，吾精勿悔，既往新法，滌生勿期後效善建晚成彌儉彌廣彌約彌清，福來思致，困不失亨行之久，久內重外輕，何以驗之？貌卒氣平，若有窒礙，反責吾誠，稍涉怨尤便是私萌，學與天隔如坐愁城，光陰既失，日蕩心旌，縱使僥倖位極尊榮，草木同朽，可惜經營通徹，算定全視，爾勉一息不懈謂理明又有戒語、定心二詩。」

〔註117〕《慎齋別集》卷4。
〔註118〕《灃西草堂集》卷3。

是年作詩《戒語》：「魔因道起，賊因私乘，我之虛十，面窺拱璧，一投從粉，碎精金百，練耐鈒錘，修容休謂，屋無漏愼，疾須思生，有涯空色，色空皆誑，語虞廷猶，患此心危」。〔註119〕

《定心》：「浮雲富貴貪戀除，過耳風聲是毀譽；爲善成功權非我，生聚死散由太虛；天下尙有何思慮，日月來往觀居諸；斂神歸氣精含鬱，斯樂何殊在華胥」。〔註120〕

《讀咸卦有得》：「言戚休言應，義爻卦著咸；六爻無一善，君子學三緘」。〔註121〕

《讀家人卦有感》：「家庭婦女窩，朝夕是非多；禮乃房中樂，言爲室內戈；豕羸防蹢躅，蟻穴潰江河；自古治平業，工夫在此磨」。〔註122〕

《明陵懷古》：「山頭雲氣接芒碭，千載鍾靈淮水長；總攬英雄歸建業，早符雷雨助昆陽；草生惟剩銅駝臥，風起猶疑戰馬忙；從古興亡同一轍，年年徒自感滄桑」。〔註123〕

《讀諸家詩鈔》：「誦盡六朝詩，何益性與情；風雲連篇敍，草木詞縱橫；妖姬垂袖舞，高臺動歌箏；傳寫閨旅態，細如秋蟲鳴；不然談神仙，驂鶴遊蓬瀛；不然詡功業，請纓出塞行；若俱難稱志，悲感抒不平；三綱皆夢幻，六合塵芥輕；曲蘖視爲命，貪逸嗤忠清；此等浮薄意，可能了所生；少年無識子，讀之蕩心旌；悠悠古意遠，渺渺予懷傾；潤色承平業，誰繼雅頌聲」。〔註124〕

《得人書聞　今上英明好學喜（而）賦（此）》：「江湖遙夢變孤稜，忽讀瑤章喜不勝；天子聖神文武備，小臣稽首頌中興」。〔註125〕

《前作同人多有和章因疊韻酬其意》：「富貴迷人倒復顚，辭官休說正強年；平途蕩蕩誰由徑，大鼓淵淵詎擊邊；無味徵驅嘶古戍，多情旅雁唳遙天；能詩知己紛傳和，我不書空又一箋」。〔註126〕

〔註119〕《愼齋別集》卷4。
〔註120〕《愼齋別集》卷4。
〔註121〕《愼齋別集》卷4。
〔註122〕《愼齋別集》卷4。
〔註123〕《愼齋別集》卷4。
〔註124〕《愼齋別集》卷4。
〔註125〕《愼齋別集》卷4。
〔註126〕《愼齋別集》卷4。

《再疊前韻》：「學以登峰必造顛，光陰虛擲卅三年；漸來眞趣留胸內，已少囂音到耳邊；客滯淮南驚雪意，人歸渭北待春天；窗前檢點群書冊，細誦太沖招隱箋」。〔註127〕

《有以不應退諷餘者三疊前韻答之》：「時危誰與力扶顛，定有賢豪爭百年；爲笙水山甘偃蹇，非耽風月放無邊；鯨翻滄海波回地，狐萑匿符火照天；一己升沉何足問，憂心且自寄唫箋」〔註128〕等。

作文《〈宿州新志〉序》：「天下郡邑志書，汗牛充棟，鮮稱善本，舊聞皖省名志最多，以和州、亳州、廣德、涇縣、鳳臺、懷遠六處爲著，而鳳、懷俱隸鳳郡，余丙戌出守斯土，下車即訪求屬志，惟宿州及鳳陽呈有舊本，餘均以兵災無存，蓋地方之凋殘久矣。挽近吏道多難，速化爲心，視官署如傳舍，況值此疲難煩劇之地，朝夕奔邁之不暇，又誰能與民休息，計及久遠，出餘力以考訂，乘哉固始何君敬甫牧宿十二載，政平訟理，官民治孚，州衝途餉車絡繹，敬甫改民辦爲官捐，閭閻歲省錢萬緡，尤爲惠政，茲當受代，將去以舊志失修，力爲經理，明畢其事是雖政事之潤色，亦可見其優異於俗吏矣。志內首重褒揚節烈，湃濴勁區，樹防名義，幽光既闡，可振頹風，若明疆界之撥，分清田賦之錯，雜興圖版籍俱資以定期，二者已得應修之大端，其餘斟酌損益亦足備徵文考獻之用，非率而操觚者可得而擬焉。余嘉敬甫之爲善，靡已而有成也，忘其譾陋，用勉爲敍」。〔註129〕

《〈豹隱集〉序》：「余讀《孟子》至詖辭知其所蔽數語，嘗謂此法可以觀書，可以鑒人，而亦可以論文，然非平日內實有省戒體察之功，外洞悉事理物情之變，則己向在蔽陷難窮之中，何以定人之不詖、不淫、不邪、不遁哉甚矣。夫作者固難識者亦不易也，婺源藕湖趙君見余爲友人，善書弁言，謬加推介，同年程君颺園貽所著《豹隱集》索序，余與君未謀面，然君與颺園善，颺園誠篤君子也，則其友可知。讀君詩文，乃目營四海，胸有千古，偓儻之豪傑也，又何俟余言爲輕重哉。況余早歲孤陋失學，中年消磨案牘，於文之體采、詩之聲病，實未究心，又何能知君詩文之深哉。然君以不世之識、杖朝之年而見余，數語即識於心，不遠數千里以所著相貽，則君之知言必有獨得者，於此不相爲印證，將終身於蔽陷難窮，是猶

〔註127〕《愼齋別集》卷4。
〔註128〕《愼齋別集》卷4。
〔註129〕《愼齋別集》卷1。

遇名醫而自諱其疾也，余不敢也，亦不願也。竊謂立言以維持世道爲第一義，即瀟灑塵外自寫所樂，亦不可有情無望，《易》曰：言行君子之樞機，樞機之發，榮辱之主也，言行所以君子之所以動天地也，可不愼乎。夫平日一言一行尚宜愼之如此，況著書立說垂諸後世乎。君之文平情達理，跌宕爽利，杜樊川之罪言，呂東萊之博議，國朝王船山之通鑑論均不是過。詩則以香山之夷猶合長公之奇恣，爲一必傳無疑，且詩之瑰麗整齊，絕異郊寒島瘦，尤見壽身壽世之徵，人生有此已足自豪，無以遇不遇爲君惜也。惟文、詩內抉摘程朱及西廂書，後師館自嘲數處在，君原虛心論理，無掊擊前賢之見，即偶寫所得，亦非故作豔語，第恐後之人未能窺君不詖、不淫、不邪、不遁之大，而執此數處以爲學問如君，尚且疵議前哲，瀏覽雜說，毫釐千里，恐不免生心害事之弊，君之向余秀書先生庸言有云：李斯何敢望荀卿，而焚書坑儒之禍未必非性惡之語，有以啓之；李贄何敢望姚江，而大道不分男女之說未必非無善無惡之說，有以啓之。故君子於其言不敢苟也，實屬見到之論，且天下之理不能盡傳，人之作不在多，想秉達德之勇者，必能割愛也。余感君不以俗吏見棄，並欲以所見互質，故不憚絮絮，仍交瓞園共商之」。﹝註130﹞等。

有公牘《飭定遠縣恤命案內孀婦笘》、《壽州夫差案稟》、《靈璧縣陳元琦控案稟》、《阜陽盜案稟》、《議辦旱賑稟》﹝註131﹞、《壽州正陽鎮監行張同興爭股份判》、《壽州紳童告錢店把持錢糧判》、《壽州生員裴延鈞呈批》、《壽州民人黎鴻錫呈批》﹝註132﹞等，有書信《答鳳臺縣桑》、《答鳳臺縣桑》、《答定遠縣劉》、《答鳳臺縣桑》、《答靈璧縣胡》、《答前靈璧縣胡》、《與鳳陽清軍府劉》、《答柏孝龍》﹝註133﹞等。

1891 年，光緒十七年辛卯，四十四歲。

《愼齋年譜》：「十一日入都赴引，召見時有前在秋審處當差甚好，例案極熟悉之諭。」

二月二十一，有《奏爲恭謝加一級仍註冊回任候升》﹝註134﹞奏摺。

﹝註130﹞《愼齋別集》卷 1。
﹝註131﹞上述五份公牘均出於《愼齋文集》卷 6。
﹝註132﹞上述四份公牘均出於《愼齋文集》卷 8。
﹝註133﹞上述八份書信均出於《愼齋文集》卷 9。
﹝註134﹞中國第一歷史檔案館編：《光緒朝朱批奏摺‧第七輯‧內政》，北京：中華書局，1996 年，第 294 頁。

《翁同龢日記》：「二月二十二日，趙展如（舒翹，刑部舊屬，今鳳陽府，四十二歲。）來見，話切實而勁，賢吏也。」〔註 135〕

《愼齋年譜》：「三月旋皖沈中丞秉成〔註 136〕留署首府，力辭。」

《愼齋年譜》：「四月回鳳陽任。」

《上阿方伯書》云：「此番風波實出意外，如署首府亦必催令聯守，入都是使之赴引則不行。云：署則行之，以不欲施諸己，則憤怨；以不欲加諸己，則歡欣，乃壟斷賤夫墦間乞人之所爲而謂翹篤之乎，即使不奸人笑罵盈盈，就此皖省亦安，用此巧猾之屬吏爲哉，此斷斷義不能爲者也。」〔註 137〕

五月初八日，劉坤一有《復趙展如太守》〔註 138〕。

十一月二十九日，劉坤一有《復趙展如太守》〔註 139〕。

《愼齋年譜》：「有高郵王淑義孝女詩，又有郜節母詩。」〔註 140〕

《題高郵孝女王淑儀事略》：「美矣詩書澤，鍾祥到女儀；王氏數世傳述小學諸孤資保護，兩代賴維持；寸草誰辛苦，空花任甲移；孝女年六十而終露筋祠尚在，貞孝此雙垂。」〔註 141〕

《郜節母詩》：「（余逾歲而孤，先母苦節撫養至十二歲而見背，叔母亦寡無出，同先王父母撫余成立，余雖不肖無文，然每遇人以節烈事求題者，則不敢辭。蓋觸己之痛，而天下人子有同情也）茲郜廣文鑒涵表彰賢母之節，賦此報之。提耳深明大義，純賢母聞父溺，而殉，有人以大義責其養公姑、撫幼子，即止代終坤道足雜倫；恨長難挽波濤險，任重忍捐溝瀆身；肖子舒文鳴教鐸，窮嫠附蔭上貞瑉；鑒涵爲母建坊將合懸窮節婦姓氏俱列其上，亦推類闡幽之意唵成莫怪頻揮淚，我亦孤兒恃母人。」〔註 142〕

〔註 135〕（清）翁同龢：《翁同龢日記》第 6 冊，陳義傑整理，北京：中華書局，2006年，第 2433 頁。

〔註 136〕沈秉成：1823～1895 年，字仲復，自號耦園主人，浙江歸安人。咸豐六年進士，授編修，遷侍講，充武英殿總纂，文淵閣校理等，升蘇淞太道，河南、四川按察使、廣西、安徽巡撫、任兩江總督等職。

〔註 137〕《愼齋別集》卷 4。

〔註 138〕（清）劉坤一：《劉坤一遺集》（第 4 冊），中國科學院歷史研究所第三所工具書組校點，北京：中華書局，1959 年，第 1968 頁。

〔註 139〕（清）劉坤一：《劉坤一遺集》（第 4 冊），中國科學院歷史研究所第三所工具書組校點，北京：中華書局，1959 年，第 1999 年。

〔註 140〕《愼齋年譜》。

〔註 141〕《愼齋別集》卷 4。

〔註 142〕《愼齋別集》卷 4。

《有感》：「轟雷掣電雲黑沈，晦塞迷離鳥寂林；豈識山頭晴日麗，有人扶杖過遙岑。」〔註143〕

《不得已入都，行李早發，坐待天明，吟此》：「既經審處熟商量，便即空空付彼蒼；放眼千秋三界潤，人生何必太匆忙。」〔註144〕

《山東道中苦雨》：「四載齊州路，無端往復來；我車零雨瘁，吾道野人咳；地任山峰出，春從驛樹回；歸途應勝此，風暖百花開。」〔註145〕

《孟廟》：「獨從優患識天將，任道英豪力始強；終古嚴嚴瞻泰岱，魯人休怨有感倉。」〔註146〕

《途中有感》：「澗石輪蹄戰，連朝在畏途；只憑心坦蕩，一任路崎嶇；雪柳勞人慣，冰霜暖氣蘇；春明行漸近，何事慨江湖。」〔註147〕

《寅僚招飲龍興寺，即席呈王介艇觀察，並簡劉湘生太守》：「酒憶前遊白，山憐再到青；堂風仍蔭庇，黍雨幾時靈；雅會群賢集，高軒祖餞停；出郊供眺望，獨有此江亭。」〔註148〕

《孟子仁兄，六十生子，足徵天道祐善，同人多有和章步韻，祝之》：「休謂冥冥自有時，天於栽者乃培之；仁心符得驥來瑞，輝德蒸成鳳下奇；花甲已周君不老，喬枝如出我非遲；予望子甚切，以河洛數推予命，今年四十四歲有喬枝出群之句此中秘訣如相問，鄒驛（錯別字）家聲善疆為。」〔註149〕

《王觀察忽以詩至，意似不樂，走筆和以解之》：「觀變恃機沈，超然覽古今；但擒一心往，何懼二毛侵；權酌花間酒，間調水上琴；我原多感慨，壯語報知音。」〔註150〕

《又和夏日小園二首》：「荷亭坐定覺微颸，花有清香自在時；仰視浮雲蒼狗幻，蟬聲忽又唱高枝。」〔註151〕

〔註143〕《慎齋別集》卷4。
〔註144〕《慎齋別集》卷4。
〔註145〕《慎齋別集》卷4。
〔註146〕《慎齋別集》卷4。
〔註147〕《慎齋別集》卷4。
〔註148〕《慎齋別集》卷4。
〔註149〕《慎齋別集》卷4。
〔註150〕《慎齋別集》卷4。
〔註151〕《慎齋別集》卷4。

《其二》：「境清原可助心清，樹上風聲作雨聲；涼久不知更漏轉，梧桐月掛一鉤明。」〔註152〕

《送壽垣歸田》：「孔顏樂處久無傳，斯道昭昭君獨賢；說道盈虛參萬古，數來晨夕共三年；黃花老圃期歸隱，綠柳春風約後緣。（壽垣評余命交卅六後有碧柳春風景象）」〔註153〕等。

《慎齋年譜》：「冬，升授浙江溫處道，哭柏子俊師，有詩又譔墓表。」

《哭柏子俊師》：「悉數微時友與親，先生知我最為真；干戈擾攘攜相護，鉛槧追隨講獨頻；每遇書來憂大局，猶聞遺語望名臣；山頹梁壞將安仰，一念音容淚濕巾。」〔註154〕

《柏子俊先生墓表》：「歷來道學風氣之開，天必生一人焉，與之以剛直強毅之資，聰明豁達之度，足以任重而致遠，而又屈之以艱難拂亂之遭，百折遏抑，曲迴歷練，俾洞悉夫天地之消息，民物之情偽，世故之變態，然後學問成焉，性功盡焉。出其緒餘以成德達材，而人之被其教澤者，皆各有所造就，而風徽自此遠矣。澧右山水環秀，鍾毓必厚，乃掇科名者，或不乏人，而淑身明道，講求體用之學者，少有所聞。若翹表叔柏子俊先生者，殊不愧吾鄉特出之人焉。先生諱景偉，號澧西，咸豐乙卯舉人，負質魁碩，睿智過人，凡時流末藝，一見即曉其門徑，而先生皆不屑屑。惟目睹時艱，日探究經濟實學，欲以經營天下，上抒君父憂焉。及所遭不偶，乃以立教終老。先生與先父契好，翹逾歲失怙，祖撫之。髫齡時，先祖常指翹謂先生曰：汝大兄留此一線，余老矣，此子後來讀書成立，將汝是賴。先生自言：知我者趙六伯也。六係先祖大行，先生每謂翹曰：爾祖厚德，爾父才質過我數倍，以小試不售，遇疾，爾讀書必發，須以立品為重。先生嘉言懿行及人者，多墓誌已詳其大，其世系生忌，備具行狀，均無須再述。即翹之受先生教，益亦難悉，數惟自念生平尤得力先生之學者，則有三端。常聞先生講君臣之義由於性生，凡市井草莽與君國隱隱相關者，反覆開說，令我忠孝之心油然感動。又聞先生講人心與天心息息相通，凡大學、慎獨、中庸之戒懼，感應至理，當前取譬，切實指點，令我敬畏之心惕然惺悟。又聞先生講民吾同胞，物吾同與，將一本萬殊大原揭出，覺宇宙內，事皆分內事，令我仁愛之心藹然而

〔註152〕《慎齋別集》卷4。
〔註153〕《慎齋別集》卷4。
〔註154〕《慎齋別集》卷4。

自生，矜伐之心縮然而自失。先生豈爲翹一人講解哉，遵所聞、行所知如是耳。翹供職中外，將及廿年，兢兢自守，遇事維持不敢以官小委怠隱微，自欺一毫，負國虐民，期於不辱其身，無忝所生者，皆由幼時先生之教有以啓之，竊願後之學先生者，亦於此三端，用力求之。庶學有本，願窮達均有所守，而不至爲私利、嗜欲所困，雖先生已往，猶不失爲私淑也。若徒見先生壯年之抑強扶弱，恤寡濟貧，倜儻可喜，而目之以豪傑；見先生中年之好武談兵，馳驅戎馬，科事奇中而稱之以才略；見先生平生詩文，諸體理法精密，不名一家，而比之以詞章不特，非先生之教，抑且失先生之眞，並恐學者不得其要，襲跡而貽譏畫虎，先生能無憾乎？蓋先生之不可及者，固由天分之加人一等，而先生之所以不可及者，實由心學之不懈終身也。先生易簀時有句云：耿耿元精猶在目，瑩瑩惠性未離心。非平日讀書養氣之功臻於純粹，曷克有此。求先生之道者，其亦知所本矣。翹痛師訓之內無聞，因念貽謀之難，紹濡筆和淚以此表先生之德，即以此作自治之程云。」〔註155〕。

是年作《五箴》：「每日內心憧擾，搜求病根，總不離色欲、貨財、名位、子孫、死生五者，若無道以除之，潛茲暗長，終恐潰裂，爰作五箴誦於口，書於座，未敢遽希，无妄聊作寡欲之助云爾。氣體得養，以精爲根，恃強縱慾，自走死門，空諸色色，欲始存存。乾爲美利，道在同仁，悖入悖出，難逃鬼神，積而能散，亦足發身。一官隨人，局此靜思，己德己踰，涯涘仕宦，得中古人，知止名位。仁者不絕，自古爲然，惟疆惟善，成功聽天，令名百代，即是綿綿。乾父坤母，奉命周旋，乘化歸盡，沒吾寧焉，尚存一息，履冰臨淵」。〔註156〕

《仕箴》：「事上不即不離，待人讓名讓利，遇事則委曲求全，必期於民有濟而仍衡之以義，世途太險，直道久湮，被黜乃意中事，斯須莫忘浩然志」。〔註157〕

《易簡箴》：「誠身者，擇善以約者，失鮮蓋守其原則，萬變定挈，其要則眾理歸，余困於欲久矣，而蒙昧於學，克己無方，今反覆而得易簡之道焉，作箴識之。保我精氣爲萬事基，存我心理邀彼蒼知，此外忽有忽無，忽去忽來，皆以浮雲視之，而無搖惑與奪移，乾坤易簡在是，願終身守之而勿疑」。〔註158〕

〔註155〕《慎齋別集》卷1。
〔註156〕《慎齋別集》卷1。
〔註157〕《慎齋別集》卷1。
〔註158〕《慎齋別集》卷1。

《正學箴》:「動靜交資,窮理局敬,三畏無忘,自求餘慶,四勿持身,庶幾欲淨,事至物來,心如虛境,有益我人,時措於政,養氣以和,外柔內勁,素位而行,居易俟命,晬背盎業,大德盛學可通天,基足作聖,蔽以一言,是謂盡性」。〔註159〕

《憂箴》:「天與人一,此理最眞,知而爲惡,罪浮常人,日月易逝,勉勉我身,事無大小,質諸鬼神,懍乎危乎?皇天無視」。〔註160〕

《樂箴》:「浮雲富貴,隨分食衣,嗜欲剝落,自暢天機,出入以禮,俯仰無違,心寬體胖,魚躍鳶飛,渙然怡然,生順死歸」。〔註161〕

《眠箴》:「身禁頻轉,心袪雜思,以魂守魄,神息氣滋,朝書聽訪,依此爲基,忱而不寐,雙鬢易絲,夢堪驗學,向晦順時」。〔註162〕

《食箴》:「味淡爲宗,晚食惟緩,乾不如湯,涼不如煖,硬膩之物入腹難散,其尤要者戒至飽,滿侑消有法,歡顏舉椀」。〔註163〕

《居德箴》:「程箴四勿,制外養中,心箴最切,握要圖功,近觀諸室,取譬尤工,心敦乎仁,是主人翁氣伸物表棟宇崇隆,敬以防戶,袪邪辟凶,誠以存業,庫實倉豐,德潤富潤,理原相通,居之休倦,受用無窮」。〔註164〕

《房中箴》:「中歲遊房,精氣易傷,順天時以節度,勿狥物而將生忘,苒覺歡少,其實樂長,綿綿嗣續,或亦由此而鍾祥,是蓋視寡欲之功力,其要在有別,而勝以剛」。〔註165〕

《消慮箴》:「患得失者,鄙多顧慮者,愚天之待我,既與尋常迴殊,有何不足,仍日夜之貪圖,即謂嗣續尚虛,是一大事,又安知後起之必無,但使事事皆惠迪,自有坦蕩,在前途從今後食必飽,睡必腴,耗精憧擾,胡爲乎」。〔註166〕

《積書箴》:「余於他好皆輕,獨酷嗜夫書卷,因思以遺子孫,此心遂多,吝嗇無論,嗣續尚虛,守將誰倩,縱使蕃衍,繼世賢者,讀書豈盡資,祖籍家傳愚者,又將視爲廢物,非失遺即賣變,然後知疏廣散金,上蔡去研,實

〔註159〕《愼齋別集》卷1。
〔註160〕《愼齋別集》卷1。
〔註161〕《愼齋別集》卷1。
〔註162〕《愼齋別集》卷1。
〔註163〕《愼齋別集》卷1。
〔註164〕《愼齋別集》卷1。
〔註165〕《愼齋別集》卷1。
〔註166〕《愼齋別集》卷1。

前賢卓見，從今後隨意收藏，無多欣羨，雅好成癖，亦欲壑急，須填此箴，乃樂之暝眩」。〔註 167〕

《養生箴》：「起坐十功，叩齒、運睛、拭面、鳴鼓、熊經、兜禮、咽津、煖腎、摩足、推胸，專調氣息；下床八功，灑腿、開弓、托天、猿臂、轆攪、揮拳、騎馬、舞花，動束筋力，澹助清明，俟饑而食，臥想傷神，俟困而側，事事緩舒，言言思默，從厚從和，節酒節色，遵此保身，兼以養德，任性優游，嗟哉日昃」。〔註 168〕

《身世箴》：「眞知力行是實際，主敬存誠是本原，將由博以入約，尤必先克己之偏，治家有容忍，馭下須簡寬，養善多所譽，利物藉此官，燭幾微以遏，惡居錞柄以求，安鑒在天而無伐，春與物而同歡，必謹庸行，無矜達觀，學問則愈虛愈細，措施則其愼其難，世苟不用，即卸肩以尋樂，切勿富貴奪志，稍涉希冀盤桓，若宗祀之能否，延長則全視，爾德厚薄以爲斷，無徒內顧而傷單寒，誦此箴，以勿諼庶幾乎，氣質變化，不負天地君親，還生初之固，有而覆命歸玩。余性急多汗，漸致氣虛，近讀《老子》，頗悟昨非，爰作此箴，朝夕警誦」。〔註 169〕等。

有公牘《鳳臺縣民人李學浩呈批》、《鳳臺縣丁牛氏呈批》、《宿州監生江俊卿呈批》、《懷遠縣童生劉渙一呈批》、《鳳陽縣舉人李楨呈批》、《定遠縣王培元呈批》、《壽州貢生劉宗銘等呈批》、《壽州康紅玉呈批》〔註 170〕等。

1892 年，光緒十八年壬辰，四十五歲。

《愼齋年譜》：「春由鳳陽抵浙江省城，有同張子頤遊靈隱寺詩。」

《同張子頤遊靈隱寺》：「（俗傳到靈隱寺，以現年默數羅漢卜休咎，餘數至那迦犀那尊者，手持靜定，行似甚忙，韜光峰最幽勝。余同子頤捨輿步上其峰頂，泉有小龍如壁虎狀，二十餘頭銜接而出。僧云：求雨甚應，無緣者不得見，即見亦不如是之多）百忙偸得片時間，幸有知音共入山；月印三潭猶假景，天開一線絕塵寰；數隨羅漢勞生定，勝攬韜光盡力攀；更喜龍泉如解意，特爲銜尾戲潺湲」。〔註 171〕

〔註 167〕《愼齋別集》卷 1。
〔註 168〕《愼齋別集》卷 1。
〔註 169〕《愼齋別集》卷 1。
〔註 170〕上述八份公牘均出於《愼齋文集》卷 8。
〔註 171〕《愼齋別集》卷 4。

《慎齋年譜》:「三月蒞溫處道任,有和傅少卿太守詩。」

《和傅少卿太守詩》:「壬辰之歲月逢辰,甌恬偕來受籙新;(少卿以三月中旬守處郡,予亦春杪來巡溫處)重倚楚材欣助我,榮看萊彩愧非人;(余少失怙,恃零丁孤苦,讀少卿詩,自傷疊恥)作忠難答皇恩厚,推愛期間庶物春;東海籌多桃又熟,任君添取奉慈仁」。〔註172〕

自注云:「少卿以三月中旬守處郡,予亦春杪來巡溫處,初到任,查明鹽務積弊由商壟斷,即請改歸官辦,民困獲蘇,事詳先生所著《溫處鹽務紀略》。」〔註173〕

《慎齋年譜》:「其整頓榷關,杜中飽恤商艱,不用私人,不多提款。甌海自光緒三年開關,歷年積有洋藥釐稅四萬餘金,前任均貸錢商,取息自潤,先生至決,收銀歸庫,而戶部適電提此欸詎,錢商資本折閱,僅恃此款周轉。先生推誠寬待,卒幸歸完,始行倒閉,前任亦得免咎。先生常言, 使當時稍存利心,受累誰怨,始知辦事不敢一步不踏實。」

《慎齋年譜》:「會大旱,有誠不足,格天禱雨未應,志愧及禱龍鳳祠得大雨等詩。」

《誠不足格天,禱雨未應作此志愧》:「大學最難誠意章,危哉欺慊判中藏;焚香尚愧嚴清夜,祈澤焉能動彼蒼;星退齊邦安海表,雲開吏部現衡陽;從來感應皆無爽,再勵前修望致祥。」〔註174〕

《盼雨(剜錄軒係道署且園第一座落)》:「盈耳鳩聲不住呼,夢中雲起蔭天衢;急開剜錄軒前望,依舊晴風葉戰梧。」〔註175〕

《連日雨象懼被風吹去》:「回憶淮陽旱(守鳳陽時間愛屢逢旱,余禱於城隍,即雨)蟲蟲太蘊隆;哪知來海筮,望雨又愁風。」〔註176〕

《又禱於龍風祠得大雨》:「庸流杳遠視高穹,禱雨誰知呼吸通;我輩只求心不二,彼蒼原自聽常聰;鳩鳴喚出朝林日,龍起乘回大海風(是日忽雲起東海,初甚遠,風力猛催,霎時雨如)。」〔註177〕

《有感》:「憂患篤心三十年,危哉一線寄宗傳;蘭徵有信頻摧果,石困

〔註172〕《慎齋別集》卷4。
〔註173〕《慎齋年譜》。
〔註174〕《慎齋別集》卷4。
〔註175〕《慎齋別集》卷4。
〔註176〕《慎齋別集》卷4。
〔註177〕《慎齋別集》卷4。

無端便結緣；安得雍和消孽覺，惟憑敬畏感蒼天；中宵不寐披衣坐，振我頹唐望古賢。」〔註178〕

　　四月十六日，有《稟覆護院憲劉》。〔註179〕

　　四月二十一日，接《藩臬運三司移文》、《鹽運使司惠來函》。〔註180〕

　　六月二十五日，有《稟覆護撫憲劉督同傅守體察鹽釐情形籌議辦法請賜核事由》、《復鹽運使司惠函》。〔註181〕

　　七月二十七日，接《護撫憲劉箚》。〔註182〕

　　八月初二日，接《鹽運使司惠移文》。〔註183〕

　　八月十五日，作詩《東甌中秋望月》：「青天雲斂淨無塵，湧出團圓月一輪；海宇甌澄徵舊夢，（余前年交卸鳳陽府篆時，夢汲井獲金甌清水，內滿二小鯉跳躍其上，底有巨鼇星宮危曜是前身）；星家言余命坐危，月燕度心香昭告人聲靜，魄鏡高懸夜氣新；桂子滿園金粟綴，可能茂豫慰來春（盼子深切，內人近有喜兆）。」〔註184〕

　　十一月十二日，有《議覆溫處鹽務事宜》。〔註185〕

　　十一月二十五日，接《鹽運使司惠移文》。〔註186〕

　　十一月二十九日，接《撫憲崧箚》。〔註187〕

　　十二月初一日，接《鹽運使司惠來函》。〔註188〕

　　十二月初三日，接《鹽運使司惠移文》。〔註189〕

　　十二月初九日，有《復鹽運使司惠函》。〔註190〕

　　十二月十一日，有《嚴禁新舊交接藉端滋鬧攪擾鹽棧示》。〔註191〕

〔註178〕《慎齋別集》卷4。
〔註179〕（清）趙舒翹：《溫處鹽務紀要》，光緒十九年（1893年）甌江官舍刻本。
〔註180〕（清）趙舒翹：《溫處鹽務紀要》，光緒十九年（1893年）甌江官舍刻本。
〔註181〕（清）趙舒翹：《溫處鹽務紀要》，光緒十九年（1893年）甌江官舍刻本。
〔註182〕（清）趙舒翹：《溫處鹽務紀要》，光緒十九年（1893年）甌江官舍刻本。
〔註183〕（清）趙舒翹：《溫處鹽務紀要》，光緒十九年（1893年）甌江官舍刻本。
〔註184〕《慎齋別集》卷4。
〔註185〕（清）趙舒翹：《溫處鹽務紀要》，光緒十九年（1893年）甌江官舍刻本。
〔註186〕（清）趙舒翹：《溫處鹽務紀要》，光緒十九年（1893年）甌江官舍刻本。
〔註187〕（清）趙舒翹：《溫處鹽務紀要》，光緒十九年（1893年）甌江官舍刻本。
〔註188〕（清）趙舒翹：《溫處鹽務紀要》，光緒十九年（1893年）甌江官舍刻本。
〔註189〕（清）趙舒翹：《溫處鹽務紀要》，光緒十九年（1893年）甌江官舍刻本。
〔註190〕（清）趙舒翹：《溫處鹽務紀要》，光緒十九年（1893年）甌江官舍刻本。
〔註191〕（清）趙舒翹：《溫處鹽務紀要》，光緒十九年（1893年）甌江官舍刻本。

十二月二十八日，接《撫憲崧覆函》、《鹽運使司惠覆函》。〔註192〕

十二月撰《余元遴庸言序略》：「予早歲值亂離險阻驚心，喜閱因果報應之說，弱冠稍知近學又氾濫於詞文，迨後通籍入於榮辱得失之場。每遇紛擾憂患，雖力加克治心，終不能自持，始覺學無得力，深恐墜於下流，嗣取《朱子全書》讀之，此中漸有門機，因徧參之儒先各語錄，求其見道，分明論事，確實出於躬行心得，不謬乎。朱子之學者，代不數人，其間聰明求捷者，畏朱子功力之堅苦，規矩之謹嚴，往往自私用智，旁流於異端不自知，其為詖、淫、邪、遁遂致生心害政，或問朱子，今世士大夫何以晚年都被禪家引去，朱子曰：是爾平生所讀許多書、許多記誦文章所藉，以取利祿聲名之計者，到這裡都靠不住了，所以被他降下，蓋有慨乎，其言之也。婺源余秀書先生老於一衿境，極迍邅乃，能苦心志道，身體力行，著為《庸言》四卷，其言心性也，能探戒慎，知天下之微；其言事理也，能握利濟愛人之要語，語純正，體用俱到，深得朱子之心傳而不愧生於其鄉。其以庸言名篇者何哉，道統開自虞廷，列聖相傳，只此一中，自我夫子始於中下繫一庸字，庸豈在中外乎？正見夫賢知之過，皆捨卑近而事高遠，非守中於拘墟，即索中於杳冥，愈傳而愈失其真，若曉然於聖神達天之詣，即在此日，用倫常之內庶不至略實行而言虛理，而後經正民興，斯無邪匿，是發名列聖心傳所在，維持千古人倫世教於不敝者，不外庸之一字，庸言實至言也。余於庚寅獲是書，愛不能釋，擬就弁言，欲重梓以廣其傳，尚未果行。余同年程君颿園夢元亦婺源人也，家與先生族裔，多係姻親，余重颿園學品，邀至甌襄佐治理適見，是書云鋟板現存先生家祠堂，久不印行，余即屬颿園函致先印數百部，寄甌散送同志，颿園欲索余序，添續簡末，余何足表先生之德，先生之德亦何待人表第，不忍重違颿園之勤，摯而勉從焉。世之講學明道君子，得是書必不以予言為阿好，且必更有見先生之深，而陋予之不足闡發也。光緒壬辰嘉平敘於東甌道署之且園」。〔註193〕。

是年作詩《舟次讀同年謝棠洲贈詩有感於心賦此報之》：「道岸茫茫莫問津，藐焉混處懼磨磷；贈言愧我毫無似，好學推君氣更純；調叶高山歌一曲，心期砥柱力千鈞；舟窗剪燭開書讀，竊幸關西又有人」。〔註194〕

〔註192〕（清）趙舒翹：《溫處鹽務紀要》，光緒十九年（1893年）甌江官舍刻本。
〔註193〕《慎齋別集》卷1。
〔註194〕《慎齋別集》卷4。

是年有公牘《靈璧縣民人單宗禮呈批》、《鳳臺縣民婦楊江氏呈批》、《壽州文候選教諭孫家鏞呈批》、《定遠縣民人鈕鳳學呈批》、《懷遠縣監生周章殿呈批》、《定遠縣民人武源眞等呈批》、《定遠縣稟生張家駒呈批》、《定遠縣民人鄭學珍等呈批》、《鳳陽縣文生年瑞年呈批》、《鳳陽縣舉人李楨呈批》、《壽州候選知縣郭蓮芳呈批》、《壽州民人余寶華呈批》、《壽州孀婦吉李氏呈批》、《壽州貢生鮑俊逸呈批》、《壽州民人姚久林呈批》〔註195〕等。

1893年，光緒十九年癸巳，四十六歲。

正月初二日，有《稟覆撫憲崧》、《計稟呈清摺一扣》、《復鹽運使司惠函》。〔註196〕

正月二十八日，接《藩運兩司移文》。〔註197〕

二月作：「朱子謂：陳太邱送宦者葬，爲之詭遇。有云：陳太邱亦是不當權位，故可以透迤亂世而免於小人之禍。若以其道施之於朝廷，而無所變通，則亦何望其能有益於人之國哉！又答蔡季通書云：小人共事之說，鄙意未能無疑。蓋君子隨時救世，無必待至聖人，然後有爲之理，又不可強其力之所不足，挾私任智而僥倖於有成，惟循常守正爲可以無悔，願其間屈伸變化自由斟酌，不可至於已甚耳。易中論此等處，當無所不盡，更煩考之經傳，鈔出共祥之愚。按太邱生成厚德，陽以忍辱，蒙垢之行，陰施其學道，愛人之心，良足風厲，薄俗老年，徵辟不就，尤見高尚。若弔張讓一節全身遠，害計過深，未免昧於義命耳。人果能遠世俗之名利，守聖賢之道德，自不爲小人所害，如盡己而仍遇禍，則是命應如此。即唯阿圖容，亦足喪品耳。明康對山拜，劉瑾尚謂有東陽友誼往救，若太邱出弔之時，並非復治黨人之日，且其後士類殲滅，累及親屬，未知張讓因太邱之故，所全宥者，何人？萬一無復治黨人之事，又何以爲太邱解。總之，後漢末造處士，標榜橫儀成風，實有取禍之道。太邱身負重名，又處鄉閭，欲保身全家，不得已而出此。其事張讓並非與太邱相爲終始，若睽卦不得不見之惡人，如孔子之於陽貨也。至程子之諭，處新法時，與小人同朝議政，亦在不得不見，與太邱之可以不見者不同。若以太邱爲是，則孟子之處王驩，亦屬過當矣。與小人共事端嚴，

〔註195〕上述十五份公牘均出於《愼齋文集》卷8。

〔註196〕（清）趙舒翹：《溫處鹽務紀要》，光緒十九年（1893年）甌江官舍刻本。

〔註197〕（清）趙舒翹：《溫處鹽務紀要》，光緒十九年（1893年）甌江官舍刻本。

學孟子和平，學程子似尚不失尺寸，學太邱不成，恐有畫虎類犬之誚。太邱後裔公慚卿慚，卿長附仕董卓。魏武亦圓通之流弊也，若趙忠毅不見魏廣微，誠屬過峻。然初見之後有忤，仍未見其終免禍。且忠毅係廣微父執與顏平原，待盧杞意同，亦不料小人之忘父如是也。此事吾與老友劉壽垣數辯，壽垣：朱子持論過中，余終不慊於心，今讀此論，聊記數語，以俟來哲論定。余非敢輕議古人，以此等處，係涉世要闈，不早爲辨明，則蔡伯喈之戮、柳宗元之貶，有後悔無及者，彼藉口太邱成其鄉愿，老恤鄙行，使人稱爲天下中庸者，余又何責焉。」〔註198〕

　　三月初二日，有《申報撫憲崧》。〔註199〕

　　三月十一日，有《諭本署書吏》。〔註200〕

　　《愼齋年譜》：「三月補授浙江按察使，有將去溫處留別署中且園詩。」

　　三月十六日，補授浙江按察使〔註201〕，有《補授浙江臬司謝恩摺》、《報接浙江臬篆謝恩摺》〔註202〕及詩《將去溫處留別署中且園》：「亭巒掩映水如湖，（司寇園成如畫圖，園起於高鐵嶺司寇甫辨四時佳卉狀，）除尋十景舊基模；（余涖任剛一年，園內舊有十景，今無矣）驪歌忽唱情縈此，鳥語頻來意戀吾；六一時懷常在潁，況茲鄒魯號名區（永嘉宋時稱小鄒魯）」。〔註203〕

〔註198〕《愼齋別集》卷2。
〔註199〕（清）趙舒翹：《溫處鹽務紀要》，光緒十九年（1893年）甌江官舍刻本。
〔註200〕（清）趙舒翹：《溫處鹽務紀要》，光緒十九年（1893年）甌江官舍刻本。
〔註201〕《清代官員履歷檔案全編》第572頁（趙舒翹四十七歲時的履歷表）載「（光緒）十九年（公元1893年）三月奉旨補授浙江按察使」（秦經國主編、唐益年、葉秀雲副主編、中國第一歷史檔案館藏：《清代官員履歷檔案彙編》第5卷，上海：華東師範大學出版社，1997年，第572頁。）但同書578頁（趙舒翹四十六歲時的履歷表）載「（光緒）十八年（公元1892年）三月十六日奉旨補授浙江按察使」。兩份履歷表存在質疑。考《愼齋年譜》載「（光緒）十九年（公元1893年）三月奉旨補授浙江按察使」。《清史列傳》載「（光緒）十九年（公元1893年）授浙江按察使，尋遷浙江布政使」，（王鍾翰點校：《清史列傳》卷63，北京：中華書局，1962年，第4996頁）《咸寧長安兩縣續志》亦載「（光緒）十九年（公元1893年）授浙江按察使，尋遷浙江布政使」。（《咸寧長安兩縣續志》卷15《趙舒翹傳》。）同時趙舒翹「（光緒）十八年（公元1892年）三月到任浙江溫處道」，同書572頁、578頁兩份履歷表（即趙舒翹四十七歲、趙舒翹四十六歲履歷表）所載相同，至三月十六日時間較短，故《清代官員履歷檔案全編》第578頁（趙舒翹四十六歲時的履歷表）關於授職浙江按察使記載有誤。
〔註202〕上述兩摺均出自《愼齋文集》卷1。
〔註203〕《愼齋別集》卷4。

《翁同龢日記》：「六月二十二日，新授浙臬趙展如（舒翹）來見，其人本吾所激賞，今看有體有用，深於易者也，談溫處鹽商把持閩鹽入浙，浙民食貴鹽幾釀事端。」〔註204〕

《翁同龢日記》：「七月初四日，趙展如贈別敬，卻之。」〔註205〕

《慎齋年譜》：「夏，陛見入都。召見二次。有前在刑部當差甚好，在外官聲以好之，諭七月二十六日蒞任。」

十一月署理浙江布政使，有《署浙江藩篆謝恩摺》〔註206〕。

《慎齋年譜》：「十二月初二日，補授浙江布政使，有遷藩司誌感詩。」

有《補授浙江藩司謝恩摺》、《到藩司任謝恩摺》及詩《遷藩司誌感》：「腐儒碌碌本無奇，詎料遭逢陟伯司；天幸屢邀冰在履，時艱已鉅木難支；海成厄漏翻鯨浪，民竭錐微競瀾絲；自古計臣業指視，難容一步有差池。」〔註207〕

十二月二十日，有《奏謝新授並請覲見》，光緒二十年正月十一日硃批「著俟廖壽豐到任後再行來京陛見。」〔註208〕

是年作詩《葉湘文別駕以其父觀察杭嘉湖時，值髮逆破城殉難，將所遺絕命書及生前小照裝成一卷，求題，余素不工詩，亦拙於書，因感忠烈之跡，仁孝之懷勉，成數韻還之》：「孤矢星暗南服光，葆符射出天槍芒；寰宇升平日已久，官軍聞警逃如羊；湖湘長驅石城破，東南半壁支浙杭；杭垣無險守在境，長城自壞邊失防；從此強寇逞猖獗，烽火直至吳山旁；守埤無人戰士沒，忠良誓死城俱亡；肖子殉父僕從主，一家節義同芬芳；古井水清臣心似，絕筆從容鐵畫剛；浩氣劫灰難磨滅，（賊去後，署內寸草無留，獨小照棄在院中）此卷獨留大地長；哲嗣抱守經緗等，作忠之後知必昌。」〔註209〕

作文《李玉山大令全山格言跋》：「所貴乎立言者，以能維持名教啓誘人心也，否則徒飾虛車，雖工亦奚以爲。李玉山大令上書陳言，講求經濟，人以爲功名之士耳。茲閱其注釋，御製勸善格言，旁引遠喻，頗爲懇切，此學

〔註204〕（清）翁同龢：《翁同龢日記》第6冊，陳義傑整理，北京：中華書局，2006年，第2621頁。
〔註205〕（清）翁同龢：《翁同龢日記》第6冊，陳義傑整理，北京：中華書局，2006年，第2624頁。
〔註206〕《慎齋別集》卷4。
〔註207〕《慎齋別集》卷4。
〔註208〕臺灣中央研究院館藏清代宮中檔奏摺及軍機處檔摺件，檔號：129969。
〔註209〕《慎齋別集》卷4。

道愛人之心所流露也，他日宰邑出治，庶幾甦我民哉，玉山其勉之。」〔註210〕

有書信《上各中堂》、《上閩浙總督譚》、《上直隸總督李》、《上兩江總督劉》、《上安徽巡撫沈》、《與泗州衛張》等。〔註211〕

1894 年，光緒二十年甲午，四十七歲。

是年中日甲午戰爭爆發，中國戰敗，簽訂中日《馬關條約》，條約規定中國開放沙市、重慶、蘇州、杭州爲商埠，日本輪船可以沿內河駛入以上各口，允許日本在各通商口岸投資設廠，將產品銷往中國內地、免受內地稅。趙舒翹「上書朝廷，力主保全釐金，挽回利權。旋又奏請對江蘇鹽務、釐金、嘉湖水師等進行整頓。」〔註212〕

二月初八日，劉坤一有《復趙展如方伯》〔註213〕。

三月初四日，接到直隸總督李鴻章的《復浙江藩臺趙舒翹書》〔註214〕。

五月二十九日，硃批廖壽豐《奏爲藩司趙舒翹俟奏銷辦理完竣即令交卸起程遵旨入都陛見由（此係附片）》〔註215〕。

七月二十六日，硃批廖壽豐《奏爲海防緊要請准藩司趙舒翹暫緩北上由（此係附片）》，「趙舒翹著仍於十日初一日以前到京」。〔註216〕

《愼齋年譜》：「九月到京陛見，有登泰山詩。」

《登泰山》：「環拱眾山趨，巍然鎮海隅；虛靈雲起石，飛灑水懸珠；峰黑沈星斗，天清辨楚吳；碧霞何代祀，歲歲走鄉愚。」〔註217〕

《步禹廷登泰山原韻二首》：「車塵暫駐陟崔嵬，我友同遊亦壯哉；雨待人間雲莫臥，（時正值祈雨）寒生高出氣先來；一城秋滿林煙合，雨翼山驅海宇開；絕頂登臨須後日，可能乘輿更相陪。」〔註218〕

〔註210〕《愼齋別集》卷 1。

〔註211〕上述六份書信均出於《愼齋文集》卷 9。

〔註212〕李文海、孔祥吉主編：《清代人物傳稿（下編）》第 5 卷，瀋陽：遼寧人民出版社，1989 年，第 66 頁。

〔註213〕（清）劉坤一：《劉坤一遺集》（第 5 冊），中國科學院歷史研究所第三所工具書組校點，北京：中華書局，1959 年，第 2078 頁。

〔註214〕（清）李鴻章：《李鴻章全集》第 36 冊，合肥：安徽教育出版社，2008 年，第 16 頁。

〔註215〕臺灣中央研究院館藏清代宮中檔奏摺及軍機處檔摺件，檔號：132950。

〔註216〕臺灣中央研究院館藏清代宮中檔奏摺及軍機處檔摺件，檔號：134160。

〔註217〕《愼齋別集》卷 4。

〔註218〕《愼齋別集》卷 4。

《其二》:「柏麓山前景亦幽，森森佳氣況峰頭；抉雲文在同韓仰，望嶽詩成勝杜遊；眼倦吳門看練影，心馳滄海悵秋波；與君稍逐登臨願，明日征塵道路悠。」〔註219〕

《愼齋年譜》:「十月初十日，皇太后萬壽隨班祝嘏。十八日慶典禮成，復蒙召見，諭以嚴查州縣，維繫民心，講究戎機，無慮帑幣出都，有山東道中詩，有感時。時日本因朝鮮與中國構釁，師旅雲集，權分勢濆，故云然。」〔註220〕

《感時》:「大海藏波廿餘年，洋溢聲名自晏然；禍兆東藩分矐軺，兵驕北鎮誤幽燕；蕭牆已伏堅冰象，桑土難回未雨天；獨使至尊社稷土，不知誰著祖生鞭。」〔註221〕

《出都山東道中口占》:「朝議紛紜未敢儳，征軺獨卜學三緘；長途僕瘁猶零雨，出塞車寒況薄衫；（路遇湘軍北征）齊山不斷磨人性，魯酒頻嘗解客饞；黃葉蕭蕭催驛路，遙知清浦待歸帆。」〔註222〕

十一月十二日蒞任，有《上巡撫廖中丞籌備浙江海防事宜書》〔註223〕。

是年作詩《聶仲芳方伯惠菱舫都轉王心齋觀察，同餞湖上雨中游靈隱寺》:「我與湖山信有緣，瀕行猶得訪名禪；峰連雲氣奇添雨，壑作雷聲冷迸泉；且戀故交持濁酒，難將憂思遣華筵；白蘇同詠杭州景，時際承平自浩然。」〔註224〕

《陳六笙、程稻村、劉浩如、徐樹卿諸太守公餞遊九曲十八澗》:「南條龍勢麓迴環，發洩杭州十萬山；幽秀都能招客飲，平高卻不絕人攀；泉經新雨聲偏靜，岫繞微雲黛愈斑；幸藉離筵探勝地，出郊便覺隔塵環。」〔註225〕

《和張春山登泰山原韻》:「岱宗深邃隱林巒，不使奇觀一望殫；碎石擎天成壁立，古松壓澗出雲端；力登顚頂滄溟小，氣革河山帶礪完；自笑詩情廖落甚，陽春高曲和艱難。」〔註226〕

〔註219〕《愼齋別集》卷4。
〔註220〕《愼齋年譜》
〔註221〕《愼齋別集》卷4。
〔註222〕《愼齋別集》卷4。
〔註223〕上述奏摺出於《愼齋文集》卷9。
〔註224〕《愼齋別集》卷4。
〔註225〕《愼齋別集》卷4。
〔註226〕《愼齋別集》卷4。

《北上道中》：「獨覺君恩重，連年載此途；風塵甘跋涉，遭際愧艱虞；錯鑄知難挽，羹調孰不渝；滄浪歌可味，流涕望中都。」〔註227〕

《李家莊》：「微塵浥雨逐輕裝，地過蘭山柳萬行；沂水波平容易渡，好風吹送李家莊。」〔註228〕

《送陳六笙觀察之官湖南》：「爲政風流屬我曹（公守亳州書楹聯，有爲政風流句）飄飄鬢雪與猶豪；西湖水澈盟心跡，南岳雲開擁節旄；豈幸桑榆光舊物，須知蘭芷待新膏；（公由觀察降調廿餘年，湖南時苦旱）愛君更有同袍處，袞袞談兵指劍鞘（甲午余在浙藩時值倭變，公守杭州，常陳兵事）。」〔註229〕

是年作文《〈余介石觀察昆陽思補錄〉序》：「嗚呼！今日之官場敗壞人才之局也，耳聞目見無非趨競夤緣，弊習在鄉里，或稍知自愛，一入仕途即頓變。其除持占風轉舵之論者，遂謂此等風氣須轉移自上，殊不知能自立者，不特不待上之移，亦並不爲上所移。余介石觀察作令平陽時，上官日與爲難幾，至被劾而觀察以清潔自持，日惟盡心民事，不肯稍自貶節。夫置之榮辱利害之交，志仍不至搖奪，非所謂有守有爲之君子乎。然此非可以意氣爲也，人之有得於學者，天必試以艱難拂麓，俾其職定而力堅，觀察集內主敬存誠之說，深入理道，蓋必先克其私，兢兢戒愼，不欺於幽獨，方能不狗乎。人久且見信於人，而漸伸其作用，豈無學者所能藉口哉。余接見僚友，每苦口諄諄以得失有命勉作，循良相勸，今讀觀察之集有先得我心者，故樂應其哲嗣郁齊司馬之請，而識數語焉。甲午夏五月。」〔註230〕

《〈戊笈談兵〉序》：「自士大夫諱言兵而兵備弛，亦自士大夫諱言兵而兵事起，《易》曰：師貞丈人吉，又曰：長子帥師，聖人行車以臨事，而懼好謀而成者，是與春秋時選帥猶在，說禮樂敦詩書之人，是知折重禦侮之事，非具仁智於平素者，莫克當其任，蓋有本矣。後世以撻伐重寄，專歸之驍健一流，治日少而亂日多，職是故耳。婺源汪雙池先生以堅苦卓絕之詣，具體用兼備之學，平生尤篤信朱子，其講解四書五經，均得聖賢微旨，下至樂律、醫藥無不精解，所著各書已漸次刊行，尙有未刻數種，存於先生高第弟子余

〔註227〕《慎齋別集》卷4。
〔註228〕《慎齋別集》卷4。
〔註229〕《慎齋別集》卷4。
〔註230〕《慎齋別集》卷1。

秀書先生家，秀書先生裔孫彝伯茂才抱殘守缺，弗敢失墜，余取而閱之，見有《戊笈談兵》一書，綱維韜鈐，大抵以天時、地利、人和三者分目，字句多未修訂，中又佚數卷，係先生未成之書，而經世策略已可概見顧亭林先生《天下郡國利病書》亦非全璧，以係名儒著述，後人珍之，況笈內壬遁各門，先生多獨造之詣，何可令其殘沒也。余欲集資刊行，商之劉景韓中丞，中丞慨捐鉅資，命即鳩梓，余謂中丞曰：昔曾文正初復江南，立書局首刻其鄉先生船山集，中丞今歲歸籍安徽，即有是舉，可謂後先相輝矣，中丞笑而頷之。甲午初夏開雕，冬月告成，是歲適有倭寇東藩之變，或者先生是書顯晦有時，從此士大夫有心世道者，各得一編，皆究詰戎機之所以然，用儒雅作於城，為我國家致太平於無窮也，是為序。」〔註231〕

《讀〈問學錄〉序》：「衰周而後數千百年，聖道晦盲否塞，其間雖有豪傑之士嘉言懿行，亦足以扶翼名教，求其踐？入室粹然純者，則未之。前聞自有宋諸大儒起聖道，始如由昏而之曉，而剖析精微、維持世教於不敝者，則朱子之功為多，當時謏謗增口終不敝者信從之眾迨我，聖祖仁皇帝聲配朱子於十哲之列，然後聖道大明，五尺童子執筆為文，亦知崇正學辟異端伊誰之力歟。國朝諸儒尊朱者楊園先生而外，惟稼書先生著作最正，而著作之多謂朱子功臣則惟婺源汪雙池先生一人而已，此錄雖僅一帙，而以雙池先生精詣，其詞組亦耐人尋釋，況係推闡稼書先生之言乎。後之求兩先生道派淵源，上及朱子者，其必執是篇以為嚆矢乎。」〔註232〕

《讀〈困知記〉序》：「心性理氣之辨，介在幾稀，學者非粗心而不耐煩，體究即以為香冥，而無可捉摸，殊不知欲窮天下之奧而不流於慮淺，欲得正學之宗而不惑於異端全在此等大原處，洞澈無疑，否則稍涉詖淫，即有生心害政之弊，整菴先生之讀困知記是正路與曲徑之書也，雙池先生之《讀困知記》是辨正路、中歧路之書也，人能深味而體驗之鳶魚行生之秒，將有悠然意會者，彼虛無異說，可灼然而知其誤然，後知整菴先生之志堅力卓，雙池先生之用意深遠，若以尋常著述爭勝掊擊前賢之見，視此書則失之矣。」〔註233〕

〔註231〕《慎齋別集》卷1。
〔註232〕《慎齋別集》卷1。
〔註233〕《慎齋別集》卷1。

《參讀〈禮志疑〉序》：「道不盡於禮也而行於天下，使人別於禽獸，君子異於野人者，則惟禮是賴。朱子晚年注意禮書，臨終尤惓惓於禮經，通解底本，屬黃直卿補葺成書，豈非以禮爲敦行實踐之則，而爲大人所急當考究者乎，稼書先生讀禮志疑剖別同異，亦是朱子之用心，雙池先生又以所見參訂之，秩敘之精微以推闡而愈出，並可見儒先讀書句句求實，非同虛泛，學者藉此門徑皆知從事禮經，因以究三千三百之全，不特動容，周旋手足，有措制外，可以養中且深悉乎。典章議度之本末一旦立朝，亦可襄國家文物明備之盛，其有裨於世道，人心甚大，豈徒矜淹博考據者所可同日語哉」〔註234〕等。

是年刊《戊芨談兵》十卷，清汪紱撰。〔註235〕

有公文、書信《與張香濤制軍》、《答劉峴莊制軍》、《與劉峴莊制軍》、《答東河總督任》、《答徐季和學使》、《與劉峴莊制軍》、《答吏部左堂長》、《答徐花農編修》、《與山東巡撫李鑒堂》、《答劉峴莊》、《答聶仲芳》〔註236〕等。

1895 年，光緒二十一年乙未，四十八歲。

三月升授江蘇巡撫，有《補授江蘇巡撫謝恩摺》、《報到蘇接撫篆日期摺》〔註237〕。

《愼齋年譜》：「五月入觀，六月過金陵晤署督張文達公之洞，有遊焦山詩，自注云：擬住焦山，避署數日，接電信，幼子病，即登舟行。」

《遊焦山贈山僧越塵》：「我與名山有舊盟，高僧〔註238〕相遇恰同庚；逃禪便覺風塵遠，住世須將宇宙擎；江寺懶尋銘瘞鶴，海隅憤指浪翻鯨；彼蒼未許林泉福，解纜匆匆負此行（擬住焦山避暑數日，接電信，幼子病，即登舟行）。」〔註239〕

《愼齋年譜》：「二十二日蒞任。時日本和義成新約，在蘇州開埠通商。先生爭執主權，保全釐金，鬚髮驟白，致總署書略云：新約既尤日人在內地

〔註234〕《愼齋別集》卷1。

〔註235〕陝西省地方志編纂委員會編：《陝西省志・出版志》，西安：三秦出版社，1998年，第142頁。

〔註236〕上述十一份書信均出於《愼齋文集》卷10。

〔註237〕上述兩份奏摺出於《愼齋別集》卷1。

〔註238〕高僧指越塵，焦山自然庵僧人，字六瀞，俗姓徐，鎮江人。工書畫，尤善山水。

〔註239〕《愼齋別集》卷4；亦載於裴偉選注：《鎮江詩文》，蘇州：蘇州大學出版社，2007年，第111頁。

購買貨件及在通商口岸任便從事，固未能以力爭亦何能以智勝，惟有與之平情商定細約，庶可保全釐金，即如改造土貨必先採買，設如日人經赴產地收買，毫無限制，華民亦樂私售，於彼不特，中國商局失利，即釐稅亦無著。似宜著重保護一邊，議令援收滿成案，貨物由行交易，給照出運，仍查照舊章，在海關先領報，單方准入內，並告以請單，購貨地方官始有保護之責，否則便係違章賣買。設與民間有爭毆等事，官不為理，須洋約聲敘，採辦土貨仍按舊章，請領報單，兩語括之。庶有限制之法，不然則釐金壞矣。又新約駛入各口裝運貨物一節，查大輪入吳淞口必易小輪抵蘇杭凡百貨物恐另雇駁船，由小輪拖帶，非若江海之貨即裝於輪船也，誠恐託運攬載漫無稽考，亦虧我釐金。一昨電奏，查照長江輪船章程不准拖帶民船、駁船，翹仍慮洋人籍小輪無可裝貨為辭，定有爭執，勢不能允其另雇民船、駁船，然亦只可允其往來，託運洋貨及改造已成之，土貨他如攬載應令照華商小輪船新章，一律完捐，蓋內河另裝託運，理應與江海輪船有別也。或虞變計，攬載奸商土貨概掛洋旗，則請單購貨須赴產地，一時倉卒難集，加以關道，珍重給單，奸商自當知難而止，得此範圍載入行船章程，保全實多，至各處所產土貨，須設法先就一處並收，釐金將來民間，買來之洋貨亦須加抽落地各稅，顯以整頓中國之釐金，隱以抵制改造之洋貨，國計不虧，民生自可漸保，所謂急則治其標也，總之挽回利權，首在保全釐金，視設局爭利等事，確有實際，翹日夜焦灼，圖惟者實在此不在彼也。」

　　二十二日涖任。時日本和議成新約，在蘇州開埠通商。先生爭執主權，保全釐金，鬚髮驟白，有《致總署書》〔註240〕。

　　二十三日，有《奏為恭報到蘇接篆日期》〔註241〕奏摺。

　　四月十四日，收《諮稱義國上海領事官計細回國現派黎瓦暫署由》。〔註242〕

　　《翁同龢日記》：「五月三十日，趙展如（舒翹）中丞來談易，此人吾識拔之於刑曹。」〔註243〕

〔註240〕《慎齋別集》卷1。
〔註241〕中國第一歷史檔案館編：《光緒朝朱批奏摺‧第一〇輯‧內政》，北京：中華書局，1996年，第767頁。
〔註242〕臺灣中央研究院近代史研究所檔案館館藏檔案，外交部門，檔號：01-15-034-13-002。
〔註243〕（清）翁同龢：《翁同龢日記》第6冊，陳義傑整理，北京：中華書局，2006年，第2812頁。

《翁同龢日記》:「閏五月二十日，訪錢子密（爲陸雲生館地，請趙展如勿撤之）。」〔註244〕

六月二十五日，收到總理各國事務衙門《教堂買地章程及通電保護教堂》訓令。〔註245〕

七月初三日，張之洞有《致蘇州趙撫臺》〔註246〕。

七月初四日，有《奏爲恭報江蘇省光緒二十一年閏五月分晴雨糧價情形》〔註247〕。

七月初九日，收到總理各國事務衙門《通飭書坊將坊刻律例禁習天主教各條銷毀由》訓令。

七月初十日，張之洞有《致蘇州趙撫臺》〔註248〕。

七月十一日，有《奏爲調任撫臣據報中途丁憂》〔註249〕奏摺。

七月十二日，張之洞有《致蘇州趙撫臺》〔註250〕。

七月十四日，張之洞有《致蘇州趙撫臺、鄧藩臺》〔註251〕。

七月十五日，有覆張之洞電〔註252〕。

七月十九日，軍機處收張之洞、趙舒翹爲籌議章程招商設局事電報、爲內河設小輪現擬分爲六路事、爲釐金並抽酌予核減事電報，軍機處收趙舒翹爲辦理商務擬借商款事電報，〔註253〕收《通飭書坊將坊刻律例禁習天主教各

〔註244〕（清）翁同龢：《翁同龢日記》第6冊，陳義傑整理，北京：中華書局，2006年，第2817頁。

〔註245〕臺灣中央研究院近代史研究所檔案館館藏檔案，外交部門，檔號：01-12-009-01-024。

〔註246〕（清）張之洞：《張之洞全集》（第9冊），武漢：武漢出版社，2008年，第3頁。

〔註247〕中國第一歷史檔案館編：《光緒朝朱批奏摺‧第九五輯‧農業》，北京：中華書局，1996年，第874頁。

〔註248〕（清）張之洞：《張之洞全集》（第9冊），武漢：武漢出版社，2008年，第6頁。

〔註249〕中國第一歷史檔案館編：《光緒朝朱批奏摺‧第一〇輯‧內政》，北京：中華書局，1996年，第796頁。

〔註250〕（清）張之洞：《張之洞全集》（第9冊），武漢：武漢出版社，2008年，第7頁。

〔註251〕（清）張之洞：《張之洞全集》（第9冊），武漢：武漢出版社，2008年，第8頁。

〔註252〕（清）張之洞：《張之洞全集》（第9冊），武漢：武漢出版社，2008年，第8頁。

〔註253〕中國第一歷史檔案館編：《清代軍機處電報檔案彙編》第15冊，北京：中國人民大學出版社，2005年，第380、388、390、385頁。

條銷毀由》。〔註254〕

　　七月二十一日，張之洞有《致蘇州趙撫臺、鄧藩臺》〔註255〕。

　　七月二十三日，張之洞有《致蘇州趙撫臺、鄧藩臺、朱道臺》〔註256〕。

　　七月二十四日，有覆張之洞電〔註257〕。

　　七月二十八日，有《奏爲查明江寧等屬光緒二十年分地丁等須奏銷案內未完一分以上各府州縣衙》〔註258〕、《奏爲江蘇省光緒二十年分奏銷案內查明各年已未完舊賦錢糧比較上三年完欠分數》〔註259〕、《奏爲恭報江蘇省光緒二十一年六月分晴雨糧價情形》〔註260〕奏摺、有覆張之洞電〔註261〕。張之洞有《致蘇州趙撫臺》〔註262〕。

　　七月三十日，張之洞有《致蘇州趙撫臺》〔註263〕《致蘇州趙撫臺》〔註264〕。

　　八月初一日，有覆張之洞電〔註265〕。

　　《愼齋年譜》：「八月奏議裁海靖三營，酌留湘軍左前二軍以整戎行。初，蘇省梟匪橫行，太爲民害。先生審知前任惑於以毒攻毒之說，用匪首爲營弁，

〔註254〕臺灣中央研究院近代史研究所檔案館館藏檔案，外交部門，檔號：01-12-009-02-022。

〔註255〕（清）張之洞：《張之洞全集》（第 9 冊），武漢：武漢出版社，2008 年，第 13 頁。

〔註256〕（清）張之洞：《張之洞全集》（第 9 冊），武漢：武漢出版社，2008 年，第 14 頁。

〔註257〕（清）張之洞：《張之洞全集》（第 9 冊），武漢：武漢出版社，2008 年，第 14 頁。

〔註258〕中國第一歷史檔案館編：《光緒朝朱批奏摺・第六七輯・財政》，北京：中華書局，1996 年，第 405 頁。

〔註259〕中國第一歷史檔案館編：《光緒朝朱批奏摺・第六七輯・財政》，北京：中華書局，1996 年，第 406 頁。

〔註260〕中國第一歷史檔案館編：《光緒朝朱批奏摺・第九五輯・農業》，北京：中華書局，1996 年，第 889 頁。

〔註261〕（清）張之洞：《張之洞全集》（第 9 冊），武漢：武漢出版社，2008 年，第 15 頁。

〔註262〕（清）張之洞：《張之洞全集》（第 9 冊），武漢：武漢出版社，2008 年，第 14 頁。

〔註263〕（清）張之洞：《張之洞全集》（第 9 冊），武漢：武漢出版社，2008 年，第 16 頁。

〔註264〕（清）張之洞：《張之洞全集》（第 9 冊），武漢：武漢出版社，2008 年，第 17 頁。

〔註265〕（清）張之洞：《張之洞全集》（第 9 冊），武漢：武漢出版社，2008 年，第 17 頁。

鹽政大壞。先擇水師統領營官之優劣者，撤換數員以新耳目，然後指明秘拿，先後拿獲梟首陸清恩等七名，就地正法，民間安堵。奏參候補道韓慶雲，暫行革職，又奏查辦候補員外郎曹秉權、江寧鹽法道胡家楨等，整肅官常。」有《請暫緩出省校閱營伍摺》〔註266〕。

　　是時有《請旨查辦曹秉權等整肅官常摺》、《請將候補道韓慶雲暫行革職摺》、《辦理梟盜匪先陳大概情形摺》、《附陳推問盜犯葉萬春摺》、《省城得雪情形疏吳江游民搶掠被勇格斃摺》、《審明正法盜犯葉萬春並無冤抑摺》、《續獲梟匪竇黑皮等訊明正法摺》、《查明藩司被參各欵摺》、《自請交部議處摺》、《參劾庸劣各員摺》、《請留蘇松道陸元鼎會辦通商事宜摺》、《請將知縣汪懋琨留蘇補用摺》〔註267〕等。

　　八月初四日，有覆張之洞電〔註268〕。

　　八月初六日，張之洞有《致蘇州趙撫臺》〔註269〕。

　　八月十二日，張之洞有《致蘇州趙撫臺》〔註270〕、《致蘇州趙撫臺》〔註271〕、《致蘇州趙撫臺》〔註272〕、《致蘇州趙撫臺》〔註273〕。

　　八月十三日，張之洞有《致蘇州趙撫臺》〔註274〕、《致蘇州趙撫臺》〔註275〕。

　　八月十五日，張之洞有《致蘇州趙撫臺》〔註276〕。

〔註266〕《慎齋別集》卷 1。

〔註267〕上述十二份奏摺均出自《慎齋文集》卷 1。

〔註268〕（清）張之洞：《張之洞全集》（第 9 冊），武漢：武漢出版社，2008 年，第 21 頁。

〔註269〕（清）張之洞：《張之洞全集》（第 9 冊），武漢：武漢出版社，2008 年，第 19 頁。

〔註270〕（清）張之洞：《張之洞全集》（第 9 冊），武漢：武漢出版社，2008 年，第 20 頁。

〔註271〕（清）張之洞：《張之洞全集》（第 9 冊），武漢：武漢出版社，2008 年，第 21 頁。

〔註272〕（清）張之洞：《張之洞全集》（第 9 冊），武漢：武漢出版社，2008 年，第 21 頁。

〔註273〕（清）張之洞：《張之洞全集》（第 9 冊），武漢：武漢出版社，2008 年，第 21 頁。

〔註274〕（清）張之洞：《張之洞全集》（第 9 冊），武漢：武漢出版社，2008 年，第 22 頁。

〔註275〕（清）張之洞：《張之洞全集》（第 9 冊），武漢：武漢出版社，2008 年，第 22 頁。

〔註276〕（清）張之洞：《張之洞全集》（第 9 冊），武漢：武漢出版社，2008 年，第 23 頁。

八月二十一日，張之洞有《致蘇州趙撫臺》〔註277〕。

八月二十二日，有《日本領事赴蘇杭沙市重慶等處履勘租界請飭屬妥籌辦理》〔註278〕，張之洞有《致蘇州趙撫臺、清江松灃臺》〔註279〕。

八月二十七日，張之洞有《致蘇州趙撫臺》〔註280〕、《致蘇州趙撫臺》〔註281〕。

八月二十八日，有《奏爲恭報江蘇省光緒二十一年七月分晴雨糧價情形》〔註282〕、《奏爲江海關一年期滿查明徵收內地商稅銀兩循例》〔註283〕奏摺。

九月初一日，有《奏爲鎮江關第一百三十九結期內徵收洋藥稅釐銀兩並開支數目繕具清單》〔註284〕奏摺，張之洞有《致蘇州趙撫臺》〔註285〕。

九月初二日，有《奏爲審明因奸謀殺逆倫重案按律辦理》〔註286〕奏摺。

九月初五日，張之洞有《致蘇州趙撫臺》〔註287〕。

九月初七日，張之洞有《致蘇州趙撫臺》〔註288〕、《致蘇州趙撫臺》〔註289〕、

〔註277〕（清）張之洞：《張之洞全集》（第9冊），武漢：武漢出版社，2008年，第25頁。

〔註278〕臺灣中央研究院近代史研究所檔案館館藏檔案，外交部門，檔號：01-25-044-01-065。

〔註279〕（清）張之洞：《張之洞全集》（第9冊），武漢：武漢出版社，2008年，第25頁。

〔註280〕（清）張之洞：《張之洞全集》（第9冊），武漢：武漢出版社，2008年，第26頁。

〔註281〕（清）張之洞：《張之洞全集》（第9冊），武漢：武漢出版社，2008年，第26頁。

〔註282〕中國第一歷史檔案館編：《光緒朝朱批奏摺‧第九五輯‧農業》，北京：中華書局，1996年，第902頁。

〔註283〕中國第一歷史檔案館編：《光緒朝朱批奏摺‧第七三輯‧財政》，北京：中華書局，1996年，第320頁。

〔註284〕中國第一歷史檔案館編：《光緒朝朱批奏摺‧第七三輯‧財政》，北京：中華書局，1996年，第321頁。

〔註285〕（清）張之洞：《張之洞全集》（第9冊），武漢：武漢出版社，2008年，第29頁。

〔註286〕中國第一歷史檔案館編：《光緒朝朱批奏摺‧第一〇七輯‧法律》，北京：中華書局，1996年，第81頁。

〔註287〕（清）張之洞：《張之洞全集》（第9冊），武漢：武漢出版社，2008年，第31頁。

〔註288〕（清）張之洞：《張之洞全集》（第9冊），武漢：武漢出版社，2008年，第31頁。

〔註289〕（清）張之洞：《張之洞全集》（第9冊），武漢：武漢出版社，2008年，第32頁。

《致蘇州趙撫臺、洋務局、陸道臺、羅道臺、朱道臺、楊道臺、劉守》〔註 290〕。

九月十一日，張之洞有《致蘇州趙撫臺》〔註 291〕。

九月十二日，張之洞有《致蘇州趙撫臺、洋務局、陸道臺、羅道臺、朱道臺、楊道臺、劉守》〔註 292〕。

九月十三日，張之洞有《致蘇州趙撫臺》〔註 293〕、《致蘇州趙撫臺、陸、朱道臺》〔註 294〕、《致蘇州趙撫臺、鄧藩臺、陸道臺》〔註 295〕。有覆張之洞電〔註 296〕。

九月十四日，張之洞有《致蘇州趙撫臺、洋務局、陸道臺、羅道臺、朱道臺、楊道臺、劉守》〔註 297〕。

九月十六日，張之洞有《致蘇州趙撫臺、鄧藩臺、陸道臺》〔註 298〕、《致蘇州趙撫臺、陸、朱道臺》〔註 299〕。

九月十七日，張之洞有《致蘇州趙撫臺、洋務局、陸道臺、羅道臺、朱道臺、楊道臺、劉守》〔註 300〕。

〔註 290〕（清）張之洞：《張之洞全集》（第 9 冊），武漢：武漢出版社，2008 年，第 32 頁。

〔註 291〕（清）張之洞：《張之洞全集》（第 9 冊），武漢：武漢出版社，2008 年，第 33 頁。

〔註 292〕（清）張之洞：《張之洞全集》（第 9 冊），武漢：武漢出版社，2008 年，第 33 頁。

〔註 293〕（清）張之洞：《張之洞全集》（第 9 冊），武漢：武漢出版社，2008 年，第 33 頁。

〔註 294〕（清）張之洞：《張之洞全集》（第 9 冊），武漢：武漢出版社，2008 年，第 34 頁。

〔註 295〕（清）張之洞：《張之洞全集》（第 9 冊），武漢：武漢出版社，2008 年，第 34 頁。

〔註 296〕（清）張之洞：《張之洞全集》（第 9 冊），武漢：武漢出版社，2008 年，第 37 頁。

〔註 297〕（清）張之洞：《張之洞全集》（第 9 冊），武漢：武漢出版社，2008 年，第 35 頁。

〔註 298〕（清）張之洞：《張之洞全集》（第 9 冊），武漢：武漢出版社，2008 年，第 36 頁。

〔註 299〕（清）張之洞：《張之洞全集》（第 9 冊），武漢：武漢出版社，2008 年，第 36 頁。

〔註 300〕（清）張之洞：《張之洞全集》（第 9 冊），武漢：武漢出版社，2008 年，第 38 頁。

九月十八日，有覆張之洞電兩份〔註301〕。

九月十九日，張之洞有《致蘇州趙撫臺、洋務局、陸道臺、羅道臺、朱道臺、楊道臺、劉守》〔註302〕、《致趙府臺、鄧藩臺》〔註303〕。

九月二十日，張之洞有《致蘇州趙撫臺、陸道臺》〔註304〕。

九月二十七日，張之洞有《致蘇州趙撫臺》〔註305〕。

九月二十八日，有《奏爲江海關一年期滿查明徵收內地商稅銀兩循例》〔註306〕、《奏爲恭報江蘇省光緒二十一年八月分晴雨糧價情形》〔註307〕、《奏爲查明江寧等屬光緒二十年壓徵十九年分釐課奏銷案內未完一分以上經徵職名銀數》〔註308〕奏摺，張之洞有《致蘇州趙撫臺、洋務局、陸道臺、羅道臺、朱道臺、楊道臺、劉守》〔註309〕。

十月初一日，張之洞有《致蘇州趙撫臺、洋務局、陸道臺、羅道臺、朱道臺、楊道臺、劉守》〔註310〕。

十月初五日，張之洞有《致蘇州趙撫臺、陸道臺等，劉守、上海黃道臺》〔註311〕。

〔註301〕（清）張之洞：《張之洞全集》（第9冊），武漢：武漢出版社，2008年，第38頁。

〔註302〕（清）張之洞：《張之洞全集》（第9冊），武漢：武漢出版社，2008年，第39頁。

〔註303〕（清）張之洞：《張之洞全集》（第9冊），武漢：武漢出版社，2008年，第39頁。

〔註304〕（清）張之洞：《張之洞全集》（第9冊），武漢：武漢出版社，2008年，第39頁。

〔註305〕（清）張之洞：《張之洞全集》（第9冊），武漢：武漢出版社，2008年，第41頁。

〔註306〕中國第一歷史檔案館編：《光緒朝朱批奏摺‧第七三輯‧財政》，北京：中華書局，1996年，第330頁。

〔註307〕中國第一歷史檔案館編：《光緒朝朱批奏摺‧第九五輯‧農業》，北京：中華書局，1996年，第916頁。

〔註308〕中國第一歷史檔案館編：《光緒朝朱批奏摺‧第七七輯‧財政》，北京：中華書局，1996年，第760頁。

〔註309〕（清）張之洞：《張之洞全集》（第9冊），武漢：武漢出版社，2008年，第43頁。

〔註310〕（清）張之洞：《張之洞全集》（第9冊），武漢：武漢出版社，2008年，第45頁。

〔註311〕（清）張之洞：《張之洞全集》（第9冊），武漢：武漢出版社，2008年，第46頁。

十月十二日，張之洞有《致蘇州趙撫臺》〔註312〕。

十月十三日，有覆張之洞電〔註313〕。

十月十六日，有《諮稱美國戴教士在長洲縣置地一案希將地契蓋印交還由》〔註314〕，張之洞有《致蘇州趙撫臺》〔註315〕、《致蘇州趙撫臺、鄧藩臺、釐局、鎮江呂道臺、揚州江運臺、上海黃道臺、淞滬釐金局》〔註316〕。

十月二十一日，有《奏爲江海關第一百三十四結期內徵收華洋各稅及支解數目暨查明免單總數抵解餉需》〔註317〕、《奏爲江海關第一百三十四結期內加徵洋藥釐捐收支各款銀數開具清單》〔註318〕奏摺。

十月二十二日，張之洞有《致蘇州趙撫臺、杭州廖撫臺》〔註319〕、《致蘇州趙撫臺》〔註320〕。

十月二十九日，有《奏爲監犯結夥反獄登時全獲審明先行正法》〔註321〕、《奏爲特繫疏防監犯越獄脫逃之管獄官請旨革職孥問》〔註322〕、《奏爲恭報江蘇省光緒二十一年九月分雨雪糧價情形》〔註323〕奏摺，張之洞有《致蘇州趙

〔註312〕（清）張之洞：《張之洞全集》（第9冊），武漢：武漢出版社，2008年，第48頁。

〔註313〕（清）張之洞：《張之洞全集》（第9冊），武漢：武漢出版社，2008年，第48頁。

〔註314〕臺灣中央研究院近代史研究所檔案館館藏檔案，外交部門，檔號：01-18-061-04-003。

〔註315〕（清）張之洞：《張之洞全集》（第9冊），武漢：武漢出版社，2008年，第51頁。

〔註316〕（清）張之洞：《張之洞全集》（第9冊），武漢：武漢出版社，2008年，第51頁。

〔註317〕中國第一歷史檔案館編：《光緒朝朱批奏摺·第七三輯·財政》，北京：中華書局，1996年，第339頁。

〔註318〕中國第一歷史檔案館編：《光緒朝朱批奏摺·第七三輯·財政》，北京：中華書局，1996年，第341頁。

〔註319〕（清）張之洞：《張之洞全集》（第9冊），武漢：武漢出版社，2008年，第52頁。

〔註320〕（清）張之洞：《張之洞全集》（第9冊），武漢：武漢出版社，2008年，第52頁。

〔註321〕中國第一歷史檔案館編：《光緒朝朱批奏摺·第一一〇輯·法律》，北京：中華書局，1996年，第303頁。

〔註322〕中國第一歷史檔案館編：《光緒朝朱批奏摺·第一一〇輯·法律》，北京：中華書局，1996年，第306頁。

〔註323〕中國第一歷史檔案館編：《光緒朝朱批奏摺·第九五輯·農業》，北京：中華書局，1996年，第935頁。

撫臺》、《致蘇州趙撫臺、鄧藩臺、上海黃道臺、鎮江呂道臺》〔註324〕、《致蘇州趙撫臺》〔註325〕。

十一月初五日，有《奏爲查明江寧、蘇州兩屬光緒二十一年上忙地丁等款已未完銀數》〔註326〕奏摺。

十一月初六日，張之洞有《致蘇州趙撫臺、鄧藩臺》〔註327〕、《致蘇州趙撫臺、杭州廖撫臺》〔註328〕。

十一月十二日，張之洞有《致蘇州趙撫臺》〔註329〕。

十一月十三日，有覆張之洞電〔註330〕。

十一月十四日，張之洞有《致蘇州趙撫臺、商務、洋務各道臺》〔註331〕。

十一月十五日，張之洞有《致蘇州趙撫臺》〔註332〕。

十一月十六日，張之洞有《致蘇州趙撫臺、上海黃道臺》〔註333〕。

十一月二十二日，張之洞有《致蘇州趙撫臺》〔註334〕。

十一月二十八日，張之洞有《致蘇州趙撫臺、鄧藩臺、開鹽局》〔註335〕。

〔註324〕（清）張之洞：《張之洞全集》（第9冊），武漢：武漢出版社，2008年，第55頁。

〔註325〕（清）張之洞：《張之洞全集》（第9冊），武漢：武漢出版社，2008年，第56頁。

〔註326〕中國第一歷史檔案館編：《光緒朝朱批奏摺‧第六七輯‧財政》，北京：中華書局，1996年，第472頁。

〔註327〕（清）張之洞：《張之洞全集》（第9冊），武漢：武漢出版社，2008年，第59頁。

〔註328〕（清）張之洞：《張之洞全集》（第9冊），武漢：武漢出版社，2008年，第60頁。

〔註329〕（清）張之洞：《張之洞全集》（第9冊），武漢：武漢出版社，2008年，第65頁。

〔註330〕（清）張之洞：《張之洞全集》（第9冊），武漢：武漢出版社，2008年，第66頁。

〔註331〕（清）張之洞：《張之洞全集》（第9冊），武漢：武漢出版社，2008年，第52頁。

〔註332〕（清）張之洞：《張之洞全集》（第9冊），武漢：武漢出版社，2008年，第68頁。

〔註333〕（清）張之洞：《張之洞全集》（第9冊），武漢：武漢出版社，2008年，第68頁。

〔註334〕（清）張之洞：《張之洞全集》（第9冊），武漢：武漢出版社，2008年，第71頁。

〔註335〕（清）張之洞：《張之洞全集》（第9冊），武漢：武漢出版社，2008年，第73頁。

　　十一月三十日，有《奏爲恭報江蘇省光緒二十一年十月分雨雪糧價情形》〔註336〕、《奏爲江海關第一百四十結期內徵收洋藥誰釐銀兩並開支數目繕具清單》〔註337〕奏摺。

　　十二月初三日，張之洞有《致蘇州趙撫臺、鄧藩臺、陸道臺、上海黃道臺、鎮江呂道臺、揚州江運臺、安慶福撫臺、蕪湖袁道臺、南昌德撫臺、九江誠道臺》〔註338〕。

　　十二月初四日，張之洞有《致蘇州趙撫臺、洋務商務局陸祭酒、上海黃道臺、鎮江呂道臺》〔註339〕。

　　十二月初十日，張之洞有《致蘇州趙撫臺、鄧藩臺、陸道臺》〔註340〕。

　　十二月十四日，有《蘇界沿河十丈之地日使照稱管轄問題暫作懸案似有默允我管理之意其他應行設立事宜自應早爲舉辦並抄送該項照會即希照辦聲覆》〔註341〕，張之洞有《致蘇州趙撫臺、洋務局、陸、羅、朱道臺》〔註342〕。

　　十二月十八日，張之洞有《致蘇州趙撫臺、開釐局、朱道臺》〔註343〕、《致蘇州趙撫臺》〔註344〕。

　　十二月十九日，有《奏爲循例出眞司道知府各官考語密繕清單》〔註345〕、

〔註336〕中國第一歷史檔案館編：《光緒朝朱批奏摺‧第九五輯‧農業》，北京：中華書局，1996年，第952頁。

〔註337〕中國第一歷史檔案館編：《光緒朝朱批奏摺‧第七三輯‧財政》，北京：中華書局，1996年，第358頁。

〔註338〕（清）張之洞：《張之洞全集》（第9冊），武漢：武漢出版社，2008年，第76頁。

〔註339〕（清）張之洞：《張之洞全集》（第9冊），武漢：武漢出版社，2008年，第77頁。

〔註340〕（清）張之洞：《張之洞全集》（第9冊），武漢：武漢出版社，2008年，第79頁。

〔註341〕臺灣中央研究院近代史研究所檔案館館藏檔案，外交部門，檔號：01-18-073-01-009。

〔註342〕（清）張之洞：《張之洞全集》（第9冊），武漢：武漢出版社，2008年，第81頁。

〔註343〕（清）張之洞：《張之洞全集》（第9冊），武漢：武漢出版社，2008年，第84頁。

〔註344〕（清）張之洞：《張之洞全集》（第9冊），武漢：武漢出版社，2008年，第84頁。

〔註345〕中國第一歷史檔案館編：《光緒朝朱批奏摺‧第一一輯‧內政》，北京：中華書局，1996年，第232頁。

《奏爲密陳司道府考語》〔註346〕、《美教士在徐州府及長洲縣置地之案即飭妥辦聲覆由》〔註347〕、《徐州美人租地案即飭妥辦聲覆由》〔註348〕。

十二月二十一日，有《蘇界仍應留出沿河十丈之地稅則事俟定議後再行開辦》〔註349〕，張之洞有《致蘇州趙撫臺、鄧藩臺、吳臬臺、陸祭酒》〔註350〕、《致蘇州趙撫臺》〔註351〕、《致蘇州趙撫臺、開鼇局朱道臺、上海淞滬局福道臺》〔註352〕。

十二月二十二日，有《奏爲恭報江蘇省光緒二十一年十一月分雨雪糧價情形》〔註353〕、《奏爲蘇省開濬丹徒等縣運河用遇土方價值等項銀兩數目繕具清單》〔註354〕奏摺，張之洞有《致蘇州趙撫臺、清江松漕臺、安慶福撫臺、南昌德撫臺》〔註355〕、《致總署、蘇州趙撫臺、杭州廖撫臺、武昌譚制臺、成都鹿制臺》〔註356〕、《致蘇州趙撫臺、洋務局》〔註357〕。

十二月二十三日，有覆張之洞電兩份〔註358〕，張之洞有《致蘇州趙撫

〔註346〕中國第一歷史檔案館編：《光緒朝朱批奏摺·第一一輯·內政》，北京：中華書局，1996年，第233頁。
〔註347〕臺灣中央研究院近代史研究所檔案館館藏檔案，外交部門，檔號：01-18-061-04-007。
〔註348〕臺灣中央研究院近代史研究所檔案館館藏檔案，外交部門，檔號：01-18-061-05-003。
〔註349〕臺灣中央研究院近代史研究所檔案館館藏檔案，外交部門，檔號：01-18-073-01-012。
〔註350〕（清）張之洞：《張之洞全集》（第9冊），武漢：武漢出版社，2008年，第85頁。
〔註351〕（清）張之洞：《張之洞全集》（第9冊），武漢：武漢出版社，2008年，第86頁。
〔註352〕（清）張之洞：《張之洞全集》（第9冊），武漢：武漢出版社，2008年，第86頁。
〔註353〕中國第一歷史檔案館編：《光緒朝朱批奏摺·第九五輯·農業》，北京：中華書局，1996年，第964頁。
〔註354〕中國第一歷史檔案館編：《光緒朝朱批奏摺·第九九輯·水利》，北京：中華書局，1996年，第640頁。
〔註355〕（清）張之洞：《張之洞全集》（第9冊），武漢：武漢出版社，2008年，第87頁。
〔註356〕（清）張之洞：《張之洞全集》（第9冊），武漢：武漢出版社，2008年，第88頁。
〔註357〕（清）張之洞：《張之洞全集》（第9冊），武漢：武漢出版社，2008年，第88頁。
〔註358〕（清）張之洞：《張之洞全集》（第9冊），武漢：武漢出版社，2008年，第86、87頁。

臺》〔註359〕。

十二月二十四日，有覆張之洞電〔註360〕。

十二月二十七日，有《蘇界事抄送日使照會並祈將現辦情形諮覆》〔註361〕。

十二月二十八日，有《租界急難辦就請告林使飭書記回滬事》〔註362〕。

作文《讀〈讀書錄〉序》：「天下皆患無才德矣，而抑知才以學、廣德以學而成乎。學之如何？惟有讀書耳。然泛讀無關明禮達用之書，雖多讀亦無裨，且其詖、淫、邪、遁之處一入胸中，生心害事，流弊更不勝言，既知讀有用之書矣，而淺嘗輒止不切己體，察而力行之，安常處順，尚可敷飾於外，設遇險阻艱難，風搖波撼，或紛華靡麗，目眩心而才不足以敵德，不足以勝，往往失其故步仍與不讀書之人同，是必如河津薛子讀書錄之法，方為善讀書。猶憶癸酉廿六歲時，讀書省垣草場巷，六月間假得友人讀書錄一部，反覆細繹，心境和靜，覺得目前蓮動花開，有萬物得所妙趣，足見讀書錄益人神慧，係一時偶會，仍歸盲昧，無所箚記。今讀汪子讀讀書錄，景儒先之好學，悔少壯之莫追，德薄才純，已知無成，惟有終身讀書，求此身不入下流而已矣。乙未孟夏譔於武林薇署。」〔註363〕

《〈余黼山先生譜〉序》：「余曩讀婺源汪雙池先生著述，歎其確守儒先遺訓，闡發不遺餘力，足為朱子功臣後，又得其同邑高第弟子余秀書先生庸言一書，本躬行沆瀣一氣，亦吾道之干城，豈紫陽風教在茲歟何，婺邑之多賢也。余讀《黼山先生年譜》，始悉余氏家學淵源，其來有自，蓋黼山乃秀書先生之孫也。曾文正公云：士大夫之志趨學術，果有異於人者，則修之於身，式之於家，家必將有流風餘韻傳之子孫，化行鄉里，所謂君子之澤也。余氏自前朝迄今，以正學傳家，代有聞人，黼山先生論著發明切實，為己不愧祖訓君子之澤，不其然乎。或謂黼山先生宦途顛躓，疑彼蒼嚴施有爽，殊不知承先啟後在子孫賢能，不在永保富貴，使君子皆安常處順，又何足以見志行之

〔註359〕（清）張之洞：《張之洞全集》（第9冊），武漢：武漢出版社，2008年，第88頁。

〔註360〕（清）張之洞：《張之洞全集》（第9冊），武漢：武漢出版社，2008年，第87頁。

〔註361〕臺灣中央研究院近代史研究所檔案館館藏檔案，外交部門，檔號：01-18-073-01-014。

〔註362〕臺灣中央研究院近代史研究所檔案館館藏檔案，外交部門，檔號：01-18-073-01-015。

〔註363〕《慎齋別集》卷1。

卓，道德之光耶，造物成人妙用，非俗識所能窺也，即如雙池先生艱辛備歷，沒乏嗣裔，乃於晚年得秀書先生道義之契，俾守其遺書，彰其盛德，恐尋常子姓尚不能及此繼述爾。吾願世之爲學者，遵程朱之正規，勿惑於異，知天者勉職分之，當盡勿移於窮其遺澤，亦必有罔替者，則黼山先生之年譜直可詣理學宗傳，而不可作一家志乘觀也。余故樂應其文孫彝伯之請而爲之敘。」〔註364〕

有公文、書信《答柏漢章》、《答安臬趙次珊》、《與總署》兩份，《與前京尹陳六舟》、《與劉峴莊》四份、《答太常寺少卿》、《答徐季和》、《答鎮江道呂》、《與京尹胡》、《答焦山越塵和尚》〔註365〕、《光緒二十一年江蘇巡撫趙舒翹奏摺節錄》〔註366〕。

1896年，光緒二十二年丙申，四十九歲。

正月初五日，張之洞有《致蘇州趙撫臺》〔註367〕。

正月初九日，收《瑞瑙國派殷漢寧爲駐滬副領事即飭照章辦理由》〔註368〕。

正月十一日，張之洞有《致蘇州趙撫臺、鄧藩臺》〔註369〕。

正月十四日，有覆張之洞電〔註370〕。

正月十六日，張之洞有《致蘇州趙撫臺、洋務局》〔註371〕。

正月十七日，張之洞有《致蘇州趙撫臺》〔註372〕。

正月二十四日，有《奏爲江蘇省蘇州、松滬兩釐局光緒二十一年上半年

〔註364〕《愼齋別集》卷1。
〔註365〕上述十四份公文、書信均出於《愼齋文集》卷10。
〔註366〕江蘇省財政志編輯辦公室編：《江蘇財政史料叢書·第1輯》 第3分冊，北京：方志出版社，1999年，第536～537頁。
〔註367〕（清）張之洞：《張之洞全集》（第9冊），武漢：武漢出版社，2008年，第95頁。
〔註368〕臺灣中央研究院近代史研究所檔案館館藏檔案，外交部門，檔號：01-15-040-10-002。
〔註369〕（清）張之洞：《張之洞全集》（第9冊），武漢：武漢出版社，2008年，第100頁。
〔註370〕（清）張之洞：《張之洞全集》（第9冊），武漢：武漢出版社，2008年，第101頁。
〔註371〕（清）張之洞：《張之洞全集》（第9冊），武漢：武漢出版社，2008年，第102頁。
〔註372〕（清）張之洞：《張之洞全集》（第9冊），武漢：武漢出版社，2008年，第102頁。

收支釐金數目分繕清單》〔註373〕、《奏爲恭報江蘇省二十一年十二月分雨雪糧價情形》〔註374〕、《奏爲恭謝恩賞福字一方》〔註375〕奏摺。

正月二十五日，劉坤一有《復趙展如中丞》〔註376〕。

二月初七日，張之洞有《致江寧劉制臺、蘇州趙撫臺、洋務局》〔註377〕、《致蘇州趙撫臺、錢守恂、上海黃道臺、劉守慶汾》〔註378〕。

二月十五日，張之洞有《致蘇州趙撫臺》〔註379〕。

二月十七日，劉坤一有《復趙展如》〔註380〕。

二月十八日，有《蘇州租界辦理情形抄寄與林使來往照會及與裕大臣來往函電》〔註381〕。

二月十九日，有《奏爲恭報江蘇省海運多漕糧米頭批放洋日期》〔註382〕專摺。

二月二十四日，有《奏爲游民恃眾搶掠抗拒致被營勇格斃五命》〔註383〕、《奏爲恭報江蘇省光緒二十三年正月分雨雪糧價情形》〔註384〕奏摺。

〔註373〕中國第一歷史檔案館編：《光緒朝朱批奏摺・第七七輯・財政》，北京：中華書局，1996年，第801頁。

〔註374〕中國第一歷史檔案館編：《光緒朝朱批奏摺・第九五輯・農業》，北京：中華書局，1996年，第978頁。

〔註375〕中國第一歷史檔案館編：《光緒朝朱批奏摺・第一一輯・內政》，北京：中華書局，1996年，第326頁。

〔註376〕（清）劉坤一：《劉坤一遺集》（第5冊），中國科學院歷史研究所第三所工具書組校點，北京：中華書局，1959年，第2168頁。

〔註377〕（清）張之洞：《張之洞全集》（第9冊），武漢：武漢出版社，2008年，第103頁。

〔註378〕（清）張之洞：《張之洞全集》（第9冊），武漢：武漢出版社，2008年，第104頁。

〔註379〕（清）張之洞：《張之洞全集》（第9冊），武漢：武漢出版社，2008年，第107頁。

〔註380〕（清）劉坤一：《劉坤一遺集》（第5冊），中國科學院歷史研究所第三所工具書組校點，北京：中華書局，1959年，第2172頁。

〔註381〕臺灣中央研究院近代史研究所檔案館館藏檔案，外交部門，檔號：01-25-047-01-013。

〔註382〕中國第一歷史檔案館編：《光緒朝朱批奏摺・第七〇輯・財政》，北京：中華書局，1996年，第801頁。

〔註383〕中國第一歷史檔案館編：《光緒朝朱批奏摺・第一〇七輯・法律》，北京：中華書局，1996年，第104頁。

〔註384〕中國第一歷史檔案館編：《光緒朝朱批奏摺・第九六輯・農業》，北京：中華書局，1996年，第132頁。

　　二月二十八日，有《奏爲查明江蘇省海運光緒十七年多漕承運無誤，沙輪各船商並招商局運漕出力各商董懇恩量予獎勵》〔註385〕、《奏爲恭報江蘇省光緒二十二年正月分晴雨糧價情形》〔註386〕、《奏爲寶山縣境海塘新出險工估需修費請於受益熟田項下攤徵以濟工用》〔註387〕奏摺。

　　三月初二日，有《開埠事已互換照會並所擬六條密電事》〔註388〕。

　　三月初三日，張之洞有《致蘇州趙撫臺》〔註389〕。

　　三月初六日，張之洞有《致蘇州趙撫臺》〔註390〕。

　　三月初八日，張之洞有《致蘇州趙撫臺》〔註391〕。

　　三月初九日，有《奏爲恭報江蘇省海運漕糧全數兑竣放洋日期》〔註392〕專摺。

　　三月十六日，張之洞有《致蘇州趙撫臺》兩份〔註393〕。

　　三月二十一日，張之洞有《致蘇州趙撫臺》〔註394〕。

　　三月二十七日，有《奏爲恭報江蘇省光緒二十二年二月分晴雨糧價情形》〔註395〕、《奏爲聽從謀殺期親尊長一家父子二命審明按律定擬》〔註396〕、《奏

〔註385〕中國第一歷史檔案館編：《光緒朝朱批奏摺‧第七〇輯‧財政》，北京：中華書局，1996年，第808頁。

〔註386〕中國第一歷史檔案館編：《光緒朝朱批奏摺‧第九五輯‧農業》，北京：中華書局，1996年，第1000頁。

〔註387〕中國第一歷史檔案館編：《光緒朝朱批奏摺‧第九九輯‧水利》，北京：中華書局，1996年，第670頁。

〔註388〕臺灣中央研究院近代史研究所檔案館館藏檔案，外交部門，檔號：01-25-047-01-027。

〔註389〕（清）張之洞：《張之洞全集》（第9冊），武漢：武漢出版社，2008年，第112頁。

〔註390〕（清）張之洞：《張之洞全集》（第9冊），武漢：武漢出版社，2008年，第114頁。

〔註391〕（清）張之洞：《張之洞全集》（第9冊），武漢：武漢出版社，2008年，第116頁。

〔註392〕中國第一歷史檔案館編：《光緒朝朱批奏摺‧第七〇輯‧財政》，北京：中華書局，1996年，第812頁。

〔註393〕（清）張之洞：《張之洞全集》（第9冊），武漢：武漢出版社，2008年，第116頁。

〔註394〕（清）張之洞：《張之洞全集》（第9冊），武漢：武漢出版社，2008年，第116頁。

〔註395〕中國第一歷史檔案館編：《光緒朝朱批奏摺‧第九五輯‧農業》，北京：中華書局，1996年，第1013頁。

〔註396〕中國第一歷史檔案館編：《光緒朝朱批奏摺‧第一〇七輯‧法律》，北京：中華書局，1996年，第123頁。

爲恭報江蘇省光緒二十二年二月分晴雨糧價情形》〔註397〕奏摺。

《愼齋年譜》:「裁整撫標練軍,奏改淮軍三營、湘軍二營爲蘇防五營,定營規十五條,專演搶靶,隨時親校,不使稍弛。先生因部議裁兵,時憂隱患,嘗言蘇營雖少亦必練而加訓,巡不廢操,弁習韜鈐,士皆精銳,無事一營實有一營之用,有事一營可作數營之根,又手輯《愼戰要言》三卷。」又有《分別裁留營勇摺》、《請改蘇防營伍摺》〔註398〕等。

《愼齋年譜》:「四月以中庸、戒愼、恐懼、無忌憚分君子、小人命題課吏,親批科卷云:諸作皆以肆敬爲主,固是此中有本焉。蓋天即是理,理在於心,天即在心,人即自外於天,天仍不離乎心,三代上聖君、賢相、大夫、士庶皆本乎此故,六經言天處嚴密,鄭重如見那天,朝夕在眼前,令人生震動、恪恭之意。《陸桴亭思辨錄》云:每念及上帝臨汝無二,爾心覺得百骸之中自然震悚,更無一時一事一念可以縱逸。沈端恪公云:一部《詩經》吾取其小心翼翼,昭事上帝永言配命,自求多福,是確實用功,處聖人以畏天,不知天命分別君子、小人,即此道也。君子十目十手,嚴於屋漏,故食息起居常若有所制,而不能遂語默,動靜常若,有所防而不能果,所謂戒愼、恐懼也。小人以爲天無知而人可欺,全是私欲用事,無論藏匿作奸,固屬恣肆,即言仁誦義。亦是鶩馳視天下皆可智取,術馭機械百出而不知恥,故曰,無忌憚也。此學道大原,不可不講。」

四月初五日,有《美國派鄭尼斯代理鎮江瑞國領事官希轉飭照辦由》〔註399〕。《奏爲江海關光緒二十一年分常稅短收盈餘銀兩懇恩免予賠繳以示體恤》〔註400〕、《奏爲江海關第一百三十五結期內徵收華洋各稅及支解數目暨查明免單總數抵押餉需》〔註401〕、《奏爲江海關第一百三十五結期滿徵收華洋船鈔等銀數目》〔註402〕、《奏爲江海關第一百三十五結期內加徵洋藥釐捐收支各

〔註397〕中國第一歷史檔案館編:《光緒朝朱批奏摺·第九五輯·農業》,北京:中華書局,1996年,第1013頁。

〔註398〕上述兩份奏摺均出自《愼齋文集》卷1。

〔註399〕臺灣中央研究院近代史研究所檔案館館藏檔案,外交部門,檔號:01-15-040-10-017。

〔註400〕中國第一歷史檔案館編:《光緒朝朱批奏摺·第七三輯·財政》,北京:中華書局,1996年,第404頁。

〔註401〕中國第一歷史檔案館編:《光緒朝朱批奏摺·第七三輯·財政》,北京:中華書局,1996年,第406頁。

〔註402〕中國第一歷史檔案館編:《光緒朝朱批奏摺·第七三輯·財政》,北京:中華書局,1996年,第407頁。

款銀數開具清單》〔註403〕奏摺。

四月初七日，有《奏爲蘇省河運漕糧兌竣開行日期》〔註404〕奏摺。

四月初九日，張之洞有《致蘇州趙撫臺》〔註405〕。

四月十二日，有《奏爲查明浙江省光緒二十一年下忙錢糧已未完數目開
單》〔註406〕奏摺。

四月十八日，劉坤一有《致趙展如》。〔註407〕

四月二十七日，有《奏爲鎮江關第一百四十一結期內徵收華洋稅鈔及支
解數目繕具清單》〔註408〕、《奏爲鎮江關第一百四十一結期內徵收洋藥稅釐銀
兩並開支數目繕具清單》〔註409〕、《奏爲恭報江蘇省光緒二十二年三月分晴雨
糧價情形》〔註410〕奏摺。

五月初二日，有《奏爲查明江蘇省海運光緒十八年九雨年冬漕承運無誤
沙輪各船商並招商局運漕出力各商董懇恩量予獎勵》〔註411〕、《奏爲恭報江蘇
省光緒二十二年四月分晴雨糧價情形》〔註412〕、奏爲查明江寧、蘇州兩屬光
緒二十一年下忙地丁等款已爲完銀數》〔註413〕、《奏爲籌餉案內未覆當商捐輸

〔註403〕中國第一歷史檔案館編：《光緒朝朱批奏摺·第七三輯·財政》，北京：中華
　　　　書局，1996年，第409頁。
〔註404〕中國第一歷史檔案館編：《光緒朝朱批奏摺·第七○輯·財政》，北京：中華
　　　　書局，1996年，第821頁。
〔註405〕（清）張之洞：《張之洞全集》（第9冊），武漢：武漢出版社，2008年，第
　　　　123頁。
〔註406〕中國第一歷史檔案館編：《光緒朝朱批奏摺·第六七輯·財政》，北京：中華
　　　　書局，1996年，第599頁。
〔註407〕（清）劉坤一：《劉坤一遺集》（第5冊），中國科學院歷史研究所第三所工具
　　　　書組校點，北京：中華書局，1959年，第2175頁。
〔註408〕中國第一歷史檔案館編：《光緒朝朱批奏摺·第七三輯·財政》，北京：中華
　　　　書局，1996年，第421頁。
〔註409〕中國第一歷史檔案館編：《光緒朝朱批奏摺·第七三輯·財政》，北京：中華
　　　　書局，1996年，第422頁。
〔註410〕中國第一歷史檔案館編：《光緒朝朱批奏摺·第九五輯·農業》，北京：中華
　　　　書局，1996年，第1032頁。
〔註411〕中國第一歷史檔案館編：《光緒朝朱批奏摺·第七○輯·財政》，北京：中華
　　　　書局，1996年，第826頁。
〔註412〕中國第一歷史檔案館編：《光緒朝朱批奏摺·第九五輯·農業》，北京：中華
　　　　書局，1996年，第1044頁。
〔註413〕中國第一歷史檔案館編：《光緒朝朱批奏摺·第六七輯·財政》，北京：中華
　　　　書局，1996年，第609頁。

各條蘇省現辦情形》〔註414〕奏摺。

五月二十九日，有《奏爲江蘇省蘇州等屬遵造光緒二十年分民欠錢糧徵信冊籍》〔註415〕奏摺。

六月初五日，劉坤一有《復趙展如》〔註416〕。

六月十四日，有《奏爲恭報江蘇省二十二年分索計二參約收分數》〔註417〕、《奏爲查明蘇州等屬光緒二十一年壓徵二十年分釐課奏銷案內未完一分以上經徵各縣職名銀數》〔註418〕奏摺。

六月十七日，收《比國鎮江新設慕爾弄洋行託美領事代理希飭照辦由》〔註419〕。

六月二十二日，有《奏爲鎮江關第一百四十二結期內徵收洋藥稅釐銀兩並開支數目繕具清單》〔註420〕、《奏爲鎮江關第一百四十二結期內徵收華洋稅鈔及支解數目繕具清單》〔註421〕、《奏爲恭報江蘇省光緒二十二年五月分雨水糧價情形》〔註422〕奏摺。

七月十六日，有《美商賃屋已退還由》〔註423〕。

七月十八日，張之洞有《致蘇州趙撫臺》〔註424〕。

〔註414〕中國第一歷史檔案館編：《光緒朝朱批奏摺・第七七輯・財政》，北京：中華書局，1996年，第826頁。

〔註415〕中國第一歷史檔案館編：《光緒朝朱批奏摺・第六七輯・財政》，北京：中華書局，1996年，第612頁。

〔註416〕（清）劉坤一：《劉坤一遺集》（第5冊），中國科學院歷史研究所第三所工具書組校點，北京：中華書局，1959年，第2177～2178頁。

〔註417〕中國第一歷史檔案館編：《光緒朝朱批奏摺・第九三輯・農業》，北京：中華書局，1996年，第122頁。

〔註418〕中國第一歷史檔案館編：《光緒朝朱批奏摺・第七七輯・財政》，北京：中華書局，1996年，第837頁。

〔註419〕臺灣中央研究院近代史研究所檔案館館藏檔案，外交部門，檔號：01-15-045-16-010。

〔註420〕中國第一歷史檔案館編：《光緒朝朱批奏摺・第七三輯・財政》，北京：中華書局，1996年，第438頁。

〔註421〕中國第一歷史檔案館編：《光緒朝朱批奏摺・第七三輯・財政》，北京：中華書局，1996年，第439頁。

〔註422〕中國第一歷史檔案館編：《光緒朝朱批奏摺・第九六輯・農業》，北京：中華書局，1996年，第4頁。

〔註423〕臺灣中央研究院近代史研究所檔案館館藏檔案，外交部門，檔號：01-18-061-06-002。

〔註424〕（清）張之洞：《張之洞全集》（第9冊），武漢：武漢出版社，2008年，第145頁。

七月十九日，有覆張之洞電〔註425〕，劉坤一有《覆趙展如》〔註426〕。

七月二十四日，有《丹國派雷士米特爲上海領事希飭照辦由》〔註427〕。

七月二十七日，有《奏爲查明江寧等屬光緒二十一年分地丁等項奏銷案內未完一分以上各府州縣衙恭摺開單》〔註428〕、《奏爲恭報江蘇省光緒二十二年六月分雨水糧價情形》〔註429〕奏摺。

七月二十八日，張之洞有《致蘇州趙撫臺、杭州廖撫臺》〔註430〕。

八月初一日，有《奏爲江海關第一百三十六結期內加徵洋藥釐捐收支各款銀數開具清單》〔註431〕、《奏爲江海關第一百三十六結期內徵收華洋各稅及支解數目暨查明免單總數抵押解餉需》〔註432〕奏摺。

八月初三日，劉坤一有《復趙展如》〔註433〕。

八月初四日，張之洞有《致蘇州趙撫臺、杭州廖撫臺》〔註434〕。

八月初十日，張之洞有《致蘇州趙撫臺》〔註435〕。

八月二十八日，有《奏爲屢陳病狀懇恩商假調理》〔註436〕、《奏爲恭報

〔註425〕（清）張之洞：《張之洞全集》（第9冊），武漢：武漢出版社，2008年，第145頁。

〔註426〕（清）劉坤一：《劉坤一遺集》（第5冊），中國科學院歷史研究所第三所工具書組校點，北京：中華書局，1959年，第2179頁。

〔註427〕臺灣中央研究院近代史研究所檔案館館藏檔案，外交部門，檔號：01-15-042-10-003。

〔註428〕中國第一歷史檔案館編：《光緒朝朱批奏摺・第六七輯・財政》，北京：中華書局，1996年，第631頁。

〔註429〕中國第一歷史檔案館編：《光緒朝朱批奏摺・第九六輯・農業》，北京：中華書局，1996年，第24頁。

〔註430〕（清）張之洞：《張之洞全集》（第9冊），武漢：武漢出版社，2008年，第148頁。

〔註431〕中國第一歷史檔案館編：《光緒朝朱批奏摺・第七三輯・財政》，北京：中華書局，1996年，第460頁。

〔註432〕中國第一歷史檔案館編：《光緒朝朱批奏摺・第七三輯・財政》，北京：中華書局，1996年，第461頁。

〔註433〕（清）劉坤一：《劉坤一遺集》（第5冊），中國科學院歷史研究所第三所工具書組校點，北京：中華書局，1959年，第2180頁。

〔註434〕（清）張之洞：《張之洞全集》（第9冊），武漢：武漢出版社，2008年，第149頁。

〔註435〕（清）張之洞：《張之洞全集》（第9冊），武漢：武漢出版社，2008年，第152頁。

〔註436〕中國第一歷史檔案館編：《光緒朝朱批奏摺・第一一輯・內政》，北京：中華書局，1996年，第782頁。

蘇州新關開關日期》〔註 437〕、《奏為恭報江蘇省光緒二十二年七月分晴雨糧價情形》〔註 438〕奏摺。

《慎齋年譜》:「九月因病請假,致夏滌巷,同年書云:弟迂拙違時,每起歸志,受恩太重,又不忍遽言生平所交講學之友,正言衛道無出兄右,請為作詹尹之卜,出處大節,君臣之義攸關,不能不就正有道。創造長安灃水石橋〔註 439〕,上薛雲階司寇書云:去歲發狂,願於客省莊造一行車石橋,初估萬金,近估又增五六千金,尚難成功,頗費拮据,故一切應酬及家鄉造屋皆停止。(按魏午莊中丞撫陝,先生函託釀金助之,橋始成。)」

致《夏滌巷同年書》〔註 440〕。

《續修陝西通志稿・趙舒翹傳》:「捐廉奉為原籍灃水修橋以利行人」。〔註 441〕

九月十四日,劉坤一有《復趙展如》〔註 442〕。

九月二十日,有《鈔送日本催行馬關條約奏稿及互換文憑》〔註 443〕。

九月二十八日,有《奏為恭報江蘇省光緒二十二年八月分晴雨糧價情形》〔註 444〕奏摺。

十月十四日,張之洞有《致蘇州趙撫臺》〔註 445〕。

〔註 437〕中國第一歷史檔案館編:《光緒朝朱批奏摺・第七三輯・財政》,北京:中華書局,1996 年,第 465 頁。

〔註 438〕中國第一歷史檔案館編:《光緒朝朱批奏摺・第九六輯・農業》,北京:中華書局,1996 年,第 40 頁。

〔註 439〕長安灃水石橋:又稱古靈橋,在長安縣馬王鎮客省莊東南。原為木橋,清光緒二十四年(1898 年),刑部尚書長安人趙舒翹捐俸銀 2.4 萬兩,改建為石橋。長 153.3 米,寬 1.7 米,22 孔。橋邊有亭,趙舒翹題亭額:「亭連渭樹,影射昆池,漢鯨秋臥,周杞春榮。」陝西省地方志編纂委員會編:《陝西通志・交通卷》,西安:三秦出版社,1992 年。

〔註 440〕上述書信出於《慎齋文集》卷 10。

〔註 441〕(民國)楊虎城、邵力子等修:《續修陝西通志稿》卷 74《趙舒翹傳》,民國二十三年(1934 年)鉛印本。

〔註 442〕(清)劉坤一:《劉坤一遺集》(第 5 冊),中國科學院歷史研究所第三所工具書組校點,北京:中華書局,1959 年,第 2182～2183 頁。

〔註 443〕臺灣中央研究院近代史研究所檔案館館藏檔案,外交部門,檔號:01-25-048-02-031。

〔註 444〕中國第一歷史檔案館編:《光緒朝朱批奏摺・第九六輯・農業》,北京:中華書局,1996 年,第 55 頁。

〔註 445〕(清)張之洞:《張之洞全集》(第 9 冊),武漢:武漢出版社,2008 年,第 163 頁。

十月十五日，有覆張之洞電〔註446〕，張之洞有《致蘇州趙撫臺》〔註447〕。

十月二十八日，有《奏爲江海關第一百三十七結期內徵收華洋各稅及支解數目暨查明免單總數抵解餉需》〔註448〕、《奏爲江海關第一百三十七結期滿徵收華洋船鈔等銀數目》〔註449〕、《奏爲江海關第一百三十七結期內加徵洋藥釐捐收支各款銀數開具清單》〔註450〕、《奏爲恭報江蘇省光緒二十二年九月分晴雨糧價情形》〔註451〕、《江蘇巡撫趙舒翹續請減收丹徒縣公費錢片》〔註452〕。

十一月初二日，有《奏爲鎮江關第一百四十三結期內徵收洋藥稅釐銀兩並開支數目繕具清單》〔註453〕《奏爲審明梟盜巨匪照章先行正法並續獲奉旨查辦要犯在途病故呈請緝捕出力員弁誠懇天恩分別給獎開復以昭激勵》〔註454〕奏摺，張之洞有《致蘇州趙撫臺、杭州廖撫臺、四川鹿制臺》〔註455〕、《致杭州廖撫臺、蘇州趙撫臺》〔註456〕。

十一月十二日，有《署兩江總督張之洞、江蘇巡撫趙舒翹擬請二十一年份冬漕酌定徵價摺》〔註457〕。

〔註446〕（清）張之洞：《張之洞全集》（第9冊），武漢：武漢出版社，2008年，第163頁。
〔註447〕（清）張之洞：《張之洞全集》（第9冊），武漢：武漢出版社，2008年，第164頁。
〔註448〕中國第一歷史檔案館編：《光緒朝朱批奏摺·第七三輯·財政》，北京：中華書局，1996年，第482頁。
〔註449〕中國第一歷史檔案館編：《光緒朝朱批奏摺·第七三輯·財政》，北京：中華書局，1996年，第482頁。
〔註450〕中國第一歷史檔案館編：《光緒朝朱批奏摺·第七三輯·財政》，北京：中華書局，1996年，第486頁。
〔註451〕中國第一歷史檔案館編：《光緒朝朱批奏摺·第九六輯·農業》，北京：中華書局，1996年，第67頁。
〔註452〕江蘇省財政志編輯辦公室編：《江蘇財政史料叢書·第1輯》第2分冊，北京：方志出版社，1999年，第285頁。
〔註453〕中國第一歷史檔案館編：《光緒朝朱批奏摺·第七三輯·財政》，北京：中華書局，1996年，第488頁。
〔註454〕中國第一歷史檔案館編：《光緒朝朱批奏摺·第四五輯·軍務》，北京：中華書局，1996年，第499頁。
〔註455〕（清）張之洞：《張之洞全集》（第9冊），武漢：武漢出版社，2008年，第169頁。
〔註456〕（清）張之洞：《張之洞全集》（第9冊），武漢：武漢出版社，2008年，第170頁。
〔註457〕江蘇省財政志編輯辦公室編：《江蘇財政史料叢書·第1輯》第2分冊，北京：方志出版社，1999年，第175頁。

十一月二十二日，有《奏爲江海關一年期滿查明徵收內地商稅銀兩循例》
〔註458〕、《奏爲查明江寧、蘇州兩屬光緒二十二年上忙地丁等款已未完銀數》
〔註459〕《奏爲特參庸劣各員整飭官方》〔註460〕、《奏爲江蘇省酌提釐金辦理
善後事宜查明光緒二十一年分收支款目開繕清單》〔註461〕奏摺。

十一月二十三日，劉坤一有《復趙展如》〔註462〕。

十一月二十八日，有《奏爲鎮江關第一百四十四結期內徵收華洋稅鈔及
支解數目繕具清單》〔註463〕、《奏爲鎮江關第一百四十四結期內徵收洋藥稅釐
銀兩並開支數目繕具清單》〔註464〕、《奏爲恭報江蘇省光緒二十二年十月分晴
雨糧價情形》〔註465〕奏摺。

《省城得雪情形疏》：「蘇州省城於十二月十六日子時起至午時止，彤雲
密佈，瑞雪繽紛，除隨落隨融外，約得雪積厚三寸有餘。」〔註466〕

十二月二十日，有《奏報密考司道府各官員事》〔註467〕、《奏報本省十
一月分晴雨糧價事（附清單一件）》〔註468〕。

是月有《江蘇巡撫趙舒翹請核增蘇糧河運費用摺》。〔註469〕

是年陝西維新派人劉古愚曾派門人到東南地區考察並拜訪身任蘇撫的趙

〔註458〕中國第一歷史檔案館編：《光緒朝朱批奏摺·第七三輯·財政》，北京：中華
書局，1996年，第499頁。

〔註459〕中國第一歷史檔案館編：《光緒朝朱批奏摺·第六七輯·財政》，北京：中華
書局，1996年，第701頁。

〔註460〕中國第一歷史檔案館編：《光緒朝朱批奏摺·第一二輯·內政》，北京：中華
書局，1996年，第34頁。

〔註461〕中國第一歷史檔案館編：《光緒朝朱批奏摺·第七七輯·財政》，北京：中華
書局，1996年，第881頁。

〔註462〕（清）劉坤一：《劉坤一遺集》（第5冊），中國科學院歷史研究所第三所工具
書組校點，北京：中華書局，1959年，第2183～2184頁。

〔註463〕中國第一歷史檔案館編：《光緒朝朱批奏摺·第七三輯·財政》，北京：中華
書局，1996年，第500頁。

〔註464〕中國第一歷史檔案館編：《光緒朝朱批奏摺·第七三輯·財政》，北京：中華
書局，1996年，第502頁。

〔註465〕中國第一歷史檔案館編：《光緒朝朱批奏摺·第九六輯·農業》，北京：中華
書局，1996年，第88頁。

〔註466〕《慎齋文集》卷1。

〔註467〕臺灣中央研究院館藏清代宮中檔奏摺及軍機處檔摺件，檔號：136708。

〔註468〕臺灣中央研究院館藏清代宮中檔奏摺及軍機處檔摺件，檔號：136709。

〔註469〕江蘇省財政志編輯辦公室編：《江蘇財政史料叢書·第1輯》第2分冊，北京：
方志出版社，1999年，第285頁。

舒翹，希望能幫助陝西籌辦紡織廠。但趙舒翹以爲此事弊多利少，甚至說：『我陝本無異類，今爲此舉，又要報效洋人，開門揖盜，教猱升木也」〔註470〕。再如「劉古愚等人興辦實業，籌辦陝西保富機器織布局，在民間集股失利。經由陝西京官、著名維新派人士李岳瑞、宋伯魯商議，擬借北京豫豐銀號銀二十萬兩，劉呈請趙舒翹作保。趙舒翹則持反對態度，致使這一計劃擱淺」〔註471〕。有與劉古愚書信兩封〔註472〕，劉古愚《覆趙展如侍郎書》〔註473〕。

是年作文《重刊〈醫林纂要〉序》：「昔予先祖憫家人少長之多傷於疾，發憤學醫，後遂爲親友所倚。余髫齡侍左右時，聞緒諭先祖曰：醫理甚微關人生死，切勿輕爲，而養生愼疾之說，則不可不知。嘗思人之養生也，猶之制治於未亂，保邦於未危，若侍己、亂己危而始治之、保之，遲矣；然至己、亂己危而尚不知治之、保之之法，則更誤矣。歷來志士擔荷家國艱巨，每慨精神疲憊，功廢垂成，或病至倉皇，醫藥雜投，卒貽後悔，亦猶築室道謀，發言盈廷，無人能執其咎，又是言之，則養生愼疾之道，何可不豫講也。第醫術汗牛充棟，類多一家，言非一家者乎，又雜而無章，儒先亦問知醫，而論著甚少，求其綱羅諸家，折衷一是，而又條分縷析簡明易曉者，則無如婺源汪雙泉先生《醫林纂要》一書也，先生道繼程朱，功在後世，其未刻遺書數十種，余在浙時已集貲，次第刊布，行見先生之學將與昭代張楊園、陸稼書兩先生後先媲美，豈藉醫學而傳哉。然先生是書之選論藥性，其精要可作日用飲食之經，闡釋方劑，其明達可宣君臣佐使之義，尤愛首卷提綱挈領，將人之身臟腑脈絡、天時之氣運，化機苦爲晰列，略涉其門，即知生所由養，疾所出愼，誠所謂不爲，良相當爲良醫，亦胞與施濟之一端也。爰商之鄧小赤中丞，發蘇局重梓，以廣其傳，余自知固陋詎敢蹈達官刻書，強作解事之誚，特以先生頓困一衿，平生著作力崇正學，事事以世道人心爲念，殆後無裔，

〔註470〕 韓學儒、吳永濤主編：《三秦近代名人評傳‧初集》，西安：西北大學出版社，1988 年，第 114 頁。

〔註471〕 （民國）劉古愚：《劉古愚先生全書》（文集）卷 5，民國七年（1918 年）蘇州金陵思過齋刊本。

〔註472〕 （民國）劉古愚：《劉古愚先生全書》（文集）卷 5，民國七年（1918 年）蘇州金陵思過齋刊本。

〔註473〕 （民國）劉古愚：《劉古愚先生全書》（文集）卷 5，民國七年（1918 年）蘇州金陵思過齋刊本。亦載於張灝等編：《中國近代開發西北文論選》（下），蘭州：蘭州大學出版社，1987 年，第 48～49 頁；又載於鄖東濤主編：《中國西部大開發全書》第 4 卷，北京：人民出版社，2000 年，第 586～587 頁。

遺書零落在他人詩文遺集，尚不忍其湮沒，而況先生之學術有關世運哉。區區微志，願與天下學道君子共記之。光緒二十二年，歲次丙申嘉平。」〔註474〕

《〈沈余遺書〉序》：「學術之關乎世運也久矣，宋學聖學也，天理民彝，非此不立，紀綱法度，非此不行，朱子百家之說，非此不足以辨是非，而定邪正，學不從此入猶欲爲方圓，而無規矩，稱量萬物而無權術也。或謂宋學不能救南宋之弱，並浸淫以至於元，似無補於世運，殊不知孔子之道，不能使春秋不降爲戰國、暴秦，而自漢以後之三綱五常，始賴聖道而大定。宋學自明初而始，行至我朝，聖祖仁皇帝尊升朱子，而道益昌，試觀陽生子，月其發洩乃在來年，春夏而不能禁止冬臘之大寒，天運學術同是道也。前明變宋學而講王學，國勢因以不振，嘉道間變宋學而講漢學，遂致長髮起而外族橫，其故何在？前人謂宋學有四守精一之道，行經綸之法，辨治亂之跡，識天人之理，道與理治內事與法治外，內外交修，體立用行，聖功王道一以貫之矣。捨此而學，非入放蕩無忌，即流於矜誇嗜利。夫操放蕩無忌、矜誇嗜利之術一身，一家且不治，安望其有濟於國與民哉。孟子謂生於其心，害於其政，發於其政，害於其事，蓋人擇所學也。見在爭言西法，詎知《中庸》三十一章敘舟車所至，於洋溢中國，施及蠻貊之下，即隱指今日輪機舟車，而豈天殆以聖道徹海外無識者，反欲以洋學變中國，悲夫。余資質最下，苦爲私欲所困，每至理欲交戰之時，讀沈闇齋先生《勵志錄》及余秀書先生《庸言》，則志力爲之一振。二先生皆確守程朱者也，惟時過，後學常愧不及，茲合刻以公同，好願講學，君子皆厚自刻責，無過望於人，庶幾相關，而善蔚成，氣候世運，或有轉機乎。光緒丙申初夏，後學趙舒翹序。」〔註475〕

年底，經江蘇巡撫趙舒翹核准，允撥蘇州市葑門外覓渡橋西塊一片土地爲關址（蘇州關）。〔註476〕

是年刻《汪雙池先生遺書》。〔註477〕

〔註474〕《慎齋別集》卷 1。

〔註475〕《慎齋別集》卷 1。

〔註476〕江蘇省地方志編纂委員會編：《江蘇省志·海關志》，江蘇古籍出版社，1998年，第 348 頁；亦載於陸允昌編：《蘇州洋關史料（1896～1945）》，南京大學出版社，1991 年，第 45 頁。

〔註477〕「《讀近思錄》一卷，（清）汪紱撰。《汪雙池先生叢書·浙刻雙池遺書十二種》」。該浙刻本，半頁十行二十二字，四周雙邊，白口，單魚尾。框高 19.40 釐米，寬 13.30 釐米。卷端題「婺源汪紱雙池著，後學烏程盧葆辰子純、同邑程夢元戲園、同邑余家鼎彝伯同校字」。版心刻「讀近思錄」、頁碼。牌記爲「光

是年有公牘《批台州府》、《稟嚴禁盜匪告示》、《諮會江督浙撫》、《照會李統領》、《箚候補道韓》、《箚委員並吳江震澤兩縣》、《箚兩司》、《箚三司並各道府直隸州》、《整頓營務告示》、《諭蘇州府讞局》、《接見僚屬》、《整頓釐金約》、《批吏治月課卷》、《批松江府稟呈融齋書院課卷》、《監臨告示》、《箚通永道霸昌道四廳》、《堂諭》四份〔註478〕等。

1897 年，光緒二十三年丁酉，五十歲。

《愼齋年譜》：「正月刻《聶樂山誡子書》，成序以行。」

《誡子書序》：「高忠憲公云：凡家之興必有思艱之人始基之，而始基之人，其筋力必強，其志慮必堅忍，其神必旺於恒人。蓋天欲封殖其家，必封殖其始基之人，綿其年使其歷祖父子孫間，周閱詳備，以垂不拔之業。今觀衡山聶樂由先生之克享大年，積厚流光，益信忠憲之言爲深知天人之際也。余少時即聞友人盛稱先生之子作吾省鎮安縣縣令，縣志載有先生誡子書，惜未得讀，後閱《經世文編》，始見其書，句句切實中正，尋味無窮，修齊治平之道一以貫之，非天理爛然於胸而又洞徹乎人情者，不能道其雙字宜乎。桂林陳文恭公撫吾陝時，三批此書而不厭也。前歲與聶仲芳方伯同官於浙，初見即愛其根器非凡，志趣向上，漸談及家世，乃知係先生之六代孫也。先生一布衣耳，遺澤孔長如此，蓋先生之見者可於誡子書知之，先生之所不可見者，亦可於誡子書推而知之。挽近仕有相聚，無非韓昌黎所謂商財賄之，有無計班資之，崇卑望己，量之所稱，指前人之瑕疵。使讀先生之書於心能無愧乎，若能效先生之言，吾民焉有不受福乎。遐想爾時列祖列宗，深仁厚澤，涵濡於上，草野韋不之間，即有此等者儒碩士，隱修燕冀，詔勉家庭，俾惠愛及人，其道邇，其事易，而詎知薰德善俗，溫讓宇宙太和者，實在此也。

緒丙申中冬重刊」。此刻本首冊第一頁刻書名「浙刻雙池」遺書十二種」，接之爲盧葆辰跋文《浙刻雙池遺書八種緣起》、《十二書目》，接下來的牌記頁正面刻「長安趙展如中丞鑒定/讀近思錄/同邑後學余家鼎謹署」。盧氏跋文云：「元孫彝伯先生家鼎挾書來杭，維時中丞開藩吾浙，讀而偉之，謀諸巡撫宣城劉景韓中丞樹堂，合捐廉資付梓，又得……相繼傾助。時辰方罷興圖之役，與諸君子同司校字，僞者訂之，缺者補之，於甲午夏五開刻於安徽會館……光緒丙申中春烏程後學盧葆辰子純謹誌。因而，可以斷定此《遺書》由趙展如、劉景韓等合資刊刻於杭州的安徽會館，於光緒二十二年刻就，此《讀近思錄》爲光緒二十二年冬重刻，是《浙刻雙池遺書十二種》的第一種。」載於程水龍：《理學在浙江的傳播——以〈近思錄〉衛中心的歷史考察》，上海：上海古籍出版社，2010 年，第 120～121 頁。

〔註478〕上述二十份公牘均出於《愼齋文集》卷8。

今之作州縣者，視此書所言何如乎？今之父兄望作州縣之子弟者，視此書所言何如乎？嗟乎！中土財賦，漏竭民生，日蹙而有拯救之責者，率多私賴成習，苟且從事，國家將何賴焉？喜事者，則爭尚新奇，肆言功利，行之效己，難免上益下損，況利未見而害先行乎。是又如醫羸瘵之浮火，而投以梔芩重劑也。余竊歎憫思，自愧薄德無以挽，頹風而起吏治，因刻是書，遺我僚友，好善有同，情想痌瘝，胞與之懷潔清淬厲之志，必有讀之，油然而興起者，豈徒表仲芳方伯之先澤也哉，是爲序。光緒二十三年歲次丁酉孟春月。」〔註479〕

正月初六日，《劉坤一、趙舒翹等奏摺硃批清單》〔註480〕。

正月初八日，有《蘇界沿河十丈地方暫作懸案仍不准日本臣民在該處有所建造》〔註481〕。

正月初十日，張之洞有《致蘇州趙撫臺、江寧劉制臺》〔註482〕。

正月十三日，有《冬漕粮米派沙輪各船分裝海運由》〔註483〕、《蘇界沿河十丈地所准日本臣民上下客貨繫泊船隻》〔註484〕。

正月十八日，《劉坤一、趙舒翹等奏摺硃批清單》〔註485〕。

正月二十二日，有《奏爲鎮江關第一百四十五結期內徵收華洋稅鈔及支解數目繕具清單》〔註486〕、《奏爲鎮江關第一百四十五結期內徵收洋藥稅釐銀兩並開支數目繕具清單》〔註487〕、《奏報鎮江關第一百四十五結期內徵收洋藥稅釐數目清單（附清單一件）》〔註488〕。

〔註479〕《愼齋別集》卷 1。
〔註480〕臺灣中央研究院館藏清代宮中檔奏摺及軍機處檔摺件，檔號：408016294。
〔註481〕臺灣中央研究院近代史研究所檔案館館藏檔案，外交部門，檔號：01-18-073-01-028。
〔註482〕（清）張之洞：《張之洞全集》（第 9 冊），武漢：武漢出版社，2008 年，第 183 頁。
〔註483〕臺灣中央研究院近代史研究所檔案館館藏檔案，外交部門，檔號：01-13-008-05-001。
〔註484〕臺灣中央研究院近代史研究所檔案館館藏檔案，外交部門，檔號：01-18-073-01-031。
〔註485〕臺灣中央研究院館藏清代宮中檔奏摺及軍機處檔摺件，檔號：408016262。
〔註486〕中國第一歷史檔案館編：《光緒朝朱批奏摺·第七三輯·財政》，北京：中華書局，1996 年，第 514 頁。
〔註487〕中國第一歷史檔案館編：《光緒朝朱批奏摺·第七三輯·財政》，北京：中華書局，1996 年，第 516 頁；亦藏於臺灣中央研究院館藏清代宮中檔奏摺及軍機處檔摺件，檔號：137180。
〔註488〕臺灣中央研究院館藏清代宮中檔奏摺及軍機處檔摺件，檔號：137179。

正月二十一日，張之洞有《致江蘇趙撫臺》〔註489〕。

正月二十四日，張之洞有《致蘇州趙撫臺、聶藩臺》〔註490〕。

正月二十八日，有《奏爲恭謝天恩賞福字一方》〔註491〕、《奏報二十二年十二月分雨雪糧價（附清單一件）》〔註492〕、《奏報蘇松釐局收支數目（附清單二件）》〔註493〕。

是月有《奏報敕下倉場侍郎將江蘇省海運項下搭解秈米一萬四千石按石抵收以下禮恤摺片》、《奏報籌解固本京餉事》、《奏請旌揚樂善好施之寄籍常熟縣分部行走郎中之孫思敬摺片》〔註494〕。

《慎齋年譜》：「二月出省校閱江蘇營伍，輕騎減從，忍饑不擾一飯，欲以刻苦自勵激發人心，節省浮費。《致劉峴莊制軍書》云：曾文正公云，此次巡閱無搜，乘校技之實，不過飽啖佳餚，多聽諛辭而已。時局至今日並佳餚亦不願，竊諛辭亦不願聽矣。七月給事中龐鴻書等誤奏太湖梟匪充斥，又片奏太湖水師統帶失宜，先生持疏辯之，初蘇省梟匪皆安徽合肥、盧江二縣人，名曰巢湖幫。向來鹽捕五營船勇，巢湖幫十居八九，其營官亦必安徽人方能統帶。其梟匪狡悍者皆以收徒拒捕，爭埠開賭，尋仇械鬥，爲事故播魁傑之名。冀官收用爲所欲爲，而地方陰受其害。先生到任後務獲嚴懲，不用通梟統帶，亦不招梟匪爲營弁，惟期兵與賊分，以破蘇省鹽捕多年積習。二月出省校閱江蘇營伍，輕騎簡從，忍饑不擾一飯，欲以刻苦自勵激發人心，節省浮費。作《致劉峴莊制軍書》云：「曾文正公云：此次巡閱無搜，乘校技之實，不過飽啖佳餚，多聽諛辭而已。時局至今，日並佳餚亦不願，竊諛辭亦不願聽矣。」

二月十一日，劉坤一有《復趙展如》〔註495〕。

〔註489〕（清）張之洞：《張之洞全集》（第9冊），武漢：武漢出版社，2008年，第188頁。

〔註490〕（清）張之洞：《張之洞全集》（第9冊），武漢：武漢出版社，2008年，第189頁。

〔註491〕中國第一歷史檔案館編：《光緒朝朱批奏摺・第一二輯・內政》，北京：中華書局，1996年，第229頁；亦藏於臺灣中央研究院館藏清代宮中檔奏摺及軍機處檔摺件，檔號：137208。

〔註492〕臺灣中央研究院館藏清代宮中檔奏摺及軍機處檔摺件，檔號：137203。

〔註493〕臺灣中央研究院館藏清代宮中檔奏摺及軍機處檔摺件，檔號：137207。

〔註494〕臺灣中央研究院館藏清代宮中檔奏摺及軍機處檔摺件，檔號：137204、137205、137206。

〔註495〕（清）劉坤一：《劉坤一遺集》（第5冊），中國科學院歷史研究所第三所工具書組校點，北京：中華書局，1959年，第2188～2189頁。

《奏陳校閱營伍事竣回省日期摺》：「於二月二十五日出省，先閱福山、狼山兩鎮標練兵各營，次至常州閱城守營，並調閱孟河、江陰經制三營，次至鎮江閱城守營並閱駐鎮之督標新兵前營、新湘五營，次至瓜州閱鎮標中營、長江水師三營，溯流上駛至江寧閱城守左右兩營、督標中左兩營，又新兵中左右後四營、護軍中前右三營、親軍五營，又副前副中兩營、衡字五營，並閱金陵營水操及鍾山幕府山炮臺，渡江至揚州閱城守鹽捕兩營，並調閱瓜州、青山、奇兵、三江、泰州、泰興等六營、南字中左右三營，進泊清江閱漕標中左右三營並漕標城守及鹽城、海州、東海三營、淮揚鎮標中左右三營、新兵中營，並鎮標城守及宿遷、廟灣、佃湖、洪湖五營，以上皆係水路，惟徐州各營向係調至清江校閱，臣以徐方民氣悍勁，現多伏莽，調營非特繁費，尤恐地方空虛，臣不敢稍憚勞瘁，隨即輕裝登陸，星馳抵徐，閱徐州鎮標中城蕭三營、新兵左右兩營，往返旬餘，仍從袁浦乘舟出江，順閱象山、圖山、江陰等處炮臺，又在江陰閱南琛、開濟、鏡清、保民各兵輪、寰泰練船，並辰宿列張四號魚雷、合字五營，旋赴吳淞閱福山鎮標、吳淞川沙兩營、水師左營、提標南匯營、狼山鎮標掘港營、內洋右營、通州營、蘇松鎮內洋右營、海門營、外海中左兩營、陸防中營、盛字五營、水雷小隊一哨，並吳淞獅子林、南石塘各炮臺及新練之自強軍，折往松江閱提標城守營、中左前後四營、新兵中副兩營，並調閱金山、柘林、青村等營，歸過澱山湖，閱提標右營、太湖水師左右兩營、裏河水師蘇南蘇北兩營。三月十二日回蘇，即閱撫標水師中營及飛劃營。」〔註496〕

二月初四日，《劉坤一、趙舒翹等奏摺硃批清單》〔註497〕。

二月初九日，有《奏爲恭報江蘇省海運冬漕糧米頭批放洋日期》〔註498〕專摺。

二月十七日，《趙舒翹等奏摺硃批清單》〔註499〕。

二月十九日，有《諮呈蘇州埠界原圖並錄往來照會章程》〔註500〕。

〔註496〕《愼齋文集》卷2。

〔註497〕臺灣中央研究院館藏清代宮中檔奏摺及軍機處檔摺件，檔號：408016312。

〔註498〕中國第一歷史檔案館編：《光緒朝朱批奏摺・第七○輯・財政》，北京：中華書局，1996年，第889頁；亦藏於臺灣中央研究院館藏清代宮中檔奏摺及軍機處檔摺件，檔號：137388。

〔註499〕臺灣中央研究院館藏清代宮中檔奏摺及軍機處檔摺件，檔號：408016338。

〔註500〕臺灣中央研究院近代史研究所檔案館館藏檔案，外交部門，檔號：01-18-073-01-035。

二月二十四日，有《奏爲查閱營伍起程日期由》、《奏爲華亭縣知縣葛培義調署江陰縣知縣由（此係附片）》、《奏報二十三年正月分雨雪糧價由（附清單一件）》〔註501〕。

二月二十七日，《趙舒翹等奏擬批呈進》〔註502〕。

三月初三日，有《蘇州關埠通商照寧波章程由中國設立巡捕以收管理之權由》〔註503〕、《蘇州關埠通商照寧波章程由中國設立巡捕以收管理》〔註504〕。

三月十二日，劉坤一有《致趙舒翹》〔註505〕。

三月十七日，《趙舒翹奏海運漕糧全數放洋日期摺等奏摺硃批清單》〔註506〕。

三月十九日，有《奏爲恭報江蘇省海運漕糧全數兌竣放洋日期》〔註507〕專摺、《奏爲提撥光緒二十三年丁酉正科文開鄉試經費以供支用》〔註508〕、《奏爲恭報江蘇省光緒二十三年二月分晴雨糧價情形》〔註509〕奏摺。

三月二十二日，有《義民租界置地飭地方官查覆由》〔註510〕、《義民租界置地飭地方官查覆由》〔註511〕。

三月二十六日，有《奏爲蘇州開關三個月一結期滿徵收華洋稅銀數目繕

〔註501〕臺灣中央研究院館藏清代宮中檔奏摺及軍機處檔摺件，檔號：137900、137901、137902。
〔註502〕臺灣中央研究院館藏清代宮中檔奏摺及軍機處檔摺件，檔號：137393。
〔註503〕臺灣中央研究院近代史研究所檔案館館藏檔案，外交部門，檔號：01-18-034-03-001。
〔註504〕臺灣中央研究院近代史研究所檔案館館藏檔案，外交部門，檔號：01-18-073-01-036。
〔註505〕（清）劉坤一：《劉坤一遺集》（第5冊），中國科學院歷史研究所第三所工具書組校點，北京：中華書局，1959年，第2191頁。
〔註506〕臺灣中央研究院館藏清代宮中檔奏摺及軍機處檔摺件，檔號：408016836。
〔註507〕中國第一歷史檔案館編：《光緒朝朱批奏摺‧第七〇輯‧財政》，北京：中華書局，1996年，第907頁。
〔註508〕中國第一歷史檔案館編：《光緒朝朱批奏摺‧第八九輯‧財政》，北京：中華書局，1996年，第758頁。
〔註509〕中國第一歷史檔案館編：《光緒朝朱批奏摺‧第九六輯‧農業》，北京：中華書局，1996年，第155頁。
〔註510〕臺灣中央研究院近代史研究所檔案館館藏檔案，外交部門，檔號：01-18-087-03-003。
〔註511〕臺灣中央研究院近代史研究所檔案館館藏檔案，外交部門，檔號：01-18-087-05-012。

具清單》〔註 512〕、《奏爲蘇州新關月用經費酌擬數目》〔註 513〕、《奏報校閱營事竣請將游擊石清華等分別革懲》、《奏報蘇州關第一結期滿徵收華洋稅數見138813號》、《奏報以錢志澄暫代蘇州關監督》、《奏報以趙以煥調署武進令》、《奏報試用道杜俞期滿甄別情形》〔註 514〕。

三月二十八日，有《所有蘇埠通商章程》〔註 515〕。

三月二十九日，有《奏報二月分雨水糧價情形（附清單）》、《奏報籌解固本京餉銀兩》、《奏報籌解京餉》、《奏爲京口八旗官俸兵米由丹徒縣經徵糧撥給不敷數由南糧款內放給折色銀兩》、《奏報本年上忙錢糧應仍照案每兩折收錢二千文》、《奏報提撥丁酉正科文闈鄉試經費以供支用》、《趙舒翹等奏摺硃批清單》〔註 516〕。

是月有《奏報江蘇省海運漕糧全數放洋日期》、《趙舒翹等奏錄由及硃批》〔註 517〕。

四月初五日，劉坤一有《覆趙展如》〔註 518〕。

四月十五日，《劉坤一、趙舒翹等奏摺硃批清單》〔註 519〕。

四月十七日，《趙舒翹奏蘇州新關月用經費酌擬數目等奏摺硃批清單》〔註 520〕。

四月二十八日，有《奏爲查明江北漕糧出力各員援案懇恩分別給獎》〔註 521〕、《奏爲查明江寧、蘇州兩屬光緒二十二年下忙地丁等款已未完銀數》

〔註 512〕中國第一歷史檔案館編：《光緒朝朱批奏摺・第七三輯・財政》，北京：中華書局，1996 年，第 539 頁。

〔註 513〕中國第一歷史檔案館編：《光緒朝朱批奏摺・第七三輯・財政》，北京：中華書局，1996 年，第 540 頁；亦藏於臺灣中央研究院館藏清代宮中檔奏摺及軍機處檔摺件，檔號：138809。

〔註 514〕臺灣中央研究院館藏清代宮中檔奏摺及軍機處檔摺件，檔號：138807、138808、138810、138811、138812。

〔註 515〕臺灣中央研究院近代史研究所檔案館館藏檔案，外交部門，檔號：01-18-073-01-039。

〔註 516〕臺灣中央研究院館藏清代宮中檔奏摺及軍機處檔摺件，檔號：138818、138819、138820、138821、138822、138823、408016367。

〔註 517〕臺灣中央研究院館藏清代宮中檔奏摺及軍機處檔摺件，檔號：138301、138313。

〔註 518〕（清）劉坤一：《劉坤一遺集》（第 5 冊），中國科學院歷史研究所第三所工具書組校點，北京：中華書局，1959 年，第 2193 頁。

〔註 519〕臺灣中央研究院館藏清代宮中檔奏摺及軍機處檔摺件，檔號：408015768。

〔註 520〕臺灣中央研究院館藏清代宮中檔奏摺及軍機處檔摺件，檔號：408016453。

〔註 521〕中國第一歷史檔案館編：《光緒朝朱批奏摺・第七〇輯・財政》，北京：中華書局，1996 年，第 905 頁。

〔註 522〕、《奏爲鎮江關第一百四十六結期內徵收華洋稅鈔及支解數目繕具清單》〔註 523〕、《奏爲鎮江關第一百四十六結期內徵收洋藥稅釐銀兩並開支數目繕具清單》〔註 524〕、《奏爲恭報江蘇省光緒二十三年三月分晴雨糧價情形》〔註 525〕、《奏爲江寧蘇州兩屬二十二年分下忙地丁等款已未完銀數由》〔註 526〕。

是月有《趙舒翹等奏擬批呈進》〔註 527〕、《奏爲新選陽湖縣知縣高承惠初登仕版諸未諳練現經留省派委蘇州府讞局隨同幫審案件等由（此係附片）》、《奏爲沙船金和順裝運新陽縣漕糧遭風貨物俱失請照章豁免以示體恤由（此係附片）》〔註 528〕。

五月初九日，《趙舒翹等奏摺硃批清單》〔註 529〕。

五月十六日，《劉坤一、趙舒翹等奏摺硃批清單》〔註 530〕。

五月十七日，《劉坤一、趙舒翹等奏摺硃批清單》〔註 531〕。

五月十八日，有《奏爲裁整撫標練軍餉項俾與通省一律以成勁旅》〔註 532〕、《奏爲恭報江蘇省光緒二十三年四月分晴雨糧價情形》〔註 533〕奏摺。

〔註 522〕中國第一歷史檔案館編：《光緒朝朱批奏摺‧第六七輯‧財政》，北京：中華書局，1996 年，第 827 頁。

〔註 523〕中國第一歷史檔案館編：《光緒朝朱批奏摺‧第七三輯‧財政》，北京：中華書局，1996 年，第 545 頁；亦載於臺灣中央研究院館藏清代宮中檔奏摺及軍機處檔摺件，檔號：139324。

〔註 524〕中國第一歷史檔案館編：《光緒朝朱批奏摺‧第七三輯‧財政》，北京：中華書局，1996 年，第 544 頁；亦載於臺灣中央研究院館藏清代宮中檔奏摺及軍機處檔摺件，檔號：139325。

〔註 525〕中國第一歷史檔案館編：《光緒朝朱批奏摺‧第九六輯‧農業》，第 171 頁；亦載於臺灣中央研究院館藏清代宮中檔奏摺及軍機處檔摺件，檔號：139326。

〔註 526〕臺灣中央研究院館藏清代宮中檔奏摺及軍機處檔摺件，檔號：139327。

〔註 527〕臺灣中央研究院館藏清代宮中檔奏摺及軍機處檔摺件，檔號：138815。

〔註 528〕臺灣中央研究院館藏清代宮中檔奏摺及軍機處檔摺件，檔號：139329、139330。

〔註 529〕臺灣中央研究院館藏清代宮中檔奏摺及軍機處檔摺件，檔號：408015638。

〔註 530〕臺灣中央研究院館藏清代宮中檔奏摺及軍機處檔摺件，檔號：408016506。

〔註 531〕臺灣中央研究院館藏清代宮中檔奏摺及軍機處檔摺件，檔號：408016508。

〔註 532〕中國第一歷史檔案館編：《光緒朝朱批奏摺‧第三四輯‧軍務》，北京：中華書局，1996 年，第 549 頁；亦載於臺灣中央研究院館藏清代宮中檔奏摺及軍機處檔摺件，檔號：139658。

〔註 533〕中國第一歷史檔案館編：《光緒朝朱批奏摺‧第九六輯‧農業》，北京：中華書局，1996 年，第 179 頁；亦載於臺灣中央研究院館藏清代宮中檔奏摺及軍機處檔摺件，檔號：139662。

　　五月三十日，有《赴法賽會需費六萬兩已由應解防費內動支轉解總稅司查收由》〔註534〕。

　　是月有《奏爲元和縣已故監生盛兆霖捐田助族人士子應試請准建坊旌表》、《奏報預撥光緒二十三年分東北邊防經費銀兩交商撥付》、《奏以候補知縣汪懋琨爲官清正請留於江蘇補用》〔註535〕。

　　六月一日，有《法京衙奇會公費前飭滬道在使費項下照據何以仍在四成洋稅項下動支希飭該道明白聲覆由》〔註536〕。

　　六月十七日，《趙舒翹等奏摺硃批清單》〔註537〕。

　　六月十八日，有《奏爲查明蘇州等屬光緒二十二年釐徵二十一年分釐課奏銷案內未完一分以上經徵各縣職名銀數》〔註538〕、《奏爲恭報江蘇省光緒二十三年分匯計二參約收支分數》〔註539〕、《奏報五月分雨水糧價由（附糧價清單一件）》、《奏爲試用知縣孫壽彝請改就教職由（此係附片）》、《奏爲籌解二十三年分開辦東北兩路邊防經費銀兩由（此係附片）》、《奏爲續陳蘇省鹽捕積弊暨實力整頓情形由》、《劉坤一、趙舒翹等奏摺硃批清單》〔註540〕。

　　六月二十五日，劉坤一有《覆趙展如》〔註541〕。

　　六月二十八日，有詩《五十生日》：「碌碌秦中一腐儒，偶然三載宦姑蘇；未能事事通民隱，徒使星星上我須；半百光陰催隙影，大千世界變棋圖；知非願學蘧夫子，遙望修途繩勉趨」。〔註542〕

〔註534〕臺灣中央研究院近代史研究所檔案館館藏檔案，外交部門，檔號：01-27-012-02-023。

〔註535〕臺灣中央研究院館藏清代宮中檔奏摺及軍機處檔摺件，檔號：139659、139660、139661。

〔註536〕臺灣中央研究院近代史研究所檔案館館藏檔案，外交部門，檔號：01-27-012-02-024。

〔註537〕臺灣中央研究院館藏清代宮中檔奏摺及軍機處檔摺件，檔號：408015889。

〔註538〕中國第一歷史檔案館編：《光緒朝朱批奏摺‧第七五輯‧財政》，北京：中華書局，1996年，第890頁；亦載於臺灣中央研究院館藏清代宮中檔奏摺及軍機處檔摺件，檔號：140376。

〔註539〕中國第一歷史檔案館編：《光緒朝朱批奏摺‧第九三輯‧農業》，北京：中華書局，1996年，第173頁；亦載於臺灣中央研究院館藏清代宮中檔奏摺及軍機處檔摺件，檔號：140378。

〔註540〕臺灣中央研究院館藏清代宮中檔奏摺及軍機處檔摺件，檔號：140375、140377、140379、140380、408015890。

〔註541〕（清）劉坤一：《劉坤一遺集》（第5冊），中國科學院歷史研究所第三所工具書組校點，北京：中華書局，1959年，第2197～2198頁。

〔註542〕《慎齋別集》卷4。

是月，收《本日都察院奏編修支恒榮等請將江蘇丹徒縣丁漕酌量裁減據情代奏摺奉寄信諭旨著劉坤一、趙舒翹查明辦理》〔註543〕。

七月給事中龐鴻書等誤奏太湖梟匪充斥。初蘇省梟匪皆安徽合肥、廬江二縣人，名曰巢湖幫，向來鹽捕五營船勇，巢湖幫十居八九，其營官亦必安徽人方能統帶。其梟匪狡悍者皆以收徒拒捕，爭埠開賭，尋仇械鬥，為事故播魁傑之名，冀官收用為所欲為，而地方陰受其害。先生到任後務獲嚴懲，不用通梟統帶，亦不招梟匪為營弁，惟期兵與賊分，以破蘇省鹽捕多年積習。有《審辦巨匪請獎出力員弁摺》、《報出省查閱營伍摺》、《奏陳校閱營伍事竣回省摺》、《裁整撫標練軍餉項摺》、《縷陳蘇省監捕積弊實力整頓情形摺》、《縷陳整頓太湖水師情形摺》、《陳明飭查黃渡營並無被搶情形摺》〔註544〕等。

七月初七日，補授刑部左侍郎，有《補授刑部左侍郎謝恩摺》〔註545〕。

《慎齋年譜》：「故里大原村三官廟，先生幼讀書處，毀於寇，輸千金復之。」

七月初八日，有《據滬道申覆赴法賽會用款原在四成洋稅動支現已改由使費項下開支由》〔註546〕。

七月十二日，有《英商開行棧由》〔註547〕。

七月十八日，《趙舒翹等奏摺硃批清單》〔註548〕。

七月二十日，有《奏為江海關一百三十八結期內加徵洋藥釐捐收支各款銀數開具清單》〔註549〕、《奏為江蘇省光緒二十二年分奏銷案內查明各年已未完舊賦錢糧比較上三年完欠分數》〔註550〕、《奏為江海關第一百三十八結期內

〔註543〕臺灣中央研究院館藏清代宮中檔奏摺及軍機處檔摺件，檔號：140508。

〔註544〕上述七份奏摺均出自《慎齋文集》卷2。

〔註545〕上述七份奏摺均出自《慎齋文集》卷2。

〔註546〕臺灣中央研究院近代史研究所檔案館館藏檔案，外交部門，檔號：01-27-012-02-030。

〔註547〕臺灣中央研究院近代史研究所檔案館館藏檔案，外交部門，檔號：01-31-006-05-017。

〔註548〕臺灣中央研究院館藏清代宮中檔奏摺及軍機處檔摺件，檔號：408015374。

〔註549〕中國第一歷史檔案館編：《光緒朝朱批奏摺‧第七三輯‧財政》，北京：中華書局，1996年，第578頁；載於臺灣中央研究院館藏清代宮中檔奏摺及軍機處檔摺件，檔號：141136。

〔註550〕中國第一歷史檔案館編：《光緒朝朱批奏摺‧第六七輯‧財政》，北京：中華書局，1996年，第847頁；亦載於臺灣中央研究院館藏清代宮中檔奏摺及軍機處檔摺件，檔號：141137。

徵收華洋船鈔等銀數目》〔註551〕、《奏爲江海關第一百三十八結期內徵收華洋
各稅及支解數目暨查明免單總數抵押餉需》〔註552〕、《奏爲屢陳近年整頓太湖
水師情形》〔註553〕、《奏爲查明江寧等屬光緒二十二年分地丁等項奏銷案內未
完一分以上各府州縣衙恭摺開單》〔註554〕、《奏爲松滬釐局收支二十二年下半
年收支釐金數目由（附清單二件）》〔註555〕。

七月二十二日，有《奏爲恭報江蘇省光緒二十三年六月分晴雨糧價情形》
〔註556〕、《奏爲查明太湖水師情形》、《奏爲江海關第一百三十八結徵收各稅由
（附清單一件）》、《奏爲江海關第一百三十八結期內徵收華洋船鈔由》、《奏爲
道員張雲望請重宴鹿鳴由》〔註557〕。

七月二十三日，有《奏報六月分雨水糧價由（附糧價清單一件）》〔註558〕。

七月二十四日，有《奏爲恭謝天恩補授刑部左侍郎》〔註559〕奏摺。

「七月二十九日薄晩。今年蘇撫趙展如（名舒翹）大閱，檄調會操，至
不能應。狼福、蘇、松三鎮巡洋大兵輪如登瀛洲之類，以存人過少，遇海盜
無人追逐，皆不敢隨巡。」〔註560〕

是月有《奏報自蘇起程前赴江寧辦理監臨事務日期由》、《奏爲江蘇省兩
藩司屬經徵地丁等項奏銷銀兩請准展限兩月由》、《奏爲查覆黃渡防營從未被

〔註551〕 中國第一歷史檔案館編：《光緒朝朱批奏摺・第七三輯・財政》，北京：中華
書局，1996 年，第 580 頁。
〔註552〕 中國第一歷史檔案館編：《光緒朝朱批奏摺・第七三輯・財政》，北京：中華
書局，1996 年，第 581 頁。
〔註553〕 中國第一歷史檔案館編：《光緒朝朱批奏摺・第七三輯・財政》，北京：中華
書局，1996 年，第 581 頁。
〔註554〕 中國第一歷史檔案館編：《光緒朝朱批奏摺・第六七輯・財政》，北京：中華
書局，1996 年，第 848 頁；亦載於臺灣中央研究院館藏清代宮中檔奏摺及軍
機處檔摺件，檔號：141135。
〔註555〕 臺灣中央研究院館藏清代宮中檔奏摺及軍機處檔摺件，檔號：141138。
〔註556〕 中國第一歷史檔案館編：《光緒朝朱批奏摺・第九六輯・農業》，第 207 頁。
〔註557〕 臺灣中央研究院館藏清代宮中檔奏摺及軍機處檔摺件，檔號：141150、
141154、141155、141156。
〔註558〕 臺灣中央研究院館藏清代宮中檔奏摺及軍機處檔摺件，檔號：141153。
〔註559〕 中國第一歷史檔案館編：《光緒朝朱批奏摺・第一二輯・內政》，北京：中華
書局，1996 年，第 523 頁；亦載於臺灣中央研究院館藏清代宮中檔奏摺及軍
機處檔摺件，檔號：141139。
〔註560〕 中國社會科學院近代史研究所近代史資料編輯組：《近代史資料・總 76 號》，
北京：中國社會科學出版社，1989 年，第 201 頁。

匪劫搶點驗營存軍火悉與冊報數目相符由》〔註561〕。

八月十一日，有《總巡捕錢爾德抗不卸差請飭總稅司轉飭交卸由》〔註562〕。

八月十三日，《劉坤一、趙舒翹等奏摺硃批清單》〔註563〕。

八月十六日，《趙舒翹等奏摺硃批清單》〔註564〕。

八月二十日，有《總稅司申稱已電蘇關稅司轉飭錢爾德於本月底交卸應即派員接辦由》〔註565〕。

八月二十三日，有《錢爾德業經裁撤擬另僱方正洋捕管理各國租界捕房請核覆由》〔註566〕。

八月二十八日，有《各國租界另僱方正洋巡捕管理由》〔註567〕。

《愼齋年譜》：「九月入都蒞侍郎任。」

《咸寧長安兩縣通志》：「除刑部左侍郎。舒翹精熟律例，博習舊典，凡釐定例案，解析疑難，多其撰擬，皆見施行。而引經史以斷獄者二事尤爲卓絕。其《議命案婦女離異》，略曰：「潘汰之父被杜氏之父毆死，則杜氏乃仇人之女，潘廣祿之死杜氏雖不知情，實由杜氏而起，則杜氏亦潘汰之仇，以仇之女爲妻不可，以仇爲妻更不可。春秋公羊傳曰：『仇讎不交婚姻』。穀梁傳曰：穀梁傳曰：『仇讎之人，非所以接婚姻也。』夫魯忘仇爲齊主婚，《春秋》猶非之，而況自爲妻乎？文姜孫齊，《春秋》削其姜氏，左氏曰：『絕不爲親，禮也。』母尙可絕，又何有於其妻乎？《唐律·戶婚篇》云：『諸凡義絕者離之。』《疏義》謂若夫妻祖父母、父母、外祖父母、伯叔父母、姑姊妹自相殺，皆爲義絕。《唐律》斟酌最善，明言應離，尤屬可則。又考之隋史，煬帝女南陽公主適宇文士及，士及之兄化及行逆，公主爲尼。士及請見，不許，曰：『我與君仇家，今所以不手刃君者，謀逆之日，察君不與知耳。』夫

〔註561〕臺灣中央研究院館藏清代宮中檔奏摺及軍機處檔摺件，檔號：141140、141151、141158。

〔註562〕臺灣中央研究院近代史研究所檔案館館藏檔案，外交部門，檔號：01-18-034-05-007。

〔註563〕臺灣中央研究院館藏清代宮中檔奏摺及軍機處檔摺件，檔號：408016610。

〔註564〕臺灣中央研究院館藏清代宮中檔奏摺及軍機處檔摺件，檔號：408015998。

〔註565〕臺灣中央研究院近代史研究所檔案館館藏檔案，外交部門，檔號：01-18-034-05-010。

〔註566〕臺灣中央研究院近代史研究所檔案館館藏檔案，外交部門，檔號：01-18-034-05-011。

〔註567〕臺灣中央研究院近代史研究所檔案館館藏檔案，外交部門，檔號：01-18-034-05-012。

女子有從夫之義，尙可以仇而絕夫，而謂夫不可以絕妻，其義安在？宋元豐中，壽州民殺妻之父母兄弟數口，州司緣坐其妻。刑曹駁之曰：『毆妻父母，即是義絕，況是謀殺，不當坐其妻。』又莆田民楊訟其子婦不孝，官爲逮問，則婦之父爲人毆死，楊亦與焉。坐獄未竟，遇赦免，婦仍在家攝守。陳振孫謂：『兩下相殺，義絕之大。合勒其婦休離，不離即是違法。斯二案皆義絕之大。邱濬載入《大學衍義補》，其按語謂：『生身之恩，重於伉儷之義。女子受命於父而後有夫，因夫而有舅姑。異姓所以相合者義也，義既絕矣，恩從而亡。』名儒之論，足爲世教。正可與此對觀。然猶異代事也。國朝道光十一年山東兩令約爲婚姻，尙未迎娶，後因事壻父戕女父死，女不忍事仇，自經死，詔旌其孝。當時議者咸謂女即不死，其義已絕，後有此比，宜請斷離。由是推之，則潘汰之不應以杜氏爲妻也明甚。

《議服制圖篇略》曰：「服制根於《禮經》，《儀禮》於爲人後者爲其本宗之服，惟載父母昆弟姊妹，餘皆不見。元儒敖繼公謂：『本服降一等止於此親耳，所以然者，以與己爲一體也。此外皆以所後者之親屬爲服』。《欽定儀禮》不主其說，而謂賈疏本生餘親悉降一等，足補《禮經》之所未備。律是以有『爲人後者於本生親屬服皆降一等』之語，至爲人後者之子孫爲本宗親屬，如何持服，並無明文，即歷代典章亦俱未議及。惟我朝徐乾學纂輯《讀禮通考》引唐杜佑《通典》內數條，始有應爲服制之說。然亦第指本生祖父母而言，其餘旁親並不在內。迨乾隆二十四年，定爲人後者於本生伯叔兄姊以下有犯，均依《律服圖》降一等科罪之例。道光四年，又以《禮部則例》及《刑律》內所載爲人後者本生親屬服制闕略不全，經廷臣議奏，凡《會典》未載入悉照降一等之文，遂條增補，而於爲人後者之子孫應否爲本生親屬持服，亦均無一語敍及。豈眞見不及此耶？竊以爲古人立後，多取親支，此情理之常也。故所後之服與其父所降之服，尙不致互相參差。後世立後，兼取遠族，此情理之變也。故所後之服與其父所降之服，或致大相懸絕。至最親者莫如祖父母，爲人後者有本生父，故稱情推及於所生，爲人後之子孫，並無所謂本生父。故據禮難同於上殺，祖父母且然，況降於祖父母者乎？古人不立此等服制而以所後宗支爲斷，其以此歟！先王制禮無太過也，無不及也，亦惟酌乎人情天理之中而已。若受人之重，已間世矣，復欲厚服其私親，則嫌於二祖矣。議禮者所不敢出此也，其宏通精審如此。」〔註568〕

〔註568〕（民國）宋聯奎等修：《咸寧長安兩縣續志》卷15《趙舒翹傳》，民國二十五年（1936年）鉛印本。

九月初六日，有《奏報交卸撫篆》、《奏報七月分雨水糧價事（附清單一件）》〔註569〕。

是月某日，趙舒翹外出，由胥門擺渡南行，遇青浦民眾表恩圍追，後至盤門外吳門橋下，千百民眾將其舟船攔住，焚香叩拜，流淚話別。在綠柳扶疏的千年盤門外，上演了一場數百年未遇的感人場景，成爲蘇州城裏流傳的一段佳話。此事當時即由何元俊繪出，題曰《攀留佳話》，作爲《點石齋畫報》的一幀刊印，在江南一帶廣爲流播。畫面上端有題文曰：「蘇撫趙展如大中丞之去任也，各府縣士民攀留節駕，及製送聯額牌傘之人，中丞一概辭謝不收，惟江震兩縣士民一千五六百人，強將四傘插置大堂，並釘額一方，不顧而去。初六日巳刻，中丞由胥門解纜而南過，有青浦縣士民船十餘艘，儀額兩方，一曰：國人皆曰賢五字；一曰：恩盛並濟四字。方自密渡橋下轉舵而西，忽聞中丞船將東來，急急飛棹至盤門外，吳門橋下將中丞座船迎頭攔住，大喊：大人休去！青浦縣士民攀留並各各上船叩頭不起，中丞聞之惻然，急忙出見還叩，撫慰再三，竟至彼此下淚，旋又迎至艙中略坐道歉，許將兩匾送懸撫署大堂，遂送各人過船，依依告別而淚痕猶滿。類也，嗚呼！長孫樹德空傳樓上之名，殊子辭官爭墮碑前之淚，去思如此，誠晚近以來絕無僅有者。」〔註570〕

九月三十日，《諮隆宗門外方略館漢軍機處爲將本部未經賞在紫禁城騎馬之漢左侍郎趙舒翹現五十歲相應補送貴處查照由》〔註571〕。

是月有《奏請以程慶明以繁缺知縣留省序補（摺片）》、《奏報飭令蘇州關監督陸元鼎回本任（摺片）》〔註572〕。

《翁同龢日記》：「十月初一日，趙展如中丞來長談。」〔註573〕

十月二十三日，《趙舒翹等奏摺硃批清單》〔註574〕。

十一月初七日，《趙舒翹等奏摺硃批清單》〔註575〕。

〔註569〕臺灣中央研究院館藏清代宮中檔奏摺及軍機處檔摺件，檔號：141751、141754。
〔註570〕參見俞小紅編著：《晚清官場百態》，南京：江蘇人民出版社，2005年，第62～63頁。
〔註571〕臺灣中央研究院館藏清代宮中檔奏摺及軍機處檔摺件，檔號：142878。
〔註572〕臺灣中央研究院館藏清代宮中檔奏摺及軍機處檔摺件，檔號：141752、141753。
〔註573〕（清）翁同龢：《翁同龢日記》第6冊，陳義傑整理，北京：中華書局，2006年，第3049頁。
〔註574〕臺灣中央研究院館藏清代宮中檔奏摺及軍機處檔摺件，檔號：408015549。
〔註575〕臺灣中央研究院館藏清代宮中檔奏摺及軍機處檔摺件，檔號：408015577。

十二月初三日，《劉坤一、趙舒翹等奏摺硃批清單》〔註 576〕。

十二月初九日，《劉坤一、趙舒翹等江淮等奏摺硃批清單》〔註 577〕。

十二月十六日，《劉坤一、趙舒翹等奏摺硃批清單》〔註 578〕。

《慎齋年譜》：「是歲有徐州閱兵歸途書懷詩、簡汪柳門、師答俞曲園、關中望月諸詩，又有五十生日詩。」

李伯元《南亭四話》：「趙舒翹《五十自壽》詩，有「大千世界若棋圖」一句。某尚書爲誦其結聯云：「知非敢效蘧夫子，景仰前修黽勉趨。」與「大千世界」一句，的是一鼻孔出氣者。」〔註 579〕

是年有詩《徐州閱兵歸途書懷》：「時危愧負聖恩多，來視徐方校武過；路人桃源春欲暮（桃源縣柳堤甚長，夾岸農家多種桃樹）晴開柳岸氣新和；（陰雨連月，新晴氣象頗佳）但教徒禦毫無犯，敢道甲兵胸已羅；擊楫中流人意轉，彼蒼肯使海揚波。」〔註 580〕

《簡汪柳門》：「吾人所患學求多，萬事都從倦眼過；吟詠詎堪消歲月，工夫難得政中和；斑窺交豹猶藏霧，儀卷冥鴻不受羅；惟有兜鍪堅是訣，耳邊自少說風波。」〔註 581〕

《用前韻答俞曲園》：「曲園儒叟著書多，從政餘間數往過；歸詠方邀春與點，連章何幸璧來和；自慙居處思荒徑，更羨精神出世羅；猶憶西湖相訪日，柳堤迤邐溯清波（俞樓在西湖，官浙時常過訪出清波門）。」〔註 582〕

是時晚清大儒俞樾有《與趙展如中丞》，當與此詩相賀應。《與趙展如中丞》：「前日趨賀，次日即承臨況，而皆未得見，迄今又閱兩旬。溯自西湖一別，則已在十旬之外。此三月中，金殿對揚，玉音問答，敷宣德意，宏濟時艱，想視在浙時又自有一番舉措也。惟聞新抱西河之痛，此則不必介懷。以公之地位，但能造福蒼生，則商瞿五十歲後有五丈夫子，可爲公操卷耳。弟近狀如恒，惟爲時事所迫，輒有不能已於言者，偶成《迂議》一篇，敢以陳

〔註 576〕臺灣中央研究院館藏清代宮中檔奏摺及軍機處檔摺件，檔號：408016200。
〔註 577〕臺灣中央研究院館藏清代宮中檔奏摺及軍機處檔摺件，檔號：408016212。
〔註 578〕臺灣中央研究院館藏清代宮中檔奏摺及軍機處檔摺件，檔號：408016227。
〔註 579〕（清）李伯元著、薛正興校點：《南亭四話》，南京：江蘇古籍出版社，2000年，第 206 頁。
〔註 580〕《慎齋別集》卷 4。
〔註 581〕《慎齋別集》卷 4。
〔註 582〕《慎齋別集》卷 4。

之左右。公覽之，得無笑其滿肚皮不合時宜乎！」〔註583〕

《汪柳門師賜和疊前韻答之》：「昔在京華請益多，何欣吾下得過從；卅年舊學傳薪久，一酌春風入座和；皎潔臣心猶似水，升沉門外任張羅；間成妙詠情移我，琴操如聞海上波。」〔註584〕

《關中口占》：「大局艱危歎乏才，今茲鎖院又宏開；早知冰鑒相輝吁，尤望英姿起草萊；尙節自教科目重，濟時誰距異端來；風簷廿五年前事，慚負光陰冉冉催。」〔註585〕

《題李藝淵觀察白水村居》：「誦完白水洞中詩，始信桃源不我欺；衡麓湘限多福地，何須度隴訪仇池。」〔註586〕

《其二》：「避得干戈不計年，山環水曲有桑田；逍遙別是人間世，眞箇君家號謫仙。」〔註587〕

《關中望月》：「霓裳同詠大羅天，萬景秋澄記昔年；（癸酉鄉試題係秋澄萬景清）牛渚乘舟輸樂事，蟾宮織榜證前緣；樓臨明遠文光滿，府現清虛靈境圓；自笑苦吟餘結習，若忘月已照華顚。」〔註588〕

有文《〈時藝論〉序》：「制義雖小道，而不究理法所以，然則有終身由之而不知者，吾鄉路閏生先生，憫士子之不曉門徑，於所著《仁在堂時藝錄》各種批語，苦口婆心，講理購法，而歸本於善讀書，窮鄉僻壤得此循而學之，雖無師承，亦不至誤入迷途。余十二三歲時，從族祖贊五夫子學作文，即以仁在堂家法口授，蓋贊五夫子受業於李兆林先生焌，而兆林先生乃路門高第子也。故余雖甫成童，而遭亂離，學文日淺，尙未差謬者實賴仁在堂批語先入爲主耳。今讀德興年伯先生所集《仁在堂時藝錄》，分門別類，更便初學乃作文之寶筏也。先生存心篤學如此，宜其哲嗣華樓，同年昆仲聯翩蔚起，茲華樓大令欲刻印以公同好，育才錫類兩得之矣，余故樂爲之敘。」〔註589〕

〔註583〕（清）俞樾：《春在堂尺牘》卷七，本文參考（清）俞樾著、張燕嬰整理：《俞樾函箚輯證》，南京：鳳凰出版社，2014年，第638頁。
〔註584〕《愼齋別集》卷4。
〔註585〕《愼齋別集》卷4。
〔註586〕《愼齋別集》卷4。
〔註587〕《愼齋別集》卷4。
〔註588〕《愼齋別集》卷4。
〔註589〕《愼齋別集》卷1。

有公文書信《與同年陸鳳石修撰》、《上薛雲階大司寇》、《與劉峴莊》三份，、《與河督任》、《答徐季和》兩份〔註590〕等。

1898 年，光緒二十四年戊戌，五十一歲。

《愼齋年譜》：「正月二十五日題李雪木先生柏《淡園亦山園記墨蹟》，卷子有和俞曲園戊戌元旦試筆詩。」

《跋李雪木先生淡園記亦山園記墨蹟卷》：「雪木先生當明季草莽，孤憤無所發抒，遂放浪山水間，其志亦大可悲矣。後人見其行文雲譎波詭，以爲逍遙人間世耳，而詎知與屈大夫《九歌》同其悽愴耶。《眉縣志》謂先生任情放誕，豈非癡人說夢，誦詩讀書必知人論世子輿民所以識高千古歟，予觀先生墨蹟，不禁歎息久之。戊戌初春，長安後學趙舒翹敬題」。〔註591〕，

有詩《和俞曲園戊戌元旦試筆》：「槃澗碩人矢弗過，難禁獨寐發悲歌；近郊忽被添多壘，新政翻聞立特科；王道中天知己矣，此生樂地在無何；歲寒期守如瓶戒，今誦君詩識節和」。〔註592〕。

三月以刑部左侍郎兼署禮部左侍郎，有《兼署禮部左侍郎謝恩摺》〔註593〕。

閏三月初五日，劉坤一有《覆趙展如》〔註594〕。

《愼齋年譜》：「四月二十八日子璧城生，側室高氏出。」

六月二十日，劉坤一有《覆趙展如》〔註595〕。

《愼齋年譜》：「六月二十五日次子璧垣生，側室卜氏出。」

《愼齋年譜》：「八月欽派會同王文韶督辦鐵路礦物總局，旋補刑部尚書。」有《派辦礦務鐵路總局謝恩摺》、《補授刑部尚書謝恩摺》〔註596〕。

九月十三日，拘捕「戊戌六君子」，即譚嗣同、康廣仁、林旭、楊深秀、楊銳、劉光第。「太后命軍機大臣會同刑部、都察院嚴行審訊，隨召見刑部尚書趙舒翹，命嚴宛其事，舒翹曰：『此輩無父無君之禽獸，殺無赦，何問爲？

〔註590〕上述八份公文、書信均出於《愼齋文集》卷10。

〔註591〕《愼齋別集》卷1。

〔註592〕《愼齋別集》卷4。

〔註593〕上述奏摺出自《愼齋文集》卷2。

〔註594〕（清）劉坤一：《劉坤一遺集》（第5冊），中國科學院歷史研究所第三所工具書組校點，北京：中華書局，1959年，第2222～2223頁。

〔註595〕（清）劉坤一：《劉坤一遺集》（第5冊），中國科學院歷史研究所第三所工具書組校點，北京：中華書局，1959年，第2228～2229頁。

〔註596〕《愼齋文集》卷2。

若稽時日，恐有中變，蓋懼外人交涉也。』太后頷之」。〔註597〕

《愼齋年譜》：「十一月上諭著在總理各國事務衙門行走，奏請鐵路礦物歸總理衙門兼辦。」有《著在總理各國事務衙門行走謝恩摺》、《鐵路礦務請歸總理事務衙門兼辦摺》〔註598〕。

十二月一日，有《劉慶汾函言蘇埠日商滋事由》〔註599〕。

是年作詩《東壽田》：「豈謂他山石，偏諧麗澤占；愈磨光愈出，堅忍學三緘。」〔註600〕。

1899 年，光緒二十五年己亥，五十二歲。

八月，命在總理各國事務衙門行走。

十月，賜紫禁城騎馬。

《愼齋年譜》：」十一月初十日上諭在軍機大臣上學習行走。先生辭不獲命。先生初至京寓居內城西鐵匠巷，所居斗室，書架四周，中僅容身，座右多懸箴銘，每日五更起，秉燭讀書習拜，平明治部，中文稿畢，入署辦事，幾有常程。自入軍機長川僶直，委任益隆。」

有《蠲緩陝西等屬錢糧謝恩摺》〔註601〕。

《愼齋年譜》：「是歲兼管順天府府尹。」

是年年末己亥建儲事件〔註602〕發生，趙舒翹秉承慈禧建儲旨意，有《賀爲毅皇帝立嗣摺》〔註603〕兩份。

1900 年，光緒二十六年庚子，五十三歲。

正月初一日內閣奉上諭：「朕三旬壽辰，內廷行走王大臣有勤勞素著者，允宜特沛恩施……刑部尚書趙舒翹著賞穿戴膆貂褂」，〔註604〕有《賞穿帶膆貂

〔註597〕（民國）黃鴻壽撰：《清史紀事本末》卷66，民國三年（1914年）石印本。
〔註598〕《愼齋文集》卷2。
〔註599〕臺灣中央研究院近代史研究所檔案館館藏檔案，外交部門，檔號：01-16-083-04-004。
〔註600〕《愼齋別集》卷4。
〔註601〕上述奏摺出自《愼齋文集》卷2。
〔註602〕己亥建儲：光緒二十五年（即己亥年，公元1900年1月24日），慈禧太后爲光緒帝確立繼承人的事件。光緒二十四年（1898年）戊戌政變後，慈禧太后企圖廢黜光緒帝。1900年1月24日，遂依榮祿建議，以光緒帝名義頒詔，稱其不能誕育子嗣，立端王載漪子溥儁爲大阿哥。
〔註603〕上述兩份奏摺均出自《愼齋文集》卷2。
〔註604〕中國第一歷史檔案館編：《光緒朝上諭檔》（二六），桂林：廣西師範大學出版社，1996年，第1頁。

褂謝恩摺》〔註605〕。

又諭「刑部尚書崇禮、趙舒翹前得降一級留任處分，加恩均著開復。」〔註606〕

二月，「著裕祿、趙舒翹、何乃瀅查看江海關專禁米糧北運」〔註607〕一事。

《愼齋年譜》：「三月二十四日三子璧合生，側室高氏出。」

四月十六日閱卷，派出徐相崇綺、啓秀、趙舒翹、吳廷芬、徐會灃、阿克丹、李殿林、寶豐、高賡恩、寶禾年以侍講。〔註608〕

「五月初一日，義和拳匪燒毀鐵路電杆，其奸孽養 已成，徒多殺人耳。

「初七日，近日畿輔拳匪蜂起。

「初九日，皇上欠安，浴蘭堂召見，時義和拳與官兵、洋人交鬨。太后憂形於色，命往保定查看，毅然承命，然亦無良法也。

「初十日，辰正起程出城，騎馬行，熱渴殊甚，五里店少歇，待車宿，良鄉隨員楊春峰。（按名枝茂，興平人），何崧生。（按名汝翰，浙人）

「清御前侍衛協戎楊枝茂（字春峰，佐趙展如尚書，赴涿州，察義和拳。）：持戟乾清近禁宮，石渠秘籍漸淹通；短衣袗匃殲酋馘，夷血染來帽頂紅。（春峰，建昌守備，薦升協戎，以禽夷功也。）」〔註609〕

「十一日，寅正起身，尖寶店駐涿州，晚間義和拳首目來，切實開導，似乎悔悟。

「十二日，折回寶店，遇剛中堂奉命而來，店內少談分手，駐長辛店。

「十三日，進城，寓廣濟寺，聞乘輿還宮。

「十四日，覆命，以拳匪無天無法等語實奏。

「十七日，義和拳燒大柵欄，延燒二千七百餘家。

「二十三日，洋人各國水師於昨日佔據大沽炮臺。

「二十四日，連日見九卿，大起宗室主戰者多。

〔註605〕中國第一歷史檔案館編：《光緒朝上諭檔》（二六），桂林：廣西師範大學出版社，1996年，第1頁。

〔註606〕《清實錄》第58冊，北京：中華書局，1987年影印本，第4頁。

〔註607〕《清實錄》第58冊，北京：中華書局，1987年影印本，第14頁。

〔註608〕（清）葉昌熾撰：《緣督廬日記抄》卷8，民國上海蟬隱廬石印本。

〔註609〕政協興平縣文史資料委員會編：《興平文史資料》第10輯《興平近現代人物（1）》，政協興平縣文史資料委員會，1991年，第139頁。

「六月初二日，老母偕家人起程，中夜起與紹文談至曉，進內，從此以家負天，以身負國，戰兢從事，以邀天祐。

「初三日，義和拳同虎神營攻打西什庫教堂，董軍攻打東交民巷使館，均已十餘日矣，槍子飛於殿廷，宮宅多被焚掠，不意輦轂之下生靈塗炭，驟至於此，誰之咎與。

「初六日，義和拳焚殺神機營翼長慶恒家，軍機處監獄槍子屢落。

「初七日，太后有西遷之意，實由以下無可依者，惟倉卒出走，豈易言哉。

「二十五日，近日停攻東交民巷。

「七月初三日，忽奉旨將竹篔（按即許景澄）、埦秋（按即袁昶）正法。

「十三日，昨津軍大敗，退至蔡村，裕祿自盡。

「十六日，太后定西遷議。

「二十日，召見數次，已定暫避之計，晚間，慶王、端王、榮相又阻不行，並派予同夔石、蔭芝往使館講和，是陷人危局，予擬力辭。

「二十一日卯刻，洋兵攻紫禁城甚急，皇太后、皇上倉皇出走，予奔回寓所，草草收拾行李，趕赴行在。

「八月初七日，李鴻章奏請派議和，大臣榮祿奏保定布置，情形摺到。召見二次，端王入軍機。

「二十一日慶王奏到，尚無和議。

「二十五日，李鴻章、張之洞、劉坤一、袁世凱合奏，洋人必欲撤革辦理義和拳之王大臣，余亦在內。

「二十六日，聖意欲照行，慈聖不肯齟齬，兩時許亦異矣哉。

「閏八月初一日，李鴻章電催與統領義和拳王大臣議處，余亦獲譴，端王逐出軍機。

「二十六日仍住潼關，李鴻章電到，皇上大怒，欲辦端王罪，並斥翹為主戰，時事已至此，何須辯，可歎。

「九月二十二日，香濤、峴莊電至，榮相承之，端王等得圈禁罪名，余留革，求退未遂，只好暫忍。

「三十日，慶王、李鴻章來電和款一如各國，上意以為然，並欲加重端邸，可歎。

「十一月二十六日，會少滄，據云：有遷戍予之消息，對家內言之，均淒然。

「二十七日，心稍定，學而得力與否正在此時驗也，勉之。

「二十九日，聞來電可以免戍，聽之。

「三十日，少滄來，云：洋人又反覆，遠行恐不免。（按先生絕筆於此）」〔註610〕

光緒二十六年閏八月初二日內閣奉上諭：」此次中外開釁變出非常，推其致禍之由，實非朝廷本意，皆因諸王大臣等縱庇拳匪，啓釁友邦，以致殆憂」。〔註611〕諸王大臣中刑部尚書趙舒翹初「著交吏部都察院議處，已示懲儆」、「按照官員溺職罪革職私罪例議，以革職。」〔註612〕

之後由於洋人懲凶之意尤甚，「刑部尚書趙舒翹平日尙無疾視外交之意，查辦拳匪亦無縱庇之詞，惟究屬草率殆誤，著加恩革職定爲斬監侯。」〔註613〕

「十月中旬返鄉，專門來家看望鄉里，此時，趙紹西初生，見後說：九爺得了孫子，可喜可賀，快抱來看一看，並叫把八字拿來，看看前途如何，經用易推算後說：長大後跟我一樣，給咱胡鬧吧，好好養著。」〔註614〕

《翁同龢日記》：「十二月十二日，吳穎之編修來，言京城事皆目擊，有茶館人與拳匪有隙，因告莊王，羉送刑部，前後一百餘人，老弱婦女，悉數駢誅，時大大司寇爲趙公也，冤哉。」〔註615〕

十二月二十八日，「張之洞致電劉制臺（坤一）、濟南袁撫臺（世凱），略謂：軍機處來電，此次肇禍諸人，昨已降旨，照全權所請，座賜自盡，端、瀾新疆監禁，毓正法，董緩辦，惟英、趙加恩，定斬監侯，啓、徐先革職，查明實據再重懲，論英、趙情節本輕，乃欲一律論死，實太不情。英僅隨同出違約告示，已有莊當重罪，此外並無縱匪攻使重情。趙查辦拳匪僅去兩日，頗有解散，回奏亦稱拳爲邪術不可恃，更屬冤抑。啓、徐平空添出，自行拘禁，大失國體。前已擅殺廷庸雍，豈可再蹈覆轍。全權於此等處均未能婉切

〔註610〕《庚子日記》，收錄於《慎齋年譜》。

〔註611〕中國第一歷史檔案館編：《庚子事變清宮檔案彙編9・辛丑條約談判》卷1，北京：中國人民大學出版社，2003年，第56頁。

〔註612〕中國第一歷史檔案館編：《庚子事變清宮檔案彙編9・辛丑條約談判》卷1，北京：中國人民大學出版社，2003年，第86頁。

〔註613〕中國第一歷史檔案館編：《庚子事變清宮檔案彙編9・辛丑條約談判》卷1，北京：中國人民大學出版社，2003年，第262頁。

〔註614〕據趙舒翹曾孫趙農追記。

〔註615〕（清）翁同龢：《翁同龢日記》第6冊，陳義傑整理，北京：中華書局，2006年，第3158頁。

剖辯，致使朝廷萬分爲難。貴督等保護東南，爲英、德所信服。此事皆英、德主持，務希迅速詳晰分電各國外部及公使婉商力辯。」〔註616〕

十二月三十日，「張之洞與江寧劉制臺（坤一）聯銜致電上海盛大臣（宣懷）轉英、德、法、美、俄、日京羅、呂、裕、伍、楊、李欽使並轉京全權大臣，爲趙舒翹一人求減。略謂：

趙舒翹一員，似乎所擬罪浮於情。此等重案，關係國家全域，必須核實，方能有所勸誡，眾情自覺允服。望閣下飛速轉達外部，電飭各使與全權大臣切商爲禱。

同日，張之洞致電西安行在軍機處。略謂：鈞電囑爲啓（秀）、徐（承煜）、英（年）、趙（舒翹）四人解圍，恐難挽回。今勉遵鈞指電各國星使轉懇外部解勸，專爲趙一人求減，不知能有濟否。」〔註617〕

是年有《與王仙洲》〔註618〕書信十六份。

1901 年，光緒二十七年辛丑，五十四歲。

《愼齋年譜》：「正月初三日朝旨賜自盡。」

作《絕命詩二首》：「艱危忽作繫囚人，至死難忘一念眞；十載每懷當世事，孤忠何惜老來身。

塞上風霜寒壯士，天涯辛苦老羈臣；眼前富貴原如夢，綠水青山倍愴神。

《絕命辭》一首：「君憂臣辱，君辱臣死。死不足惜，惟所慮者：老母幼子。悠悠蒼天，曷其有瓲。」〔註619〕

自信率由追古人，冥冥不懈契天眞；只有狂愚爲世詬，更無明哲保全身；恩高宜作溝渠骨，罪重難爲草莽臣；生死由天原不計，滿門哭送卻傷神。」〔註620〕。

是時，「西安士民，聯合數百人，爲舒翹請命，樞臣以聞，乃賜令自盡，派陝撫岑春煊監視。舒翹猶以爲必有後命，其妻謂之曰：『君無翼也，吾夫婦同死耳。』乃以金進。舒翹吞少許，逾三時不死，猶處分家事。又痛九十餘

〔註616〕吳劍傑編著：《張之洞年譜長編》（下卷），上海交通大學出版社，2009 年，第 664 頁。
〔註617〕吳劍傑編著：《張之洞年譜長編》（下卷），上海交通大學出版社，2009 年，第 669 頁。
〔註618〕上述十六份書信均出於《愼齋文集》卷 10。
〔註619〕據趙舒翹曾孫趙農追記。
〔註620〕《愼齋別集》卷 4。

老母見此奇慘，既而自恨曰：『剛子良害我』。春煊迫於覆命，乃更進鴉片煙，兩時仍不死。再進砒霜，始偃臥而呻，夜半猶未絕，乃以厚紙蘸熱酒，連蔽其七竅，乃絕。其妻仰藥殉焉。」〔註621〕

正月初五日，「張之洞就救趙舒翹一事電覆西安薛尙書（允升）、陸侍郎（潤庠）、屠前侍御〔守仁〕等。略謂：趙司寇事，前奉樞電，繼奉電旨，先於二十六日設法電致英、德兩使解救，覆電決絕不允。又於二十九日電各國駐使速商外部解釋，初係救四，繼專救一。猶恐外部不理，又託滬領事轉告公使。美外部覆電許可，但不言勸英、德，仍是空言。日本覆電，前日全權已照各使，首禍已奉旨照辦，此電自勿庸議，但云可憫而已。他國均無覆。此事前數日已有電旨與全權大臣，全權已與各國商妥。初三日又已見明發上諭，此時，再無挽救之法。祈諒，並望轉致諸公。」

《張文襄公年譜》：趙尙書之死，行在京外官屢電請江、鄂營救。李鑒堂撤恤，公亦謂敵國兵爭之際，斷不可劾戰死之人。二事皆所極意挽回而不得者。袁撫電云時勢危迫，但知保宗社，安兩宮，諸人即有冤抑，亦不暇顧。此電最有力。然呂欽使（海寰）晤德外部，爲趙力辨。外部猶允致電穆使。惜明旨已發，不及救矣。」〔註622〕

《愼齋年譜》：「正月初六日，先生飲金卒。遺命薄殮毀葬，謝絕弔賻，人皆哀之。當朝旨下，隨扈官僚屢聯名電合肥援救，竟無效。」

葉昌熾《緣督廬日記》：「正月二十九日，聞天水尙書授命時，執陸鳳石手，以電告急於劉、張兩帥，覆電一云無能爲力，一云無可設法，聞之慘沮。」〔註623〕

《愼齋年譜》：「四月，公子璧城等奉先生歸卜葬大原村新塋，午山子向。」

四月公子趙璧城等奉先生歸卜葬大原村新塋，午山子向。

其刑部好友沈家本赴西安長安縣大原村，賦長詩《大元村哭天水尙書》〔註624〕，哭祭趙舒翹。

〔註621〕（清）吳永口述、劉治襄記：《庚子西狩叢談》，桂林：廣西師範大學出版社，2008 年，第 146 頁。

〔註622〕吳劍傑編著：《張之洞年譜長編》（下卷），上海交通大學出版社，2009 年，第 671 頁。

〔註623〕轉引自金梁輯：《近世人物志》，北京圖書館出版社，2007 年，第 333～334 頁。

〔註624〕沈家本將趙舒翹家鄉村名寫錯，「大元村」應爲「大原村。」

其詩爲：「海內論知心，知心能有幾。與君交素談，公庭接冠履。沉埋簿書中，詆迕計譽毀。君獨語同僚，推許多溢美。五馬去濠州，鵬翮程三徙。述職來春明，歡言酌芳醴。洎餘守渤海，金閶列戟架。雲泥分雖隔，尺素通迢遞。朝命總秋曹，執法少偏倚。進賢陳密勿，旁採及葑菲。聞我考績來，相迎乃倒屣。舊侶遍評騭，陽秋有臧否。用法寓慈祥，設我識此旨。

一面成永訣，耿耿情何已。妖氣起畿甸，張皇到山鬼。親貴詫奇術，假以雪吾恥。君獨知其非，密陳不可恃。孤憤尼眾咻，愊愫勢難止。西狩遂入秦，流離歎瑣尾。群雄益鴟張，移檄究禍始。始禍眾親貴，誤國魄應遞。君乃罹此難，繫鈴鈴誰解？入覲咸陽城，出城訪君里。軀車渡灃橋，長虹跨波起。其長丈廿四，工鉅君所庀。行人免徒涉，利濟頌桑梓。入村問君屋，方興役又罷。古寺一撫棺，萑蘭頻揮涕。馨頎眷疇昔，浩落固如在。萬恨何時平，千齡終已矣。試淚強回轍，就車還嘑唏。言之愧不文，奮筆疇爲誄」。
〔註 625〕

庚子事變趙舒翹被殺一事，時人多謂其冤死。如鮑心增《趙尚書被冤述略》載「光緒庚子拳匪之亂，被禍諸王大臣，人知其非盡袒拳者也，而趙尚書展如之冤爲尤甚」〔註 626〕。《庚子西狩叢談》載「近聞某公言及趙事，而尤不覺爲之扼腕……即謂剛、趙同罪，剛罪總浮於趙，而剛免而趙不免，此眞所謂有幸者不幸者耶？」〔註 627〕。《續修陝西通志》、《咸寧長安兩縣續志》亦載「（趙舒翹）時論冤之」〔註 628〕。

《西巡大事記》：「趙尚書舒翹由江蘇巡撫召爲刑部侍郎，旋升尚書，入樞密，兼譯署。駸駸日上。其任封疆時，頗有廉潔之名，顧踽踽自喜，無干濟才。其入軍機，則徐桐密疏薦之，故於徐桐持論不敢異同；剛毅時沐慈眷，附之尤力。載漪、剛毅之請編集義和團民，內旨命趙先往體察情形，俟覆奏到再議。時拳勢已張，拳首某擁眾入見，不肯受約束，趙聞朝廷再派剛毅出京，遂折回，人問之，答曰：「啓秀、趙舒翹同以政變後入軍機，啓薦自徐桐，

〔註 625〕李貴連：《沈家本評傳》，南京：南京大學出版社，2005 年，第 98～99 頁。
〔註 626〕中國社會科學院近代史研究所《近代史資料》編輯組編：《義和團史料》（下），北京：中國社會科學出版社，1982 年，第 755 頁。
〔註 627〕（清）吳永口述、劉治襄記：《庚子西狩叢談》，桂林：廣西師範大學出版社，2008 年，第 142～143 頁。
〔註 628〕《續修陝西通志稿》卷 74《趙舒翹傳》、《咸寧長安兩縣續志》卷 15《趙舒翹傳》。

趙引自剛毅，凶德交會，至斯可知。趙起自寒賤，既貴，乃背其師。任蘇撫時，夙好清刻，及入政府，亦多預陰謀。啟之進，雖由徐桐，然剛毅方貴，啟尤附之。其弟彥秀任蘇州知府時，欲死翁同龢，因興東南大獄。今歲殺許、袁，上諭即出自啟秀手，啟所最得意者。及許、袁既死，啟尤自負手筆，以此觀之，罪浮於趙遠矣」。〔註629〕

劉孟揚撰《天津拳匪變亂紀事》：「刑部尚書趙舒翹本非信匪者，以剛毅之故，乃不敢建言，只得隨聲附和。」〔註630〕

劉體智《異辭錄》：「當時士夫未嘗不引以為憂，特劫於於權勢，不敢不隨聲附和。趙展如尚書奉命查辦歸，人問之曰：「拳民可以成事乎？」曰：「不可。」故懲辦首禍諭旨，謂其奏對尚無失辭，而牽連被罪。當時政府諸公及議和大臣，頗欲寬其處分；卒為外人所持，不免於禍。詔賜自盡之日，命備酖酒。尚書體魁偉，其家人因平時慈眷，希冀有恩詔，薄其酖，屢飲不死。傳詔大臣，久待無以覆命。尚書以皮紙蘸酒，自蒙面而臥，乃氣絕。

練拳術能禦火器，紅燈照飛行空中擲刀殺敵，因而有祖師、聖母種種神怪名號，皆自戲劇中來，適合愚民心理。端王瀾公及近支宗室、內廷宮監，其知識適等蚩氓，故氣味相投，一見為之大喜。慈聖臨朝雖久，究為見所未見。三人能令市虎，矧眾證確鑿，寧不能使信為實乎？，當時士夫未嘗不引以為憂，特劫於權勢，不敢不隨聲附和。趙展如尚書奉命查辦，歸，人問之曰：「拳民可以成事乎？」曰：「不可。」故懲辦首禍，諭旨謂其奏對尚無失辭，而牽連被罪，當時政府諸公及議和大臣頗欲寬其處分，卒為外人所持，不免於禍。詔賜自盡之日，命備鴆酒。尚書體魁偉，其家人因平時慈眷，希冀有恩詔，薄其鴆，屢飲不死，傳詔大臣久待無以覆命，尚書以皮紙蘸酒自蒙面而臥，乃氣絕。」〔註631〕

鮑心增作詩《傷大司寇趙公》：「蒲城忠烈閟潛輝，大局傾危蹙禍機；並世青云誰自致，如公白首竟同歸；司城卻玉輕瑰寶，廷尉持衡稱繡衣；患難不堪回首憶（公初謝病，閉門辭客，謂余曾同患難，特延一見），夕陽亭畔又斜暉」。〔註632〕

〔註629〕 （清）王彥威輯：《西巡大事記》卷首，民國清季外交史料附刊本。
〔註630〕 （清）劉孟揚撰：《天津拳匪變亂紀事》卷4，清鈔本。
〔註631〕 （清）劉體智著、劉篤齡點校：《異辭錄》，北京：中華書局，1988年，第187頁。
〔註632〕 （清）鮑心增撰：《蛻齋詩稿》卷1，1949年鉛印本。

《鮑君心增呈請代奏稿再》：「近日懲辦禍首一節，迫於敵眾兵強，致王公大臣翩翩畢命，此伊古以來未有之奇變也。論其肇禍之由，罪名已難概論，而其中情輕法重者，尤以故刑部尚書趙舒翹為最，伏查該尚書廉勤公正，自郎署出守以迄入長秋宮，宣勞中外，聲望甚美久。在聖明洞鑒之中，傾以外侮馮陵，驟罹冤慘；在君父早閔其忠，而草野尤悲甚枉。該故尚書遺命，薄殮毀葬，凡親友僚屬之弔賻一概屏謝，靈柩回宅，寂然閉門，蓋自同罪誅之列不敢稍治喪禮，深自貶抑以尊朝廷，可謂大臣之用心矣。該故尚書有嗣，母年逾七旬，遺孤四歲者二，兩齡者一，家乏中人之產，族無期功之親，門祚蕭條，行路哀之，伏念孔達死強晉之難，衛人錄其成勞；董安于死智伯之禍，趙氏報以世祀，蓋救亡之計，雖屈於一時而旌忠之典必伸於萬世，昭昭然也。今該故尚書以死紓難比節古人，仰惟國家萬不得已之苦衷，固為天下臣民所共諒，而國有聖主不能自保其臣，譬諸家有慈父弗克自庇其子，士氣淚喪，忠義灰心，所關誠非細微。今事已如此，倘蒙皇太后、皇上之仁垂，念其老母幼子縈苦伶仃，恩加撫慰，則該故尚書可瞑目於九泉，而公道既伸，人心感奮庶，貞亮死節之臣不至絕跡，於將來而他日之雪恥復仇甚此矣。人心生死之機在朝廷急善轉移之而已，心增籍隸江蘇，愴懷遺愛且為維持大局，起見用敢，附片密陳理合併請代奏謹呈。」〔註633〕

《丹徒鮑潤漪先生趙尚書被冤述略》：「光緒庚子拳匪之亂被禍諸王大臣，人知其非盡祖拳者也，而趙尚書展如之冤為尤甚，初匪據涿州，慈聖面諭順天府尹某往查，某乃巧諉其事於兼尹，兼尹即尚書也。既歸自涿州語章京甘大璋曰：孟子謂賊民興，正謂此也，以為賊實民也，以為民而實賊，何可用哉。其宗旨與剛相復異甚明，然其覆命時奏對若何未嘗語人，人無從悉也。辛丑正月合肥相國方以全權議和駐節賢良寺一夕，（大約初三日）德瓦西忽遣武弁送奏摺一封至，乃尚書覆命面遞者也（進既不由奏事處，又留中未下，故不載軍機處檔冊）。摺內極言拳民不可恃及不宜與各國失和狀，弁述瓦言謂，得之儀鸞殿御案抽屜摺包中，幾誤殺好人，請中堂速電行在救之。時合肥已寢，隨員數人秉燭就床前讀而聽之，即命人偕弁往慶王府，時各國分界，路柵極多，阻礙殊甚，甫至定府大街夜已深矣，守柵者告曰：此去慶王府尚有柵十重，待至彼天已明，不如天明再往。為捷，使者竟折回，明日方送慶邸閱，又以候洋弁故遲。時京師發電行在尚須展轉，計初五刑期已不及

挽救，遂置之，不知尚書固畢命於初六日也，惜哉。原摺或謂洋弁帶回，或謂存徐君壽朋處，不可考矣。李新吾、侍講、經余時隨扈寓寺中，見聞極確其所言，大概如是。方尚書既坐禍首之罪，爲國紓難，不肯置辦，然嘗微語屬員曰：欲救我須仁和。由後思之，殆謂知其事者惟仁和也，及靈柩回宅，仁和往弔，其家人閉門弗納，豈遵尚書遺命歟。」〔註634〕

范當世作詩《潤生愛余答徐秀才詩，爲囈語，次其韻，余因疊韻以示蘊素，以爲元夜消遣之資》詩後言「脯臍谷丈自陝西棄官歸，爲言流賢趙舒翹雖皆以罪魁誅死，而清節絕可憫痛」。〔註635〕

黃遵憲作《群公》詩言：「群公袞袞各名聲，一死鴻毛等重輕；事事太阿權倒授，人人六等罪分明；兵威肯薄牽牛罰，當論猶嗟走狗烹；聞到諫臣歸骨日，柳車迎拜極哀榮；遁逃無地呼無天，到此惟余冒刃拳；甲杖空迎回紇馬，血衣竟染漢臣鞭；操戈逼父心先死，按劍呵人目尚懸；鶩立鷹瞵旗夾道，看君忍辱赴黃泉；各戴頭顱萬里行，九州無處可偷生；上尊猶拜養牛賜，五鼎先看福鹿烹（自注云：莊王在蒲州，趙舒翹及英年在西安，皆賜死）；斷獄總應名國賊，犯顏猶記與天爭；傷心禍首兼戎首，萬骨雖枯恨未平；途窮日暮更何求，白首同拼一死休；銜刃尚希忠烈傳，蓋棺免索太師頭；彗星掃地應除舊，禍水滔天幸絕流；九廟有靈先詔在，朝衣趨謁定應羞」。〔註636〕

李伯元《南亭筆記》：「庚子罪魁，漢人中僅一趙舒翹。董福祥雖亦漢人，實回族也。趙死時，以皮紙外塗燒酒蒙於七竅，移時始絕。至今其鄉里中之頑固者，偶談及趙，猶太息諮嗟。」〔註637〕

孫靜庵《棲霞閣野乘》：「光緒庚子五月，拳禍作。六月，聯軍集大沽。時端王、慶王、榮祿、剛毅、趙舒翹皆值軍機，大沽失守後，孝欽召見軍機，傳諭單叫起，問戰守之策。首端王力陳戰利。次慶王，請聖明決斷，依奴才愚見，則和利；次榮祿，力陳和利；次剛毅，力陳戰利。最次爲趙，奏對最久，有不如先戰，戰北再和，亦未爲遲之語。且謂現在大軍會集京師，各省勤王之軍亦將到，即使戰敗，外人亦決不能長驅直入，慷慨激昂，語極動聽。

〔註634〕《慎齋年譜》。
〔註635〕（清）范當世撰：《范伯子詩集》卷16，清末本。
〔註636〕（清）黃遵憲著、錢仲聯箋注：《人境廬詩草箋注》，上海：上海古籍出版社，1981年，第1047～1052頁。
〔註637〕（清）李伯元：《南亭筆記》，太原：山西古籍出版社，山西教育出版社，1999年，第222～223頁。

孝欽意遂決，卒致兩宮西狩，趙亦賜死。至今論國是者，追原禍始，猶歎息痛恨於趙之一言幾喪邦也。然趙自鳳陽府洊升刑部尚書，歷任皆有聲。客有自皖公山來者，為言趙守鳳陽時之遺事甚悉。於捕治蠹胥衛虎事，尤稱頌不置。

先是，某縣東西鄉有甲乙二姓者，家富百萬，各為一鄉冠。甲有女許與乙子，年及笄矣，以迷信甚深，姻期屢阻。乙憾之，自擇一日，謂再愆期者，當為其子別娶。甲懼，乃親送女于歸。兩家相距數十里而遙，時值溽暑，中道已疲乏不勝，天復驟變。雹雨大作，乃休於一古廟而息。會他家亦有迎娶，遇雨而入廟暫避者，兩家新嫁娘各出輿坐憩。驀聞槍聲驟發，識為盜警，倉猝間燈火盡熄，昏黑中乘輿競去。甲以疾作先返。比甲女至乙家時，乙父正衣冠延客，女突於輿中躍出，大聲詬厲‥，出利刃刺乙父斃，旋亦自刎。新郎見釀禍，奔縣呈訴，翌晨而女屍竟失所在。於是縱女弒翁，移屍圖賴之罪，甲百口不能自辯。爰書一定，秋

決且有日矣。顧兩家雖因婚期事稍齟齬，初無宿怨致相殘殺理，且移屍之舉，亦疑莫能明。甲僕某，老而任俠，徽行四訪，竟得女於盜船中。蓋女在古廟中，‥誤登他人輿；而此娶婦者非他，即著名之蠹胥衛虎是。虎盤踞公門數十年，擁資鉅萬，梟匪盜賊，皆往來其門下，權勢薰天，邑宰亦憚其名不敢問。顧無子，瞰佃人之婦美，強奪之。婦矢必死，預囑其夫遠颺避禍。既與甲女誤登彩輿，入門，見衣冠而主人者，即手刃之，初不知其誤殺也。虎見甲女，知為誤投，以美勝於婦，大喜。勸之不從，強之不可，脅之以刃不為動。既審知婦刃乙父事，急使其羽黨深夜移屍滅跡，而局女於別室。至是擬載往他處，貨作錢樹子。乃適為甲僕所得，因偕奔至縣，為其父鳴冤，且訟虎之暴橫。詎邑令已先入虎言，轉誣女為行刺私遁，下諸獄，榜掠無算。甲僕忿甚，赴府控告，而令不知也。一日，令強女畫供，不從，將治以一品衣之極刑。一品衣者，以鐵片作衣，烙火成紅色，而加諸囚身，痛等凌遲，慘逾炮烙，一用而囚無不屈供。問官可因是高遷，故名之曰一品，亦虎新發明之利器也。方威逼間，有人報郡守至，驚愕間，趙已入。笑謂：「老兄太忙，今日姑由兄弟代理案件何如？」登堂數語，即釋甲父女，並愷切勸諭乙子，甲女賢淑，服闋後必仍娶為室。旋械繫衛虎返署，明日而邑令去任，委人代理矣。虎入獄後，堅不署諾，且百計請託官紳為之說項者，日凡數至。趙預計其數，一度請託，則掠虎若干。一夕，夜半坐堂皇，笞虎臀數千，虎惘然

不解所以，則是夜趙宿寵姬處，姬言及衛虎兩字也。後趙卒以是去鳳陽，而先一日虎已瘐斃獄中，閭境頌神明焉。趙治此獄殊有風節。」〔註638〕

羅惇曧《羅癭公筆記選》：「趙舒翹以刑曹熟習刑律，剛毅援引致位尚書。拳匪據涿州，奉命解散，甫抵涿州，而剛毅繼至，遂導拳匪入京師。剛毅力言拳民忠義可用，舒翹附和之。及聯軍破京城，隨扈兩宮狩西安。各國索懲辦罪魁，舒翹革職留任，各國憾不已，乃改爲斬監候，囚西安獄。次年正月，各國要加重懲辦，西安士民連合數百人，爲舒翹請命。樞臣以聞，乃賜令自盡，派陝撫岑春煊監視。舒翹猶以爲必有後命，其妻謂之曰：「君無冀也，吾夫婦同死耳！」乃以金進。舒翹吞少許，逾三時不死，猶處分家事。又痛九十餘老母見此奇慘，既而自恨曰：「剛子良害我！」春煊迫於覆命，乃更進鴉片煙，兩時仍不死。再進砒霜，始偃臥而呻，夜半猶未絕。乃以厚紙蘸熱酒，連蔽其七竅，乃絕。其妻仰藥殉焉。」〔註639〕

徐凌霄、徐一士《凌霄一士隨筆》：「舒翹亦久官刑部，精於律。傳中言其清操及政績頗詳，於其在刑部事云：『繼雲階而起者爲趙舒翹。字展如，與雲階同里。同治聯捷成進士，亦以主事用，分刑部。潛心法律，博通古今，《大清律例》全部口能背誦，凡遇大小案；無不迎刃而解。十年升郎中，任提牢秋審坐辦律例館提調。蓋律例館爲刑部至高機關，雖堂官亦待如幕友，不以屬員相視。展如任提牢時，適遇河南王樹汶呼冤一案。時雲階爲尚書，主持平反，以總其成。其累次承審及訊囚取供定罪，皆展如一手辦理。案結後，所存爰書奏稿不下數十件，各處傳播，奉爲司法圭臬。外放知府。十年之中，由府道洊升巡撫。又內調爲刑部侍郎，升尚書，入軍機，總理各國事務大臣，總辦鐵路礦務，督修壇廟皇城工程。一生功名事業，皆由平反冤獄爲之兆也……其內任刑部長官也，部中自雲階後，風氣漸趨卑污，司員多徇情受賄。展如繼任，查明江蘇司印稿有受賄之事，即奏革二人之職示警。又以案牘積累，由司員不諳公事，分日面試各司員律例，擇優超拔。又革奔走夤緣惡習。凡來宅拜謁及送禮物者，概不准門丁上達。』自是一時錚佼。晚節委蛇，坐拳案而死，謗議掩其休名，良可惜也。傳中敘其死事謂：『展如爲剛毅所沮，

〔註638〕 （清）孫靜庵著、李岳瑞著、張明芳點校：《棲霞閣野乘》，太原：山西古籍出版社，1997年，第72～74頁。

〔註639〕 （清）羅惇曧著、孫安邦、王開學點校：《羅癭公筆記選》，太原：山西古籍出版社，1997年，第39頁。

不能力爭。後扈蹕幸西安，外人以祖護拳匪罪在不赦要挾。當時迫不已，遂以『查辦草率』定罪，賜自盡。命赴獄中傳賜死，展如神色不變，即書絕命辭。其詞曰：『主憂臣辱，主辱臣死。死何足惜？』於國奚裨？所難者老母幼子。悠悠蒼天，曷其有極！』書畢回顧其夫人入獄來視，告曰：『吾死後，受人一錢，非吾妻也！』遂吞金，歷四五時始絕氣，年五十四歲。其從容就義如此。閱數日，江蘇士民憫其冤苦，匯銀六千兩助葬。其夫人屢卻，終未收受。蓋非恩德深入人心，安能於離任沒世之後猶綣綣不忘耶？亦非廉節型於寡妻，何能得此賢配哉？」可與諸家所記參閱。舒翹撫蘇，有善政。其舊屬出使德國大臣呂海寰騰電營救，亦以爲言（海寰嘗官常鎮通海道）。以拳案罹罪者多清官，舒翹其尤可憫惋者。」〔註640〕

　　蘇曼殊《民權素筆記薈萃》：「趙舒翹以祖義和拳匪正法，此人皆知其罪有應得，初不知其實自誤於迷信。趙善星相，精子平，每自相其面，並斷己之八字，均以庚子年必遭大兇險。又每年元日，趙必卜一歲休咎，是歲元旦，卜亦不佳，心甚惡之。既而拳匪事起，端王載漪、剛毅用事，皆深信拳匪而縱之者，西太后惑於眾宵小之淫辭，亦重拳匪，凡言拳匪爲亂民者，輒遭誅戮。趙本不以拳匪爲然，及見朝廷重視拳匪，拳匪勢又日盛，載漪、剛毅輩威福又大，即朝士稍違者非誅則貶，趙乃觸於己之相與命暨元日之卜，眼見反對拳匪者，觸當道忌，皆遭殺身禍，恐將實驗相命與卜，不若利用時機，或尚有趨吉避凶之望，亦明哲保身之一道也。當時曾以奏請剿匪，商之剛毅，剛怒阻之，遂乃傾心爲剛毅、載漪輩所用矣。嗟乎！趙果知命者，命定烏可逃，何必屈己志？既知命而欲逃之，夫豈眞知命哉！若趙者，乃深於迷信而惑之者也，昧於理、盲於勢，辱名喪身也宜哉。趙爲外任時，頗有時譽，苟非精於星學者，或尚不至晚節不終，惜哉。」〔註641〕

　　徐柯《清稗類鈔》：「趙展如撫蘇時，元和陸鳳石相國潤庠以祭酒丁艱回里，服闋入都，趙餞行於署。酒酣，趙頻顧陸而歎息。陸疑趙心有不愉，堅叩其故，趙慨然曰：「某所以不樂者，以君爲末代宰相耳。」陸憤然曰：「君既知相，自視如何？」趙曰：「此無他，某終不得善終。」及趙內用，任樞要，

〔註640〕（清）徐凌霄、徐一士：《凌霄一士隨筆》，太原：山西古籍出版社，1997年，第1296～1298頁。

〔註641〕（清）蘇曼殊等著、馬玉山點校：《民權素筆記薈萃》，太原：山西古籍出版社，1997年，第9頁。

光緒庚子拳匪之亂，竟列罪魁，恩賜自盡。」〔註642〕

王步瀛言：「長安趙展如先生之死，諭旨僅坐以草率二字，果能無冤，此乃軍機章京丹徒鮑潤漪心增呈請代奏底稿，潤漪與余至契隨扈而西，如親手足，素佩展如先生學品，又惜其冤，故有此作，當事急時，曾聯名電請合肥援救，而無及也。辛丑正月，予因乞假掃墓，旋里西安行在，潤漪曾爲予唏嘘言之電救時並附予名云。」〔註643〕

「筱如世兄近擬竣刻先生文集，茲特錄寄，若附刊入，可以取信，後世亦足見當時實在情事，而公道在人，不能一筆抹殺，終晦而弗彰也。王步瀛再識。」〔註644〕

「《右趙尚書被冤述略》吾亡友丹徒鮑潤漪太守撰，其令嗣隆甫選貢長棟於壬戌十月寄我，言曾託友人轉送史館，果得秉筆者馮公採登史傳，庶尚書祖拳之冤可大白於天下，後世其所云：順天府尹某者，山西何乃瑩也；剛相者，剛毅也；合肥相國者，李文忠也；仁和者，王文韶也；儀鸞殿在西苑中海，皇太后所居也。尚書赴涿州時隨員爲浙人何汝翰，同鄉楊枝茂，還京後何請具奏，尚書辭曰：「面奏可矣」，此予當時所聞也，後乃卒具摺，足徵尚書之密。《易》曰：機事不密則害成，尚書其稔之矣；密而終罹其害則命也，夫尚書精命學，嘗言辛丑有大厄，而卒驗，故君子知命。」〔註645〕

周槐廳言：「拳匪肇亂，長安趙大司寇賜死，微洋人則其冤終莫白也。當拳匪初熾時，鄉民爭相附和，朝廷亦意向之，因命司寇往察其情形，司寇在署倡言於眾曰：拳民既無紀律，望之皆有死色，不可恃也。既覆命，又欲奏陳其不可，其事密，人莫得而知（拳勢方張，太后信任，顯言其非者則皆獲罪）。然端王等皆右拳匪，欲藉以驅洋人，及禍敗大作，乘輿播遷，始覆議和，洋人索首禍者數人，司寇以曾派察看拳匪與焉。司寇素以持正不爲諸當道所悅，太后雖明知其冤，而力不能救。於定論者，咸咎司寇當時不明言於朝以致殺身也，余服闋至京，晤同年李編修經余，始知司寇之冤。德將軍瓦得西得其原奏於儀鸞殿，欲救其死而未及。儀鸞殿者，太后所居也，瓦得西入而據之，和議既成，莊王等賜死，司寇已入長安獄矣。辛丑正月初六日賜司寇

〔註642〕（清）徐柯：《清稗類鈔》第 3 冊，北京，北京：中華書局，1984 年，第 1441
　　　　～1442 頁。
〔註643〕《慎齋年譜》。
〔註644〕《慎齋年譜》。
〔註645〕《慎齋年譜》。

死。先期四日，天將暝，瓦將軍從殿內棹雁中見司寇奏陳拳匪必肇亂禍及國家一疏，即遣使持摺至全權大臣李鴻章處，李差人同詣慶王府議貸其罪，時府門早閉，不得見，去者因相約翌日早入鐘，復至屆時，洋人先至同見慶王言其事，王與李相商議則謂電線不通，即馳奏至行在尙須數日，已不能及，遂置之，而司寇竟以冤死，事後亦無一人白其事於朝者，我國大臣互相嫉忌每泄私忿以爲快，外人尙秉公道欲不妄殺一人，而亦不可得，由此觀之中外盛衰之故，已皎然矣。經余爲李相之姪，於和局事知之最詳，故其言確而可據（趙疏瓦將軍交辦洋務大臣、工部侍郎徐，徐已早死，未知此疏尙在人間否？）。」〔註646〕

「軍機大臣趙大司寇舒翹以持正爲諸人所仇，拳匪之亂因構禍焉。洋人挾制朝廷，竟置之死，太后明知其冤而不能保全，下詔時爲之大哭，是日風霾，天色慘黯，里巷無不哀傷者（諸臣尙有辨冤摺奏亦無益也）。」〔註647〕

「長安趙展如大司寇家中人無著洋布者，晚年頗以道學自任，惜乎。庚子之變爲姦臣媒孽挾洋人以制，朝廷竟令自盡也。」〔註648〕

張一麐《古紅梅閣筆記》：「時通訊記趙展如舒翹撫蘇頗有美政，以附和拳案賜死，臨終自書云「主辱臣死，夫復何言？所難堪者，母老子幼。悠悠蒼天，悔恨何及」二十四字，亦可傷也。」〔註649〕

1924 年，民國十三年，甲子。

趙舒翹遺稿由眉縣王步瀛〔註650〕編訂，成《愼齋文集》10 卷，《愼齋別集》5 卷，冬月酉山書局鉛印出版。

王步瀛言：「趙筱如世兄擬刻其先德展如先生遺集，予致書高陵白五齋先生請作序白其冤，五齋覆書云：天水先生，理學名臣，事業千秋，天人共仰其冤也，婦孺皆知，何待剖白傳，曰君命天也，君有命誰能違之，況一死顧全大局，眞泰山之重也，因思古來先正之冤，在宋無逾岳忠武，在明無如

〔註646〕《愼齋年譜》。
〔註647〕《愼齋年譜》。
〔註648〕《愼齋年譜》。
〔註649〕（民國）張一麐：《古紅梅閣筆記》，上海：上海書店出版社，1998 年，第 38 頁。
〔註650〕王步瀛（1852～1927）：字仙洲，號白麓，晚號遯齋，陝西眉縣人。清同治朝任御史，後調任涼州守官，清帝退位後即回鄉耕讀。著有《心鑒錄》、《家訓彙編》。參考郭郁烈主編：《西北民族大學圖書館于右任舊藏金石拓片精選》，上海：上海古籍出版社，2008 年，第 193～195 頁。

于忠肅，而其人理得心安，移時事自彰徹，奚事同鄉同人之代爲剖白云云。
庚子之變展如先生死於首禍，予時以爲冤，得五齋先生此論，予心平矣。」
〔註651〕

〔註651〕《愼齋年譜》。

附錄一：《提牢備考》 [註1]

序

　　工倕不能為無矩之器，王良、造父不能為無轡之御，此其說人人知之。獨至行一事而必深求其源委，蒞一職而必博取乎良法美意，則粗疏者往往習焉不察，倜儻權奇之士又以為不足盡知而姑苟且以從事，是則鹵莽滅裂之患起，而實事求是者益難其人，此吾友趙君展如所為有《提牢備考》之輯也。刑部之有提牢，自明逮今，且歷數百年，然而案無牘，事無檔，長官不知其誰何，因革損益迄無表見。卒然遇有建置吏，從敝簏中出片縅以為程式，或呼老役詢顛末，官輒署短尾，行之惴惴焉無敢出聲。夫以數千百人生命所關之地，而諸事漫無頭緒如捕風影，膺斯任者，又或存傳舍，其官之心，而僥倖於目前之無過，噫，甚矣！其疏也。庚辰之冬，展如督理廳事，念此煩重者曷能以無本治也，思欲網羅散失，一洗從前之陋。乃搜諸故縅，證以前聞，評究夫律例之有關於獄事者，自恤囚察吏，以至於一物之領放，一事之終始，

[註 1] 清光緒五年（1879 年）提牢主事趙舒翹，收集了清朝建政以來的監獄規則、監獄條例和有關事務的管理章程，綜合纂成《提牢備考》專輯。從内容上，分為囚糧考、條例考、章程考、雜事考四卷。其中有些條款都附有按語，說明在什麼年代，根據什麼情況修改纂定的。因此可見，清朝的監獄法規章程不僅據情有所纂修，而且相當詳密完備。《提牢備考》雖然不是清朝正式頒佈的官方法規，但卻是規範監獄管理及獄政管理人員行為的重要法律法規彙編，為研究明清監獄制度提供了系統而寶貴的資料。本文以光緒十一年序刊本、光緒十九年重刊本為底本，參考《續修四庫全書》編纂委員會編：《續修四庫全書‧史部‧政書類》第 867 冊，上海古籍出版社，1996 年，第 549～594 頁；張秀夫著譯：《提牢備考譯注》，北京：法律出版社，1997 年；薛梅卿、楊育棠點注：《〈庚辛提牢筆記〉點注》，北京：中國政法大學出版社，2007年，第 191～265 頁。

皆謹誌之無或遺。又舉前此之居是官而有箚記者，備錄其語以爲將來之勸，共得如干拳而出其稿以示榮。榮受而讀之，怦怦然有動於中，而竊不禁慨然而長歎也。儒者甫棄鉛槧，出而與人家國事，譬之捨康莊而人蠶叢，不得其道以由，即有顛踣傾危之慮。孔子曰：「不踐?，亦不入於室。」又曰：「擇其善者而從事，不洞窺其本末，而能遽與於神明變化者，固斷斷乎無有也。」即以理囚而論，往者漢之蕭、曹皆起獄吏，及觀其後來之措施舉動，蕭何則於人關之初首收圖籍，曹參爲相不外守而不失，則由二公之豐功偉烈，以追溯當日治獄之始，其亦必有舊章率由，罔敢失墜，而非復一切師心自用者流所能比數矣。即小可以見大，不其然歟！展如負博綜兼賅之才，而復不自逞其私智。榮與共事既久，見其深思力行，勉勉焉惟恐或悖於道。故其任提牢也，百廢具舉，黎然有當於人心。茲篇所著，殆小試其端乎？他日負荷所及，知必有十倍重大於斯、艱巨於斯者，固將由此以推暨於無窮焉。夫亦可以識其用意之所在矣，獨提牢云乎哉！書既成，展如欿然自視，不欲出以問世。榮以爲古人立言當以有裨於世者，爲亟而非，必有沾沾求名之心，況提牢關係綦重，而又素無稽考，得是編以爲指南，亦仁人君子所爭先快睹者也，烏可不公諸同好？爰付手民，而榮亦幸得僭言簡端以志響往之忱云。光緒乙酉五月朝邑雷榜榮序於西曹之敍雪堂。

　　（此敍係老友雷瀛仙乙酉年所贈，彼時以語涉揄揚，辭未敢刻。瀛仙笑曰：「是區區者，亦不准附名耶？」至今不忘其言。茲因索書者多，重墨諸板，增入敍文，義附久要。瀛仙往矣，追惟舊雨，爲之惘然。癸巳春展如手識。）

自　敍

　　刑部提牢一職，管理南北兩監，事繁責重，稱難治焉。己卯年八月間，堂憲派翹提牢擬陪，自念以孤寒雜廁曹末，忽蒙上官謬加賞識，懼弗勝任，貽隕越羞，巧自此益懍懍。或曰提牢處分綦重；汝無加級，一有蹉跌，即失官矣。何捐一級，以備意外。翹又念今得此任，本屬意想不到，若應失官，則是天爲之也。即有一級何益，況欲捐級，必須借貸，失官後豈不更增一累，似不如就職分當盡者，竭誠致慎，以結天知，或可無事也。而時居心如是，行險僥倖之譏，固不能免，然一年之內，考校此中情弊，亦微有得焉。謹就淺見所及臚著於冊，非敢云舊政必告也，聊以備後諸君子採擇云爾。光緒乙酉五月長安趙舒翹識於宣武城南寓齋。

卷一・囚糧考

監內所需不一，惟囚糧為大宗，叢弊亦惟囚糧最深。籠鳥待哺較嗷嗷飛鴻尤堪憫，獄囚口糧律所以特立專條也。仁人君子，宜於此先留意焉，輯囚糧考。

一、每次領囚糧三百石付陝西司，行文戶部，赴內倉支領，每年領四五次不等

（按）：近年犯數較少，每歲只領三次已敷用。附陝西司近年稿底，以備考核。

陝西司呈：「為關領事，光緒十一年三月二十日，據提牢廳呈：『據司獄等呈報，監所人犯每日每名口用米一升，至光緒十年十月十六日止結算，餘下上年秋季份米，五百零一石四斗七升三合，又領過上年冬季份米三百石，二項共米八百零一石四斗七升三合。自光緒十年十月十口起，至本年二月十七日止，計四個月，共享過囚糧倉斗老米二百八十四石零五升，實存米五百七十石四斗二升三合。存米恐不敷用，今請領光緒十一年春季份囚糧倉斗老米三百石。伏乞呈請移諮戶部辦理給發。」等因。據此查該司獄等並無冒領冒銷情弊。再：「腳價銀十三兩，若另行具稿，恐稽時日。即於囚糧稿內，聲明付庫支領，庶無貽誤，相應付司查照。」等因。前來除腳價銀十三兩移付大庫給發外，今應領光緒十一年春季份囚糧倉斗老米三百石，移諮戶部，箚倉給發可也。

二、領米時派司獄一員，南北兩監頭役各一名

（按）：翹在提牢任時，司獄每求派領米差使，疑其有弊，然求之終不得。嗣定為南北司獄，輪流派往，以杜請託而昭公允。

三、米領回時由滿漢提牢各擇一殷實米鋪存放，陸續取用

（按）：此係道光年間舊章，現在不知始自何任，專歸一張姓老米鋪承辦。此米鋪與吏役勾結年久，去之非易。且殷實知底米鋪，猝亦難得，設有關閉，反致周章，是以歷任均相沿用。此米鋪然須將前任所餘之米、己任所領之米、所餘之米，一一結算，交代清楚，則弊不至日積日深，或亦因時補救之一端也。

四、每石粗米例作細米百斤外有餘米三斤，由提牢辦公費用

（按）：在倉領出粗米一石，總有一百三四十斤不等，舂成細米，約在一百一十斤上下。而向章只作一百斤計算，立法極為寬裕，無非使均有餘利可

沾，庶不至剝削正項，而囚犯得食好米也。嗣因米鋪獲利過厚，於每石准許作百斤外，另提出餘米三斤，作爲提牢辦公費用。（同治初年餘米係屬五斤，不知何任改爲三斤。）以一年三次計之，可得餘米二千七百斤，翹在任時，以六百斤換作白麵，爲囚犯年節、端午節、中秋節，作麵飯用，以一千五百斤，換作小粟米，爲冬三月添放粥湯，以四百斤換作綠豆，作夏日放湯用（均係飭該米鋪承辦，一斤抵算一斤）。以提牢自有之款，作提牢應辦之事，庶可經久，切望後任君子，固不必向該米鋪索添餘米，致涉刻薄，亦不必將此餘米視作無用，賞於吏役，以博小人之譽。蓋米鋪之餘利，吏役已索分矣。何必將前人已經提出者徒飽彼無厭之溪壑哉。

五、每日與監犯煮飯用煤一百斤，付陝西司，行文工部，按每月支取，折給銀伍兩七錢

（按）：附錄近年稿底：陝西司呈爲關領事。光緒十一年三月二十日，據提牢廳呈據司獄司司獄王朝堂等呈稱：查向例南北兩監與監犯做飯每日用煤一百斤，炭十斤，今應領上年十二月大建分煤三千斤，炭三百斤，並本年正月大建分煤三千斤，炭三百斤，相應移付查辦。等因。前來查先准工部諮稱：「嗣後關領煤炭每煤一斤折銀一釐五毫，每炭一斤，折銀四釐」等語，今應領光緒十年十二月大建分煤三千斤，炭三百斤，並本年正月大建分煤三千斤，炭三百斤。共折銀十一兩四錢，相應移諮工部給發可也。

六、每月添買煤炭煮飯銀二十兩，赴飯銀處支領

（按）：現在犯數雖較前少數倍，亦總在二百人上下。一日兩餐須用煤百斤，月計得三千斤，按時價算需銀十二兩。工部例價不敷甚多，本署庫內津貼亦不能及時發給，故向以闔署牲畜所遺糞矢，歸提牢更夫收掃（從前聞係歸司務廳收掃），代煤煮飯，化無用爲有用，實屬善法。加以庫內所發之款，即人數再多亦無不足也（庫款係歸月例之項，放時雖遲早不定，年年必滿放也）。

七、放晚飯後收到人犯另給粥飯

（按）：步軍統領衙門及五城送部人犯，先在司務廳打到，歸當月司驗收。迨交到廳，每在放晚飯以後。各犯未送部之先，多已羈餓數日，今又過時不獲領飯，情殊堪憫。道光年間李玉泉先生任提牢時，曾捐粥以待飯後人犯，仁人用心實爲周到。後因定立章程，日以餘米數斤，煮飯散給飯後人犯。此

法日久不行，推原其故，無非因飯後所收人犯數目，不能預知，或連日無一收者，或一日收一二名或一日收十餘名，所煮飯非有餘，即不足，甚至飯頭將餿敗之餘飯，潛攪於次日大鍋飯內，諸多未便，故止不行。然慮小而失大，因噎而廢食，究屬未妥。翹思得一簡便長法，每日飭買饅首數斤，遇有收到人犯，於在堂抽籤時，每名給與半斤，令其即食，不必另籌煤與水，犯已實惠均霑。即使是日無一收者，亦不至如飯之易敗也。行之終年計用銀二十五兩有奇，所費者少，所全者多，人之好善，誰不如我，想後任君子必永遠行之也。

八、早間開封後加放小米粥

（按）：前任徐亞陶（寶謙）於冬月曾捐放小米粥。廷用賓（傑）、燕舜欽（起烈）又接以廳內餘米換作小米，冬季放粥。翹思此舉有數利，冷晨先吃稀粥足以禦寒，一利也；司中如提犯早審，得此稍充饑腹，二利也；病犯如不能吃乾飯，食之足資調養，三利也。因而踵行，先以餘米換小米，從冬月放起，復以諸友助款，捐放到次歲四月底止，計費銀共四十餘金。（每屋每日二斤，女監減半，屬委司獄監放，而司獄諸公因係義舉亦各盡心焉。）近聞後任諸君子，放粥一年不斷，甚盛德也。然須有常款，方可永久。除餘米抵放外，每年若得八十金，則此粥可終歲放矣。（此係按二百人計算，如犯數增，須加米。）

（按）：囚糧本係放太倉老米，咸豐年間南糧不到，兩次改放粟米，亦囚糧中一大變革也。謹考其顛末，如左：

（一）咸豐七年四月御史清安奏准改放粟米。八年八月，本部奏准改放老米。

附錄原奏：刑部謹奏：「為監犯日食粟米多致病斃，懇恩仍照奏章改放老米」事，竊據（臣）部提牢司員呈稱，本部監犯口糧向由戶部發給，內倉勘合，關領老米煮飯散放。咸豐七年五月間經御史清安奏准，暫行改放粟米，遵自夏季起，改領粟米，逐日煮飯散放。詎知兩監人犯，食粟米後，日漸羸瘦多病，緣粟米性寒質弱，食之不能耐饑，久食則積寒內錮，腸胃既虛，外邪易入。值時疫流行之際，一經傳染，便致醫藥無功。近來獄內報驗，瘐死囚犯，幾無虛日，殊為可憫。竊思粟米一項兵民亦用以糊口，然皆與雜糧米麵相間而食，故得藉以養生不致生病，非身繫圄圄兩餐之外並無雜食者可比。查前次御史奏准改放粟米，因內倉老米短絀，暫行改放，原係一時權宜之計，

今歲南糧較多，似可仍照奏章請由內倉關領老米。一轉移間所費不致加多，所全實爲不少。呈請據情陳奏等情。臣等覆查，該司員等所呈委係實在情形。合無仰懇天恩俯准，將臣部囚糧自本年冬季起，仍照奏章改放老米，由戶部內倉發給，庶監犯不致多病，以仰副聖主矜恤獄囚之至意。如蒙俞允，（臣）部行文戶部遵照辦理，是否有當，伏乞聖鑒，謹恭摺具奏請旨（八年八月初十日奏，嗣據戶部議准。）

（二）咸豐十年五月二十一日，戶部覆奏放粟米。

附錄原奏：再刑部等衙門囚糧，向由內倉支領老米，咸豐七年五月，經御史清安奏：「南糧短絀，請將囚糧改放北漕粟米。」經臣部議覆，准如所奏。嗣於八年八月由刑部具奏：「監犯日食粟米後，羸瘦多病，今年南糧較多，請仍照奏章改放老米。」亦經臣部議准，遵照辦理，各在案。伏查京倉老米各項開支，以兵糧爲最重，至囚糧一項，按季關支，每年向只二千石有零。近來多領至三千餘石。本年南漕全數運京，雖現在足敷支放，惟杭城甫經收復，蘇常一帶又復被擾，明歲南漕多寡，未能預定。臣等酌核情形，不得不量爲變通。查粟米爲日用所必需，兵民賴以資生，如臣部辦理孤貧糧米，尚搭放粟米，擬將刑部、內務府、步軍統領衙門、順天府、五城各處囚糧仍照七年章程，改放粟米，統計一年得減放老米三千餘石，於倉儲不無節省。可否即以奉旨之日起，所有刑部等衙門，均行改放粟米，由祿米等倉輪流開放。一俟南糧充裕，再由臣部酌量辦理，是否有當，謹附片具奏。

（三）同治四年十月，本部提牢復遞呈求放老米，本月二十六日御史朱鎮奏請改放老米，戶部於十一月十一日奏准。

（按）：附錄原奏：戶部謹奏，爲遵旨議奏事，軍機處交出。同治四年十月二十六日，軍機大臣面奉諭旨：「御史朱鎮奏請將囚糧改放老米一摺，著戶部議奏，欽此。」欽遵交出到部。查原奏內稱：「刑部等衙門囚糧，向由戶部發給內倉勘合，關領老米。自改放粟米，監犯等日漸羸瘦多病。前次御史清安及戶部，奏准改放粟米，係因內倉老米短絀，暫行改放，原係一時權宜之計。本年南米已及三十萬石，以後每年自可源源起運。且臣於庚申辛酉年，任刑部提牢主事時，合計南北兩監人犯，每日不下六七百名，一年計需米二千數百石，本年監犯每日不過四百四五十名，約計一年只需米一千七八百石，即加以內務府、步軍統領衙門、順天府、五城統計，不過二千餘石之數，所費不致加多，所全實爲不少，請飭戶部將刑部等衙門囚糧一體改放老米」等

語。臣等查刑部、內務府、步軍統領衙門、順天府及五城等處囚糧，向由內倉支放老米。咸豐七年御史清安奏，南米短絀，請將囚糧改放粟米，八年刑部奏請仍照舊章開放老米。十年，臣部因南米多寡未能豫定，奏請仍照七年章程改放粟米。同治二年十二月復奉上諭：「御史胡慶源奏請，飭改放囚糧一摺。據稱監犯囚糧例放內倉粳米，自改放粟米後，獄囚每致不得一飽，以致饑瘦困苦，監斃不少，情殊可憫。著戶部倉場衙門，於囚糧一款，仍照舊例，發給粳米。」等因。當經臣部以現在京倉存儲粳燦米，約只五萬餘石，除開放滿漢官員俸米暨內務府應支黃老米外，核計並無餘存。請暫以粟米開放囚糧，俟南米漸次開運，再由臣部酌量情形辦理。奏奉諭旨，允准遵辦在案。茲據該御史奏稱，監犯等自改放粟米後，日漸羸瘦多病，請將刑部等衙門囚糧一體改放老米等情，係為體恤獄囚起見。查刑部等衙門囚糧，每年約需米二千餘石，本年南米業已開運，雖內倉現無存儲老米，而祿米等倉本年運到老米均敷開放，臣等公同商酌，應請准如該御史所奏，將刑部、內務府、步軍統領衙門、順天府、五城等處囚糧，在於祿米等倉，一體開放老米，以示矜恤。惟囚糧既放老米而實惠，務使普沾。倘刑部等衙門禁卒人等，偷減米石，摻換土秕，則徒為中飽之資，轉無恤囚之實，相應請旨飭下刑部、內務府、步軍統領衙門、順天府、五城各衙門，於領到囚糧老米務即督飭承辦司員，認真監收，毋令禁卒人等偷減摻換，並於每日放飯時，親身查驗，倘有前項情弊，即行呈明各該堂官，從嚴懲辦。再令監察御史，不時親往查驗，倘該承辦司員等，疏懈徇縱，即由該御史嚴行參奏，以杜弊端，而昭核實。所有臣等議奏緣由理合恭摺具陳，伏乞聖鑒。謹奏。

（按）：米必常覈其粗細，飯必時嘗其生熟。日放兩次雖兩雪必應親歷，勿輕諉諸司獄。蓋提牢與犯人見面者，惟恃此行耳。一有不至，則禁卒怠弛而無所畏，新犯屈抑而無從訴，種種弊端，由此而起，其散飯不均，尤小焉者也。

卷二：條例考

憲典昭垂，共宜遵守。出乎禮即入乎刑，君子持身之嚴，未嘗不視此為法戒也。古人謂，律為八分書，義良有深意。矧提牢責任煩劇，動關功過。可不曰：兢兢歟！輯條例考。

（律文）：一、凡各處獄卒於相應慣熟人內點差應役，令人代替者，笞四十（點差獄囚律）。

（謹按）：獄卒，即禁子也。刑部曰：禁卒典囚，有主守之責，如有事故當預報官，不得私令代替，慎重監獄之意也。再禁卒頂充，向係頭役出結認保，由本廳付司務廳。近日禁卒人雜，多有為匪不法情事，須於接充時提牢詳加查詢，並特立一冊，將某役係某頭役保充之處開明立案。此役如有犯為匪不法重情，即將該頭役一體交司治罪。或者頭役畏累，不致濫引匪類也。

（則例）：（一）各處監獄，俱分建內外兩處。強盜並斬絞重犯俱禁內監，軍流以下，俱禁外監，再另置一室，以禁女犯。

（謹按）：此條係雍正七年九卿議定，刑部南北兩監，各四屋，北監另置女監一所。

（二）獲犯到案，並解審發回之時，州縣官當堂細加搜檢，有無夾帶金刃等物，方許進監，並嚴禁禁卒不許將磚、石、樹木、銅鐵器皿之類，混行取入。如有買酒入監者，將禁卒嚴行責治。

（謹按）：此例亦係雍正七年定，例內嚴行責治並未指明何罪。

（三）在監斬絞人犯，如有強橫不法及賭博等事，杖一百，仍嚴加鎖錮，俟秋審，分別定擬。知情故縱之禁卒照開局窩賭例，杖一百徒三年，提牢官失於覺察，獄官故為徇隱，交部分別議處。軍流等犯有犯，亦照此問擬。

（謹按）：此條係雍正十一年定，乾隆五年修改原例係照原犯即行正法。後改為俟秋審，分別定擬。又將知情故縱之禁卒，僅照尋常窩賭例擬以滿徒，未免愈改愈輕矣。

（四）斬絞人犯，如有在監年久，自號牢頭，審通禁卒、捕役，挾制同囚、嚇詐財物、教供誣陷、少不遂欲、恣意凌虐、兇惡顯著者，審實即照死罪。人犯在監行兇，致死人命，例依原犯罪名，擬以立決。其尋常過犯，酌量嚴懲示儆。以上四條，俱見獄囚脫獄及反獄在逃門。

（謹按）：此條係乾隆二十四年浙撫莊有恭條奏議定，應與上強橫不法一條，參看免死人犯致死人命本例，在斗毆及故殺人門內，既附見此條，故不另列。

（律文）：二、凡獄卒不覺失囚者，提牢官曾經躬親逐一點視，罪囚鎖錮俱已如法，取責獄官、獄卒，牢固收禁，文狀者不坐。若不曾點視以致失囚者，與獄官同罪。（主守不覺失囚律）

（按）：現在司獄每日與提牢出，如法收禁，甘結雖係具文，每日亦應查究也。

（則例）：監犯越獄，如獄卒果係依法看守，一時疏忽，偶致脫逃，並無賄縱情弊，審有確據者，依律減囚罪二等治罪。仍給限一百日，限內能自捕得准其依律免罪。如他人捕獲，或囚已死，及自首概不准免罪。其有將在監斬絞重犯，鬆放獄具，以致脫逃，將鬆放之該禁卒嚴行監禁，俟拿獲逃犯之日，究明賄縱屬實者，即照所縱囚罪，全科本犯。應入秋審情實者，亦入情實，應絞決者亦擬絞決，應斬決以上者，亦即擬以斬決。如係徇情縱放獄具，或託故擅離，或倩人代守，防範疏懈，乘間潛逃者，亦照故縱律與囚同罪，至死減一等，不准照舊例減囚罪二等問擬。（主守不覺失囚律）

（謹按）：此例原係兩條。一，乾隆十八年定；一，二十八年定，嘉慶六年修並，十四年修改。專爲越獄之禁卒而言，例意頗覺嚴切。有關懲戒至各犯越獄及反獄後，應如何治罪，與獄官無涉，即留緝協緝各條，亦專爲外省而言，提牢不用，故均不及也。

（律文）：三、凡獄囚應禁而不禁，應鎖杻而不用鎖杻及脫去者，若囚該杖罪，笞三十；徒罪，笞四十；流罪，笞五十；死罪杖六十。若應杻而鎖、應鎖而杻者各減一等。若囚自脫去及司獄官、典獄卒。私與囚脫去鎖杻者罪亦如之。提牢官知而不舉者，與同罪。不知者不坐。不應禁而禁及不應鎖杻而鎖杻者，各杖六十。若受財者，並計贓以枉法從重論。

（律文）：四、徒犯以上婦女犯奸收禁，官犯公私罪，軍民輕罪，老幼廢疾，散禁。（以上二條見囚應禁而不禁律）

（律文）：五、凡官吏懷挾私仇，故禁平人者，杖八十，因而致死者，絞。提牢官及司獄官、典獄卒知而不舉首者與同罪，至死者減一等，不知者不坐。9 故禁故勘平人律）

與後獄囚衣糧門內「犯人果有冤濫，據實申明」一條參看。

（律文）：六、凡獄卒非理在禁凌虐毆傷罪囚者，依凡鬥傷論。剋減衣糧者，計贓以監守自盜論，因而致死者，絞。司獄官、典及提牢官知而不舉者與同罪，至死者減一等，有不知，坐以不應。（凌虐罪囚律）

（謹按）：律言不知坐以不應，不言不知不坐者，以司獄、 提牢均以獄爲職，獄卒之弊，正所當覺察，不容不知也。

（則例）：（一）除強盜、十惡、謀故殺重犯，用鐵鎖杻鐐各三道，其餘斗毆、人命等案罪犯，以及軍流、徒罪等犯，止用鐵鎖杻鐐各一道，笞杖等犯，止用鐵鎖一道。如獄官禁卒將輕罪濫用重鎖，重罪私用輕鎖及應三道而

用九道，應九道而用三道，將獄官題參，禁卒革役，受賄者，照枉法從重論。任意輕重者，照不應鎖杻而鎖杻律治罪。提牢官失於覺察，交部議處。

（謹按）：此條係康熙年間現行例，乾隆五年修改，似專為提牢而設，其實通例也。禁卒革役後，仍應照律治罪，例內未及。

（二）凡官員擅取病呈，致死監犯者，依謀殺人造意律，斬監候。獄官、禁卒聽從指使下手者，依從而加功律，絞監候。未曾下手者，依不加功律，杖一百流三千里。

（三）凡獄卒有受罪人仇家賄囑，謀死本犯者，依謀殺人首從律治罪。

（謹按）：以上二條均係康熙年間例。

（四）凡問刑衙門，不許於獄內用匣床。違者，官革職，杖一百流三千里，禁卒杖一百革役。

此概指獄官知情者而言，如官止失於覺察，禁卒私用者，治罪當不止滿杖革役而已。

（五）凡犯人出監之日，提牢官、司獄細加查問，如有禁卒人等凌虐需索者，計贓治罪，仍追贓給還犯人，提牢官、司獄不行查問，事發之日，亦照失察例議處。

（謹按）：此係雍正八年例，現在犯人出獄時，司獄仍照例一詢，其實，稽察以平時為要也。

（六）凡內外斬絞監候之犯，每遇秋審時，責令獄官監看剃髮一次；軍流人犯，每季剃髮一次，仍令留頂心一片。

（謹按）：此條係乾隆十一年湖南按察使周人驥條奏定例。

（七）徒罪以下人犯患病者，獄官報明承審官，即行赴監驗看是實，行令該佐領、驍騎校、地方官取具的保，保出調治，俟病痊，即送監審結。其外解人犯，無人保出者，令其散處外監，加意調治。如獄官不即呈報，及承審官不即驗看保釋者，俱照淹禁律治罪。若本犯無病，而審通獄官、醫生謊稱有病者，該犯並獄官、醫生，俱照詐病避事律治罪。

（謹按）：此條係雍正初年定例，內所指徒罪以下人犯，似係指已經結案者而言，若尚未審出實情者，自難拘泥此例。然犯人有病，提牢、司獄總以速報速治為要，其應交出與否，則責在各司也。

（八）刑部監犯患病沈危，醫生呈報救治後，提牢官回堂移會滿漢查監御史，即日赴部查驗。如有監斃人犯無論因病因刑，及猝患暴病身死，不及

呈報救治者，均移會滿漢查監御史率領指揮一員，限一日內赴部會同刑部司官相驗。倘承審官有非法拷打，及將不應刑訊之人，濫刑致斃，並禁卒有凌虐罪囚各情事，即嚴參究辦。至步軍統領、都察院、順天府、五城各衙門，並各省送部之案，務將人犯是否患病，及曾否刑訊，受傷之處，於文內詳晰聲明。若送到人犯，受有刑傷及病勢沉重者，刑部立即諮查監御史，亦於一日內赴部查驗立案。

（謹按）：此條係嘉慶十七年定例，內後一層，最宜留神。

（九）刑部監犯越獄，並在獄滋事之案，該禁卒等分別有無受財故縱治罪。除至死無可加外，餘各於本罪上，加一等流罪。以上先於刑部門口，枷號兩個月；徒罪以下，枷號一個月。如有挾嫌設法，陷害本官情事，照惡棍設法詐官實在，光棍擬斬例，分別首從嚴辦。如該提牢官知情徇隱故縱，照私罪嚴參革職。若止疏於防範，失於覺察，照公罪交部議處。

以上九條俱見凌虐罪囚門。

（按）：此例係同治二年御史胡慶源條奏纂定，從先嚴立提牢處分，無非防官作弊耳，孰知轉授其權於吏役也。自有此例，寬提牢之公罪，吏役始稍知斂跡，不敢十分挾官舞弊，乃刑獄一大轉關也。謹將原奏附錄以備考核。

原奏內稱：「提牢之權太輕，而處分太重，稍一認眞，禁卒舞弊以逐其官，官聽令於禁卒之手，故禁卒有所挾制爲非，而官不敢問。請寬提牢之處分，而嚴定禁卒之罪」等語。「臣等查律載，獄卒不覺失囚者，減二等；若囚自內反獄，又減二等；故縱者，與同罪；受財者，以枉法從重論；又受財故縱與同罪者全科，至死者絞各」等語。獄卒所犯之罪不一，定例各有專條，即以失囚而論，例以有無受財故縱分別罪名輕重。蓋受財故縱者，係有心故犯，其罪綦重。不覺失囚者，係無心失誤，故其罪較輕，立法已極詳備。然參觀諸例，有心故犯與之同罪，而無心失誤止減二等，已屬從嚴辦理。今該御史請寬提牢之處分，而嚴定禁卒之罪名，臣等竊思，臣部提牢一官，管理兩監，額設夫役禁卒百數十名，收管人犯，歲常數百人，責重事繁，彈壓撫馭，均非易易。故一年任滿，例得優保，而一切處分獨可從寬，固非所以示勸懲。椎處分公私，私罪不可不嚴，而公罪則不宜過重。或迴護已前之處分，而故事因循；或瞻顧以後之考成，而苟安且夕；即爲其下者，亦以爲官之黜陟，操於伊手，將有所挾制，而敢於作奸犯法。故立法雖善，而奉行不力，致有名無實，此監獄積弊所由，不能盡除也。即如臣部監獄疏防各案，按例止應

照公罪開來。嗣於道光十三年間，李相清越獄一案，將提牢改議從嚴，至今遵例辦理。竊思今昔情形不同，從前監犯無多，駕馭較易，今監獄之內，收禁盜賊等犯，動至數百名，狡譎性成，瞀不畏法，非提牢官破除情面，力挽頹風，難資整飭。且提牢與州縣同為有獄之官，而州縣官疏防越獄處分，初參止於革職留任，而提牢竟至革職。不值班者，亦至降調，殊不足以示平允。今欲整飭監務，莫如嚴提牢私罪之處分，而寬其公罪之處分，俾得盡其所長，無所顧忌，極力整頓以收實效。至禁卒人等因緣為奸是其慣技，防範偶疏，玩法營私，弊端百出，實堪痛恨。應請：嗣後刑部監獄滋事，該禁卒等仍照定例，分別有無受財故縱治罪。除死罪無可再加外，其餘罪名各於應得本罪上，酌加一等治罪。流罪以上，仍先於刑部門口枷號兩個月，枷滿發配，以示嚴懲。如訊有挾嫌設法陷害本官情事，即照惡棍設法詐官實在光棍擬斬例，分別首從，從嚴懲辦。其提牢處分，如該提牢實有知情徇隱故縱等弊，即照私罪例，分別嚴參，革職治罪。若僅止疏於防範，或失於覺察，並無別項情弊者，即照公罪例，交部議處。惟處分輕重向由吏部照例辦理。一切公罪處分，可否酌量減輕之處，應請飭下吏部會同臣部再行妥議章程，奏明劃一辦理。等因。同治二年五月二十八日奏，本日奉旨依議欽此。

旋准吏部知照，核議具奏，原奏內稱：「查道光十三年，官犯李相清越獄脫逃一案，直宿提牢富海，經刑部奏，奉諭旨著即革職，未經直宿之提牢黃丕範，於直宿提牢富海革職上，減為降三級調用，毋庸查加級議抵。道光十三年六月二十日奉旨：『依議，欽此。』欽遵在案，嗣後即照此案一律辦理。」歷查：咸豐二年，絞犯郭大越獄脫逃；咸豐七年，絞犯汪長兒越獄脫逃；同治二年，周六等反獄脫逃各案，值班之提牢奎福、葆謙、穆克登布等，均係革職，未經直宿之提牢尹開勳、桂迂衡、朱壽霖等，均於值班提牢革職上，減為降三級調用，不准抵銷，歷經辦理在案。今據刑部奏稱：「提牢與州縣同為有獄之官，而州縣官疏防越獄處分，初參止於革職留任。而提牢竟至革職，不值班者亦至降調，殊不足以示平允。請將一切公罪處分，酌量減輕等語。」臣等查刑部為刑名總匯之區，監獄重地，與外省監獄不同。況州縣官疏防越獄，初次雖止於革職留任，倘逾一年之限，分別未獲名數，議以降調革職，仍留於地方協緝。至刑部提牢並無留緝，亦無展參，與外省有獄之州縣官，情形迥異。是以該提牢任滿之日，議敘特優，而失事之時處分亦重。惟既據刑部奏明，今昔情形不同，從前監獄無多，駕馭較易。今監獄之內收禁盜賊

等犯，動至數百名，狡詐性成，瞖不畏法，非提牢官破除情面，力挽頹風難資整飭等語，自應量爲變通以寬公過。臣等公同酌議，應請嗣後刑部監獄如有疏失，將值班之提牢，查照成案革職處分上，減爲降三級調用，不值班者提牢，查照成案降三級調用處分上，減爲降一級調用。均係公罪，仍將可否抵銷之處聲明，請旨恭候欽定。所有臣等核議緣由理合恭摺具奏。同治二年七月二十一日具奏，本日奉旨：「依議，欽此。」

（律文）：七、凡獄卒以金刃及他物可以自殺及解脫鎖杻之具，而與囚犯者，杖一百。因而致囚在逃，及自傷或傷人者，並杖六十徒一年。若囚自殺者，杖八十徒二年，致囚反獄及殺人者絞。其囚在逃未斷之間，能自捕得及他人捕得，若囚已死及自首者，各減一等。若常人以可解脫之物與囚人，及子孫與在獄之祖父母、父母，奴婢、雇工人與在獄之家長者，各減一等。若司獄官典及提牢官，知而不舉者，與同罪，至死者減一等。若受財者，計贓以枉法從重論。若獄囚失於檢點，致囚自盡者，獄卒杖六十，司獄官典各笞五十，提牢官笞四十。（與囚金刃解脫律）

（謹按）：律內徒一年罪名，蓋指輕罪囚而言，若致重罪囚在逃，自有主守不覺失囚，減二等之律在，何能止科徒一年也。

（律文）：八、凡司獄官、典獄卒教令罪囚反異變亂事情，及與通傳言語有所增減罪者，以故出入人罪論，外人犯者減一等。若容縱外人入獄及走泄事情於囚，罪無增減者，笞五十，若受財者，並計贓以枉法從重論。（主守教囚反異律）

（律文）：九、凡書辦、皁隸及官員家僕人等，有擅自出入監所者，令提牢官、司獄、禁卒立拿回堂。將書吏革役，打四十板，遞回原籍；家人枷號一個月，打四十板，家人之主交刑部議處。若不行拘拿，被查出者，提牢官、司獄俱以失察例議處。（見主守教囚反異門）

（謹按）：此條係雍正二年纂定，書隸似亦應一律枷號。

（律文）：十、凡獄囚應請給衣糧、醫藥而不請給，患病應脫去鎖杻，而不脫去，應保管出外而不保管，應聽家人入視而不聽，司獄官、典獄卒，笞五十。因而致死者，若囚該死罪，杖六十；流罪，杖八十；徒罪，杖一百；杖罪以下，杖六十徒一年。提牢官知而不舉者，與同罪。若已申稟上司，不即施行者，一日笞一十，每一日加一等，罪止笞四十。因而致死者，若囚該死罪，杖六十；流罪，杖八十；徒罪，杖一百。杖罪以下，杖六十徒一年。（獄囚衣糧律）

（謹按）：此係指一時疏忽者而言。如因剋減衣糧致死，自有凌虐本律，不能照此科斷。再，此律係矜恤貧病罪囚之典，管獄者宜詳玩也。

（則例）：（一）凡司獄、吏目、典史專管囚禁，如犯人果有冤濫，許管獄官據實申明。如府州縣不准許，即直申憲司各衙門提訊。

（謹按）：此條係明令以司獄等官專管囚犯，知之最切，故設此例以伸冤抑。如訊出實情，其據實申明之司獄等官，似應予以議敘，方可誘之使言也。不然，誰肯招上官之忌，而自生枝節乎。

刑部赴倉支領囚糧，每石給腳銀五分。倘獄卒人等私行扣?，照律嚴加治罪。獄官通同作弊，一體治罪。其失察之提牢官，交部議處。

（謹按）：此條係雍正十一年纂定。

凡牢獄禁繫囚徒，年七十以上十五以下，廢疾散收，輕重不許混雜。鎖杻要常須洗滌，蓆薦常須鋪置。冬設暖床，夏備涼漿。凡在監囚犯，日給倉米一升，冬給絮衣一件，病給醫藥。看犯支更禁卒，夜給燈油，並令於本處有司，在官錢糧內支放，獄官預期申明關給，無致缺誤。有官者犯私罪，徒流鎖收，杖以下散禁，公罪自流以下皆散收。

（謹按）：此條係前明舊例，乾隆年間兩次修改。

內外刑獄醫治罪囚，各選用醫生二名，每遇年底稽考優劣。如醫治痊癒者多，照例俟六年已滿，在內諮授吏目，在外諮授典科訓科，不能醫治，病死多者，責革更換。

（謹按）：此條係康熙年間現行例，勸懲並用，亦欽恤罪囚之意。提牢廳由太醫院諮送醫官二名，輪流進署當差，須加禮貌，最以令典，飭其盡心醫治。如疲劣過甚，無妨諮回另取。

刑部南北兩監板棚，不許禁卒人等私相租賃，如有受賄頂租等弊，將獄卒人等從重治罪。

（謹按）：此條係雍正十一年纂定。

斬絞重犯，及軍流遣犯在監及解審發配，俱著赭衣。

（謹按）：此係乾隆二十五年山東按察使沈廷芳條奏纂定，蓋恐其脫逃之意。現在值朝審時斬絞犯尚著赭衣，上班先一日，堂派員監放。

內外問刑衙門收禁人犯，如有禁卒人等私行傳遞，或代買鴉片煙與犯人吸食者，發極邊煙瘴充軍。贓重者，計贓以枉法從重論。失察之該管官交部議處。

（謹按）：此係道光十九年大學士軍機大臣會同議嚴禁鴉片一摺纂定。

刑部在監現審人犯，除未結各案及監禁待質，官常各犯，均不准親屬探視外，其已結各案，許令犯人祖父傲母、父母、伯叔、兄弟、妻妾子孫，一月兩次入視，其隨從入視之使役人等不越兩名。提牢、司獄各官定立號簿，將某日、某案、某犯、某親屬入監探視，逐一詳訊登記。每日滿漢提牢司員，輪流一人在外廳直宿，司獄二員，在南北兩監內廳直宿，嚴行查察。如有捏稱犯屬入監，教供舞弊情事，一經察覺，嚴拿本犯究辦。將未能查出之提牢、司獄各官分別議處，自行查出免議。若有送飲食者，提牢官驗明，禁子轉送。至各省、司、府、州、縣監獄責成司獄、吏目、典史專管。於未經結案並待質監犯嚴禁，不許親屬探視，其已結各案犯屬入監探視，亦逐一登記號簿，一體詳密稽察。如有奸徒捏名入監舞弊，即據實分別拿究參處。其盜犯妻子家口均不許放入監門探視，違者妻子家口枷號兩個月，責四十板，婦女照例收贖，提牢、司獄等官吏參處。（以上八條俱見獄囚衣糧門）

（謹按）：此條係雍正七年纂定，嘉慶二十二年御史周鳴鑾條奏修改。提牢住班始於此例。

附錄原奏：嘉慶二十二年正月二十二日刑部奉上諭：「御史周鳴鑾奏嚴防監獄以杜刁健一摺。刑部為刑名總匯之地，監獄理宜嚴肅。凡有未經定案之犯，有訟師假託人犯親屬，進監探視教供，以致案情多有翻易，人證反受拖累，不可不預為防範。其外省監獄，亦當一律整飭，應如何嚴申例禁，加意慎密，及滿漢提牢廳輪流住宿之處，著交刑部妥議章程具奏，欽此。」當經臣等查：臣部舊定章程，凡現審未經畫供定案各犯親屬人等，一概不准進監看視。又南北二監額設滿漢提牢官二員，滿漢司獄八員，每監分內外獄門二層，提牢司員總理兩監，向在外廳辦事，早晚放飯時，兩次入監查察。晚獄門封鎖後，始行散署。司獄每日輪流二員，在南北兩監內廳值班住宿。凡已經結案人犯準令親屬每月探親兩次，至監禁待質及未經定案之官常各犯，均不准親屬探視。惟人情變幻百出，已經結案人犯，向既准親屬探視，誠難保無奸詐之徒，於各親屬入監探視時，藉端影射，冒稱已經結案犯屬入監，向現審案犯教供、串捏以致犯供翻易，於案犯罪名大有關係，至司獄官夜間在內廳直宿，獄門封鎖後其鎖鑰原即責成司獄收管，司其啓開。惟外廳稽察無人，亦不足以資彈壓而昭嚴肅。臣等公同酌議，應請申明舊例，飭令提牢司獄各官，嚴密查察。所有現審案犯，除未結各案，仍不准親屬探視外，其已

結各案，如有親屬進監探視，亦另定立號簿，將某日、某案、某犯、某親屬入監看視， 逐一詳訊登記，並令嗣後滿漢提牢司員，每日輪流一人在外廳直宿，嚴行查察，如有捏稱犯屬入監教供舞弊情事，一經察覺，嚴拿本犯究辦。將未能查出之提牢、司獄各官，分別議處，自行查出免議。

（律文）：十一、功臣及五品以上文武官犯罪，應禁者准令親人入視。（功臣應禁，親人入視律）

（謹按）：功臣有勳勞於國者，五品以上亦班聯之尊者，故優恤特及也。

《吏部處分則例》禁獄列有專門，謹逐條附錄，以備考核。

監獄倘有廢壞，立即修理，管獄官、有獄官如不行親查，以致牆壁傾圯，管獄官降一級調用，有獄官罰俸一年。（俱公罪）

（謹按）：此係指外省而言。然本部監內如有要工，應即移付四川司，令其先行修理，方昭慎重。

凡應禁人犯，一切鋪監使費，永行革除。如禁卒人等，有藉端需索情事，將失察之管獄、有獄官，照失察書役犯贓例議處，知情故縱者照縱役犯贓例革職。（私罪）。書役犯贓例見後。

刑部監獄，每日令滿漢提牢司員，輪流一人在外廳直宿，司獄二員在南北兩監內廳直宿。如有應議處之案，以司獄為管獄官，提牢司員為有獄官，堂官照督撫例處分。

刑部在監現審人犯倘容未經結案並待質之犯人親屬，及盜犯家口，入監審供、舞弊者，將失察之司獄等官，照外人入獄笞五十。（公罪）罰俸九個月。（公罪）受財者計贓從重論，自行查出究辦者，免議。

各省監獄應給囚糧、衣褲、醫藥等項。州縣官按數支給核實報銷。如有剋扣冒銷者，革職提問（私罪）。係失察刑書剋扣者，降一級調用（公罪），因而凍餒致死者，革職（公罪）。若係管獄官剋扣冒銷及失察者，照此分別議處。

此係指外省而言，然提牢亦須知也。

獄卒凌虐罪囚因而致死，管獄、有獄官知而不舉，革職治罪（私罪）。不知者，管獄官降三級調用，有獄官降二級調用（俱公罪）。如凌虐未致死，係知情故縱者，均革職（私罪）。失於覺察者，管獄官降一級調用，有獄官降一級留任（俱公罪）。自行查出究辦，未致死者免議，已致死者，仍照例議處。

獄卒聽受賄囑，謀死本犯，失察之管獄官革職，有獄官降三級調用（俱公罪）。

官員於獄內用匣床者，革職治罪（私罪）。或將犯人拘禁地窨，或以長木將各犯同繫，令其不能轉動者，均革職（私罪）。

聞本部從前監中禁卒有以長木將各犯同繫之事，謂之鞭床，應時時嚴查懲治。

（九）官員失察，監犯號充牢頭，有凌虐罪囚情事者，將管獄、有獄各官，照獄卒凌虐罪囚例，分別議處。如謹止私充牢頭，並無凌虐情事者，將管獄官照約束不嚴例，降一級調用，有獄官降一級留任（俱公罪）

署事官在署事期內有越獄之事，照現任官例處分；徒罪以下人犯有病，而獄官不即呈報，照淹禁者，杖六十公罪律，罰俸一年（公罪），因而致死者，治罪。如本犯無病，而審通獄官捏稱有病者，將獄官降一級留任（私罪）。

刑部司獄官典，於斬絞人犯一案內，監死三四人者，罰俸一個月；五六人者，罰俸三個月；七八人者，罰俸六個月；九人十人者，罰俸九個月；十一人以上者，罰俸一年。（以上俱公罪）。軍流遣犯一案內，監死三四人者，罰俸三個月；五六人者，罰俸六個月；七八人者，罰俸一年；十一人以上者，革職。（以上俱公罪）。凌遲重犯，及徒罪以下人犯一案內，監死三四人者，罰俸六個月；五六人者，罰俸九個月；七八人者，罰俸一年；九人以上者，革職。（以上俱公罪）。其非一案內人犯，及同時監死而罪名各異者，俱仍分案議處。

凌遲及斬絞立決人犯，在監自盡者，管獄官革職，有獄官降三級調用。斬絞監候人犯自盡者，管獄官降三級調用，有獄官降二級調用。軍流以下人犯自盡者，管獄官降一級調用，有獄官降一級留任。（俱公罪）。因病墜鏈身死之犯，照自盡例議處。

斬絞人犯在獄傷人，管獄官降一級調用，有獄官罰俸一年。軍流遣徒人犯，在獄傷人，管獄官降一級留任，有獄官罰俸九個月。笞杖人犯與干連應質之人，散寄外監傷人，管獄官罰俸一年，有獄官罰俸六個月（俱公罪）。其犯人在獄自傷，亦照此例議處。若因傷致死，即均照監犯自盡例議處。

凡永遠鎖錮之瘋犯在監墜鏈身死，管獄、有獄各官，照軍流以下人犯在監自盡之例，議處。

內外大小衙門書役犯贓，除本犯照例治罪外，本管官如通同婪索，不論銀數多寡，皆革職提問。若縱令作弊得贓，亦不論銀數多寡皆革職（私罪）。其止係失於覺察，如犯該杖徒者，本管官罰俸六個月；犯該軍流者，本管官

罰俸一年；犯該斬絞者，本管官降一級留任（以上俱公罪）。俱以首犯之罪名爲斷。自行訪拿究辦者，免議。

刑部監獄如有疏失，值班之提牢降三級調用，不值班之提牢，減爲降一級調用（俱公罪）。將可否抵銷之處聲明，請旨。

此即同治二年所定新章也。

（按）：意外風波，自天主之；當前職分，自我主之。自問不作刻薄事，得失應聽之於天。瘡痍滿目，患拯救之無方。一年光陰，又倏忽而易逝，何必以有用心力，戚戚於不可知之事哉。

卷三：章程考

制隨時變，拘泥匪通；法賴人行，維持乃久。顧未究其所以然，勿遽謂化裁盡善也。古人云：「不習爲吏，視已成事」；又云：「前事不忘，後事之師」。爲官皆然，豈爲提牢而能外是哉？輯章程考。

領米事宜

每領米前四十日，司獄司具呈提牢，回堂標劃，付交陝西司辦。先行稿，約八日，飭吏將文冊投送戶部陝西司辦稿簽，行內倉約十二日，司獄司出具印領，飭吏持赴戶部領出，勘合標劃。堂片知照內倉定期。堂派司獄一員，廳派頭役二名、更夫四名至期赴倉關領。

滿漢提牢各覓老靠米鋪一二家，酌發給粗米百石或數十石，每石得細米百斤有奇，秋後要米。人犯十日一放，每名十斤。飯夫煮米前日晚間，發給每名一斤。所餘之米，每日酌煮三四斤，散給飯後新收人犯。

散飯時用圓木一根，飭官人每杓量平。

廳上舊火印斛一支，火印斗一支，樣勺一把，新制大米櫃二個，大秤一杆，杆斗一支，升一支，斗量一根，飯筒二個，布袋四條，水牌一面。

飯頭邢寬業經革退，嗣後煮飯，每季換更夫一名承充，付知司務廳，如有剋扣情事，立即更換，以防日久把持。

放米前一日，將名數查清，以防濫領。（現在秋後人犯們領米不領飯）

道光三十年謹錄

（按）：此章程惟第一條、第三條與現行事相同，餘均不合。然第五條更換飯頭之處，雖不能按季屢易，如有煮飯不熟、量杓不滿及剋扣各情事，輕則責罰，重則隨時更換可也。

提牢廳各項事宜

一、每次領囚糧三百石，付陝西司行文戶部赴內倉支領。腳價銀十三兩，陝西司辦稿呈堂付庫支領，每年領四五次不等，歸奏銷。

二、每日與監犯煮飯用煤一百斤，付陝西司行文工部，按月支領，折給銀五兩七錢。

三、每月監犯鹽菜銀八兩，禁卒燈油銀六兩，病房煤炭銀二兩，書吏紙張銀一兩，呈堂付庫支領。歸奏銷。

四、每年立夏后，各監口更換蘆席，銀十兩，呈堂付庫支領。歸奏銷。

五、夏日，各監口薰燒倉術、柏枝，銀十二兩八錢，呈堂付庫支領。歸奏銷。

六、每年自五月初一日起，各監犯散給冰塊，共享拉冰車價銀十八兩，呈堂付庫支領。歸奏銷。

七、每月各監用藥，價銀二十兩。呈堂付庫支領。歸奏銷。

八、醫士每月飯銀各二兩，按季呈堂付庫支領。歸奏銷。

九、醫士各季應領米折銀各五兩零，按二次付。付福建司呈堂赴戶部支領。

十、每年各監添買大碗一百三十個，價銀一兩九錢五分，呈堂付庫支領。歸奏銷。

十一、每年朝審後，並監看守情實人犯，所需燈燭、薪水、茱蔬等項，呈堂批給銀七八十兩不等，付庫支領，歸隨時支領。（並監即所謂現監也，勾到前一日，現監爲諸死囚飲食、宴樂向不禁，惟雜人來往領屬頭役稽查。是日午時、提牢先在南監獄廟拈香，迨夜間子正，方在北監獄廟焚獻。時值冬令，寒風慘淡，紙灰亂飛，四屋聞寂，境象寂然）

十二、每年情實人犯勾決後，賞禁役等銀一百一十二兩不等，呈堂赴飯銀處支領。（歸隨時支領）

十三、派幫班司獄並禁役押解人犯赴圓明園候訊。幫班司獄每日每員給車飯銀五錢，禁役、人犯每日每名飯銀一錢，犯人每車一輛，價銀三錢，赴都虞司每車一輛，價銀一錢二分。呈堂，赴飯銀處支領。兩監押解人犯相驗，禁役、犯人每日每名飯銀三錢，赴飯銀處支領。今無此項。

十四、每月監犯茶水銀十兩，添買煤炭煮飯銀二十兩，赴飯銀處支領，歸月例。

十五、飯頭每月添買器具銀五兩六錢，赴飯銀處支領，歸月例。

十六、兩監司獄人員，每月飯銀三十二兩，赴飯銀處支領，按月同各司飯銀發。

十七、病房調理病犯粥米等項銀，每月二十四兩，赴飯銀處支領，歸月例。

（按）現在監中並無病房，庫中仍按月發款，不知由何時將名目塗竄爲單衣藥引，以致款項淆混，徒資中飽。近來體恤病囚，諸事皆出提牢自辦，雖年獲友朋捐助，究難爲繼。且恤囚爲刑部要務，常在外托缽，亦屬非體。聞現任提牢熊再卿（起磻）會同庫官景彬卿（文）、陳雅農（惺馴）議定，嗣後此款發出，由庫官親交提牢，不經書吏手。廳內有此，即無捐項，已不虞辦公無出，在熊公不避一身嫌怨，景陳二公不憚一時煩勞，爲監獄施惠無窮。後任君子，坐享其成，切勿易視也。蓋提牢欲有惠政，無財實不可爲；僕公《提牢瑣記》後一段言之詳矣。今以署中常有之款，辦監內應爲之事，庶可經久。惟庫銀來不及時，常有數月無放項者。而提牢任有定期，若將前任用款歸後任承領，轉多輾轉。如能定一章程，於新漢提牢到任時，具稿回堂預支此款，滿年全數爲一任。恤囚費用，滿漢提牢公立一簿，用項逐款登記，事非恤囚，不得動一錢。（所用惟早晨小米粥，飯後收犯、給餅兩宗最要）交代時，舊提牢算清畫押，將簿存廳備核。（似此稍加變通，於領款無所增，於提牢實有益也。姑存斯議，以俟後之留心監獄者。）

十八、本廳直宿，每月飯銀十五兩，茶水銀三兩，赴飯銀處支領。按每月同各司飯銀發。

十九、兩監闢瘟香料，每月價銀三兩，赴飯銀處支領，歸月例。

二十、醫士二名，每月幫帖每名銀一兩，赴飯銀處支領，歸月例。

二十一、每年冬季，各監口鋪草苫，用京錢一百七八十千文，由捐衣項撥給。

二十二、每年夏季，修理橋凳，銀四兩津貼、抬搭橋凳，銀六兩五錢。呈堂，赴飯銀處支領。歸隨時支領。

二十三、由提督衙門派撥五營弁兵巡邏兩監，計官十員，兵八十名。每月每員各津貼銀三錢，共領銀二十七兩，赴飯銀處支領，歸月例。

光緒五年二月二十八日錄：

本部飯銀庫放款分三等：一曰奏銷、一曰月例、一曰隨時支領。奏銷及隨時支領二款有時全放，有時不放，及放一半不等。惟月例之款，按月必放。

廳內月例項下合醫士飯食，囚糧經費、粥荣湯荣、避瘟香料，各款計之，共銀六十四兩六錢。庫發實銀五十一兩六錢八分。（以款領下，從前歸一茶房經理。前任僕公將茶房驅逐，現歸書吏經手）弁兵津貼銀二十七兩，亦繫月例。除放弁兵外，餘款些領歸入零用。（弁兵每晚總有不到數名，故有餘）此外，尚有蘿葡湯一款，每年領銀一百零一二兩不等，係歸奏銷項下事宜內，漏未列入。

（按）：第七條藥價銀，係指監犯所用丸散湯劑諸藥。（避瘟香料，另款，歸月例）除湯藥現時買取外，須飭吏將梅花點舌丹、萬應錠、紫金錠、蟾酥錠、痧氣靈丹、萬應丹、臥龍丹、七釐散諸藥，常預儲廳內，以備急用。管庫者亦可將此項每年必發三數月，以其非盡無著也。（犯服湯藥領時查問，非更夫遲延不速買，即買回本屋不速煎也）跌打金瘡諸藥關係尤要，更須多配。附錄極驗三方。金瘡藥方：生白附子十二兩、白芷一兩、天麻一兩、生南星一兩、羌活一兩、防風一兩。以上六味不見火，共研細末，治一切金刀木器跌損諸傷，敷破處即愈。傷重或內傷者，用黃酒調服一二錢，不避風、不忌口；又被打方：荊介、黃蠟、魚鰾（炒黃色）各五錢，艾葉三片，入無灰酒一碗，薰湯，煮一炷香，熱飲之，汗出立愈，百日內不得食雞肉。又方：桂元核去光皮研細末，破處、乾糝腫處用燒酒調敷，乾則以酒潤之。（首方不避風、不忌口，尤宜犯用，須多配。）

本部南北兩監酌定防範事宜

律例館奉堂諭：查本部南北兩監額設滿漢司獄，晝夜輪流。該班管理人犯原立稽查章程，本為周密。近有絞犯董其書謀殺同監人犯一死兩傷一案，實屬從來未有之事，皆由司獄等平日稽查廢弛，經理失宜所致。著派提調等將兩監 稽查事宜秉公妥議等因，遵即悉心妥議稽查防範事宜，相應開單，呈堂閱定存案。（道光六年館議）

計開稽查南北兩監事宜十條

一、監犯內如有彼此口角，挾有嫌隙者，責成司獄督令該禁卒回明提牢廳，將該二犯均另調別監。倘該禁卒有心徇隱，即行責革。

二、禁卒內有年力已衰及尚未成丁，或患病聾聵者，責成司務廳於每月點卯時，查明更換。

三、兩所男犯各分四監，每監值班禁役額定四名。該頭役等往往因散役

偶有患病等事，即止令三人值班，不足以照慎重。嗣後，如禁卒不敷四名額數，責成司獄飭令頭役回明提牢廳，另調別班補足。

四、兩監禁役吃飯時向定章程，必須向司獄報明，領取名牌，始行放出內圍。飯後仍將原牌交司獄收存，該禁役即歸本班。現在該禁役等間有不循舊章者，應責成司獄隨時稽查整頓。

五、現審人犯各司白日提審時，向係幫班禁役等押帶，至申刻以後，該禁役等即各散去。夜間提審即係本屋住宿，禁役押帶，以致本屋乏人看守。嗣後，各司遇有夜間熬審案件，須於當日午刻預先移付提牢廳，以便酌留幫班禁役夜間押犯。

六、各監收封後，禁役分更看守，責成司獄不時前往稽查。如禁役稍有懈弛之處，即回明提牢廳分別責革。

七、兩監更夫向分內外圍，鳴鑼擊柝，巡邏防夜。每日封門時，由內司獄點名。近來司獄仍循舊規，每日查點，更夫分內外圍。惟更夫等於點名之後，往往乘間走出。夜間或留二三人於頭二更鳴鑼巡走一二次，迨三更後，偶遇風雨，竟至寂然無聲，殊屬膽玩。嗣後，責成提牢率司獄細心訪查，如有前項情弊，嚴加懲辦。

八、司獄向係正班人員在內廳直宿，如正班遇有患病等事，即令幫班司獄代為直宿。近有正班司獄輪應上班時，動以患病有事推諉，而幫班之員亦彼此觀望，抗不接班。臨時未免周章。嗣後，無論正班幫班人員，如實係患病有事，均須先期一二日呈明提牢，不得於知會到日，將有事緣由批寫知會帶回。倘仍前因循，提牢廳即據實回堂參辦。（近來司獄無幫班）

九、律例內關係監獄各例，應令提牢廳另行摘錄、詳加查察，毋得日久懈生。其觀議章程如有尚未詳盡之處，責成現任提牢司員隨時回堂，再行酌議。

十、現議章程有責成司獄遵辦者，如不肯實力奉行，或辦理未臻詳慎，提牢司員即回堂，分別核參。

（按）：所議俱係實在情形，妥密之至。《刑案匯覽》載入《刑部事宜》，廳內竟不知有此章程，似應刻板收存，同後約束禁卒規條，每年提牢上任時刷印標示一次，以新耳目，而申警戒。

（按）：第九條所稱：「律例內關係監獄各例，應令提牢廳另行摘錄」等語，與翹現所輯條例考用意相合。爾時提牢是否遵辦，無從查考。亦可見後人想到之事，前人均早見及也。

同治二年五月二十日清檔房傳奉堂諭：向來南北兩監各分四屋，其逐日新收人犯，如某監人少則點收某監以示均勻。近聞該司獄於收人時並不率循舊章，任意撥補，難保無審同監犯等賄買入監，希圖索詐等情事。嗣後，南北兩監均設立掣籤條規，責成提牢廳督飭該司獄等務當恪遵辦理，以除積習。倘有私自更換調撥及前項等弊，一經查出，定將該司嚴參懲辦，決不姑寬。該提牢官亦當隨時察勘，勿得徇隱干咎，著將此諭並所定規條傳諭提牢廳，照繕二分，懸掛南北兩監司獄處可也。特諭。

今將規條列後：

一、兩監均設一籤桶，置籤四枝，頭二三四，各寫一枝，共入一桶。每於收人時，令其自掣一枝，照籤點收。俟掣定後一併將籤入桶，照此輪轉。

二、各監每日開除人數不齊，如某監開除太多，比別監人數少至十人以上，即將所收人犯不用掣籤，盡數補足十人，補齊後仍復照常，如某監開除甚少，比別監人數多至十人以上，即將某監之籤暫為撤出封記，俟別監補齊後，仍將籤入桶，但必須多寡在十人以上，方准照此辦理，未過十人者不准。

三、間有同案要犯須隔別收者，先令一犯掣籤。如籤繫頭監同案之犯，仍有掣頭監者，則將此籤暫放一邊，令其再掣。俟同案掣完，將前掣出之籤仍入桶內。如非同案及尋常各犯，以一掣為定，不准再掣。

四、各司間有批明調收之犯，如係南北二犯對調，即以某犯調出之監收調來之犯。如係一犯單調，即於調到時，仍令掣籤照收。倘所掣之監已有同案要犯，仍照前調再掣，亦無庸另調一犯補前所收之監。至本監內有調致屋者，均照此辦理。

向來南北兩監每監各分四屋，其逐日新收人犯，如某監人少則點收某監以示均勻。乃該司獄等並不遵循舊章，任意調撥，恐有審同監內人等賄買圖詐情事，當於同治二年設立掣籤條規，業經諭令，提牢廳昭繕二分懸掛南北兩監，一體遵行在案。惟近聞該司獄等日久先懈，奉行不力，且南監司獄與監口相隔甚遠，難保無私自更換調撥等項情弊。嗣後，每遇新收人犯，著傳諭該提牢廳督飭該司獄親赴獄神廟前眼，同四監禁役人等按照前定規條，令該犯自掣一枝，照籤點收。倘該司獄等不遵規條，任意撥補，一經查出，定指名嚴參，決不姑寬。著將此諭並前定條規照繕，懸掛獄神廟前，各宜稟遵。特諭。（同治八年十二月二十五日清檔房傳）

　　（按）：此專爲防司獄收犯而設。然司獄之弊固從此絕，而司獄之權亦從此輕。提牢待司獄須以禮貌，遇事相商以收指臂之助。且吏役等知內外廳聯爲一氣，自不敢肆然無忌。爲司獄者，亦當矜惜廉隅。古人云：「一命之士，苟存心於愛物，於人必有所濟。」觀梁東山先生之事，有志者可奮然起矣。（東山先生事見後）咸豐元年議覆：御史宗稷辰分別收禁人犯一摺，事涉提牢，類似於此，以備參核。原奏內稱爲遵旨察核具奏事，咸豐元年十月十六日奉上諭：「御史宗稷辰奏：『刑部當月官收禁現審人犯，請與提牢會商酌辦，』等語，有無窒礙之處，著刑部察核具奏。欽此。」遵查：該御史原奏內稱：「刑部當月人員遇有步軍統領衙門與五城送部案犯及干連人等，憑該司員定其當收與否，分別收監差帶，以待次日分司歸入現審。近聞刑部十七司多至一百餘員，輪轉當月。其中恐有初任少年不知輕重，遇有送部之人全行收監，濫收一夜，平民之受累已多。議將當月之例改爲：「與提牢官會同察收」等語。優查臣部當月司員係十八司輪流充當，每日滿漢二員，收受公文及送到現審人犯，分別取保收禁，俟次日呈堂分籤。遇有各旗呈報命案，亦於次日前往相驗。舊制相沿已久，從無貽誤。至提牢廳滿漢二員專司稽查南北兩監管理司獄禁卒一切事務，例應常川。在提牢廳，辦事住宿職事向有專司，未便責令兼顧。且查當月司係在臣部大門之內，提牢廳則在此監柵欄門內。監獄重地，關防綦嚴，向來各司司員不准無故到提牢廳行走，提牢官亦應在該廳不得擅離，今若改令彼此會同收犯，倘使提牢官出而與當月官會商，則徒爲越俎代庖之舉，轉爲顧此失彼之虞。若令當月官帶同人犯前往提牢廳會商，則當月司既無人稽察而監獄重地擁擠多人，尤恐別滋流弊。況查當月官尚有相驗之責，較之收犯所繫尤重，勢不能令提牢官捨監獄而會相驗也，明矣。

　　國家設官分職，各有攸司，不能責以兼顧。該御史所奏似屬窒礙難行，應毋庸議。惟現在臣部十八司司員人數較多，不免有初任生手，自應酌爲遴派輪流當月，以昭慎重。應由臣部自行酌量辦理。至該御史奏稱當月官濫收人犯，萬一倉卒，致有事端，故禁之愆甚於誤禁。律載：故禁平人，提牢官知而不舉與之同罪等語。臣等查刑律內，囚應禁而不禁與故禁故勘平人分列二條。囚應禁而不禁一條，係指犯罪到官之囚而言；故禁故勘平人一條，則指平無事之人，亦無名字在官而官吏挾仇故禁者而言。律文本自判，然援引不容牽混。今臣部當月官所收人犯均係犯案到官之人，與並無名字之平人不

同。倘有收禁輕重失宜之處，應照囚應禁而不禁及不應禁而禁律辦理。該御史指爲故禁平人並稱責令提牢舉發之處，係屬誤會律意，亦毋庸議。

提牢廳爲再行剴切曉諭事，照得該班禁役偷惰性成，玩視公事，屢經本廳出示曉諭，原期各役咸知振作，痛改前非。近查：禁役中其認眞當差者固不乏人，而仍前玩泄者正復不少。爲此，將本廳諭定規條再行申明，務須永遠遵行。倘敢積久生懈，視告誠爲具文，本廳唯有從重懲辦，決不姑寬，勿謂言之不預也。特示。

今將規條開列於後：

一、頭役向來分爲內外兩班照應監內差使，外班稽查出入人犯及一切雜務。前人立法本意極爲周密。近來只有內班一人直宿，外班間或一到並不當差，是外班竟同虛設，殊不足以昭愼重。嗣後，外班頭役務須恪遵前規，逐日於開封時即赴中門，於封門後方准回家。（頭役知自愛者多，須時常告誠，存其體面，庶得駕馭之法）

二、遇換班之期，必須一體到齊然後開點。未經點名之先，上班各役不准擅行出監接班，各役盡行進監守候，俟至巳初仍有未到者，初次誤點重責四十板，於簿內注明；二次即行斥革。其有點名後私自回家，並不當差者，查出一律懲辦。（提牢係逢三、八日換班，司獄、醫官及頭役禁卒人等均逢五、十日換班）

三、各監內不准缺少禁役。每遇飯時分爲兩班輪流吃飯。早飯以午初爲度，晚飯以酉初爲度，盡行進監，本廳隨即稽查。如逾期不到，重責四十板。（散役如不遵約束，即飭頭役執板責之）

四、值日幫辦各役除按卯點名外，仍須農日於巳刻赴本廳報名。如僅報名而不當差者，重責四十板，其把守鐵門、中門、頭門聽差各役，一體遵照辦理。

五、該班各役，如本人當日患病須稟明廳裏，標給假期原票，由頭役斟酌補進一人，持票回明本廳，於簿內注明何人替代方准出監。此外，不得託故誤差。未經換班之先，如有實係患病者，須前期一日告知頭役擬定何人替代，該役方免傳責。

六、遇交府交縣會府各差使，先盡幫班值日，禁役管押。如不敷用，由頭役派撥中門、鐵門上該班之役前去。所有各監內當值禁役毋庸外帶，以免封門時有所藉口。

七、派撥外看差使各役，所有吃飯時刻及逐日該班之人，一體赴本廳報名，違者照監內該班章程，一律懲辦。

八、帶差赴司廳訊各役，須加意防範。倘任性疏懈，一經本廳查見，視差使輕重，立即分別責革。

九、本廳定於掌燈時封門，責成頭役按時催齊弁兵、散役、更夫人等，務於掌燈以前盡行進監。如屆封門時仍任意出入，除將本人從重懲辦外，仍將外班頭役一併責懲。

十、南北監鐵頭門封鎖開封等事，向係本處該班各役經營。唯輪應該班之役，有遇患病及派外看差使不克分身者，往往互相推諉，殊屬不合。嗣後遇有前項各情，各同該班之役，須先期告知外班頭役，暫行代為照料，免致遲誤。如該班本役並無事故，輒藉詞推諉致誤時刻者，將本門各役一併從重懲辦，以專責成。

十一、遇大風大雨之期，開封不准太早，收封不准過遲。如日間遇有風雨，即責成當值禁役將囚犯逐一點進屋內，不准在院落坐歇。如有徇隱情弊，唯當值禁役是問。至夜間坐更各役，本廳隨時抽查，如有不按更單任意睡歇者，立即重責。

十二、更夫代囚犯購買食物，先由中門嚴行搜查，再責成各監當值禁役悉心查點。倘有違禁之物如洋藥等類一經查出，即回明本廳，將原買之人從重懲辦，如知情徇隱，別經發覺者，將頭役散役一併回堂，交司加等治罪。

十三、兩監更道前，經本廳添設柵欄，原恐閒人走進，藉生事端。嗣後，責成頭役於白日關鎖至晚間收封後再行開鎖，將更夫放進。

十四、各監下院空房，平日概行封鎖。惟每月初二、十六兩日係放家屬之期，准其開啟至申後即行封鎖。

十五、女監除放飯提訊時，將柵欄門開鎖外，餘須竟日關鎖，不准閒人窺探。至該監向無坐更之人，曾經本廳派出秋後女犯六名輪流坐更。每月給京錢一弔文，由本廳於每月十六日發給。

十六、各監原設四床，本屬寬敞。曾經本廳嚴諭，每夜將囚犯分配勻稱，不准任意多寡。並令於收封時添開床單呈出，原防擁擠之弊，嗣後永遠遵行。如經本廳抽查，有於原單不符者，將當值禁役從重懲辦。

十七、每日開封後各監即將病犯名單呈出，本廳屢諭詳晰注明病症，查近日有漏寫者，殊屬非是。嗣後，責成當值禁役逐日問明各該犯病勢，注於單內，以便散飯時照病症酌給藥餌。

十八、天氣炎熱，責成頭役傳知各監牢頭及更夫人等，將各屬各床逐日打掃潔淨，水坑內不准缺水，所有囚犯須勤加梳洗，以保平安。

監獄章程例載極嚴，罪名纂重，誠恐該役等不能周知，易致違犯。本廳酌定規條，期於各役加意防範，免致疏虞，今特別刊刻印板，各給一張，俾各役隨時寓目，固所以示思患預防之意，亦即所以保全該役等身家，各宜稟遵。

（按）：此規條係同治初年監犯周六等反獄一案後，提牢重新議定，極為周到。翹先從友人處求得舊底，到任後立索原板，如從破屋檢出。蓋役卒率惡其不便，業已藏匿多年矣。

（按）：再馭役之法在於大事常訓誡，小事不苛求。提牢果能存心正大而光明辦事，精覈而渾厚，伊等閱人已多，自然心服，無須違道干譽也。

兩監外圍弁兵條規

一、奏准由提督衙門分撥官十員、兵八十名看守兩監外圍，茲分作兩班輪值，派中左營在北監，每班官三員兵二十四名，南右營在南監，每班官二員兵十六名，毋許混雜。

二、每於一、六日期換班，限午刻齊集，提牢廳處點名。間有實因路遠不能趕到者，仍於到時加名補點。若遲至點燈後始到者，即交該管官懲責，倘竟誤班不到，立即諮回該管責革。

三、當值弁兵俱在兩監外圍內住宿，北監不准擅入中門，南監不准擅入鐵門，違者許看門禁役阻止。倘不服攔阻，即回明提牢廳，飭令該管官懲責。如禁役等枉同徇隱，查出一併重究。

四、當值兵丁，責成該管員弁每營派出二人輪流徹夜支更，餘兵押令隨同持械行走。其有懶惰偷安者，由該弁即行懲責。倘查有酗酒聚賭等情，即諮回本營從重究辦。如果該弁兵等當差勤慎，始終奮勉，本部隨時諮明提督衙門酌量鼓勵。

五、官弁兵丁出入關門，除另造花名冊交司務廳備查外，其兵丁均設立腰牌，烙用司務廳火印，將姓名開列，如有更換及缺額補充者，仍回明提牢廳隨時換給。

六、交給各兵丁腰牌，每於經過頭門，務須攜帶備查。至日晚直宿時，即將腰牌懸掛該管營弁處所，以便稽察。下班時准將腰牌帶出，俟值班之日帶回，在大門查驗後方准入。

七、兵丁當值逐日必須親自值班，毋許雇人代替，以防混雜。倘實因患病告假等情，亦須回明提牢廳轉飭該弁，於本營內補換。如有私自雇替冒充者，查出重究。

八、當值官弁每於日暮時將所帶兵丁查點，如遲至封監尚有未到者，由該管官在提牢廳回明記責。若代為隱匿不報，一經查出，除將該兵丁懲責外，並將該管官諮回本營懲處。

九、當值弁兵日間無事仍應安靜各守本屋，無許聚集喧嘩滋鬧，倘有不遵約束者，即諮回本營懲辦，另行揀補。

十、值班弁兵原各有本營俸祿錢糧足資養贍，惟念該弁兵等徹夜巡防，無分冬夏，亦屬辛勞，本部酌定每弁兵一名每日給發京滿錢兩百文，藉資津貼，由本部飯銀庫每月支領實銀二十七兩，按照時價換錢，提牢廳於每日點名時按名散給。（同治二年二月十六日）

附錄原奏：謹奏：為監禁盜犯過多，請旨調撥弁兵看守監牆，以昭慎重而免疏虞事。查《中樞政考》，凡監獄遇有重囚專訊，員弁撥兵協同巡防，如有大盜十人以上者，酌加兵丁巡防等語。又臣部每歲朝審後照例行文兵部轉行八旗派兵看守監牆，又咸豐三年十月間曾因監犯眾多，奏請由步軍統領街門派兵防守，均經奉旨允准在案。今監禁盜犯眾多，除由臣等督飭司員趕緊審結並嚴飭提牢各官督率禁卒人等加意嚴防外，惟有仰懇天恩俯念臣部監獄重地，事關緊要，飭下步軍統領衙門，酌撥兵丁八十名派弁管帶，分為兩班，在臣部監牆內外安設賬房，分別南北兩監，晝夜巡邏，以昭慎重而免疏虞，俟盜風稍息，即行裁撤等因，同治二年 二月初三日奏奉旨，依議欽此。

（按）：弁兵章程甚悉，每夕點名如不到者，多須時加嚴查，方警玩泄。此有關聲勢，勿視為無足重輕也。

冬三月，廳賞各營煤炭錢數千，時給勿靳。提牢滿主事乏人即另擇員外。

本部奏：臣部監獄分南北兩所，設有滿漢提牢各一員，向例遇有缺出，臣部於滿漢主事中擇其勤慎老練者擬定正陪帶領引見，恭候簡用一員充補，一年期滿即盡先補缺。現在提牢下月初旬即值屆期，漢員備送者尚不乏人，

滿員則僅有候補主事覺羅玉梁甫由起居注一等調部。既係生手，且遇有主事缺出即應擬補，此外只有學習主事二人，其桂昌一員，資淺年輕，上年因一時乏人暫充擬陪，今若即以之擬正，究恐未能老練。其薩麟一員亦繫年輕資淺，若拘於此三人中選擇，臣等實不放心，不得已稍為變通，擬以現任實缺主事中選擇正陪帶領引見，如該員受任一年，期滿，即照主事盡先補缺之例，以臣部諳缺員外郎與奏准留部人員先後遇缺奏請陞用，俟後滿洲蒙古候補及學習主事有能勤慎老練者仍照舊辦理，如不得其人，即照此次選備用。（道光十七年邸抄）

此案載在《刑案匯覽》。以事係提牢，附錄於此。

立秋後，待質各犯名冊章程

南北監羈禁人犯，以現審新收及秋後舊管為兩大宗。新收者向有分簽簿開列各犯花名易於稽察，如有開除即於每日呈堂稟貼。內逐為聲敘，立法極為美備。惟舊管秋後人犯只有總數，並無清冊，遇事臨時現查，多致錯誤。茲奉堂諭，將各犯罪名併入秋審年分，匯注一冊，各犯之顛末，本廳既可藉此周知，即遇有查辦減等之年，某犯應減，某犯不應減，其入秋審次數，均可按冊而稽，亦不致或有遺漏，誠清理囹圄之要法也。至隨時增添，無廢此舉，則有待於後任諸君子焉。

兩監舊管人犯除秋後一項外，惟待質者最多，而待質之年限又各不等，往往有期限已滿，查辦稽延，遂致瘐斃，殊堪憫惻。茲將各司待質人犯逐查清楚，匯為一冊，注明待質若干年，如核計限期將滿，本廳隨告知司中預為辦稿，迨期滿即呈堂畫結，則已定罪名者可以發配，未定罪名者亦早開釋，似亦清理囹圄之一端也。此外又有監追人犯，例有年限，與待質辦法相同。至永遠監禁及瘋病鎖錮各犯，雖在秋後緩決之內，究與尋常緩決者有別，且瘋病更有五年查辦章程，亦與待質立限相近，均另附於後，以便周知，敬祈後任諸君子遇有各司付片到廳，隨即按類添入，此舉賴以不廢則幸甚。

此係翹在任時，奉堂諭定立。

一、囚衣歸廣西司辦理，每年交二三百套不等，四月進。題銷本。

（按）：司中交廳之衣綿薄幅小，布料紕疏，數日即破，可以捐款（提牢每年九月後向本部堂司措寒衣捐，須先飭吏查清闔署同寅名號，寫好緣簿，募後，可託各司掌印主稿代收送廳，庶不落空）。再自買原當綿衣百餘套（當

鋪出銷者謂之原當），擇最貧犯給之，頗暖而耐穿，然散給後須記帳，防點囚轉賣重索，如實係穿破，再給勿吝，且有鎖杻之犯更費衣，勿一例視也。

再：司中所辦衣年有領款，須催令早交，並嚴飭裁作寬大，否則推諉過時（司吏總以庫不發款為詞，其實庫中年年必發也）。司吏遂將領款入橐矣（交衣少領款多弊亦須防）。

二、刑具歸四川司辦理。同治四年四月間，添設木杻四十具，如有實在兇惡不法盜犯，准回堂後加用木杻，其餘不得妄用。原稿並聲明此係辦鎖錯不敷，暫時添設，如鐵鍊一經敷用，即行裁撤（煮飯鐵鍋破漏，並每年冬季苫蓋圍牆茨棘，均付四川司行工部辦理）。

（按）：木杻乃例有刑具（例：杻繫於手，今杻施於足微不同）。施之不法盜犯，亦係防範不得已之意（治獄之道，防範與體恤二者不可遍廢。若只知體恤而不知防範，必致另滋事端，愛之過以害之也）。然聞始添木杻之提牢某不一年即死，二子亦俱歿。命有定數，未必即由於此而作俑無後，聖人之垂戒深矣，遇帶木杻之犯，給尺布兩幅護其皮肉，庶恩威兩盡。

再：兩監鐵鍊向章歲底堂派員會同提牢查點，近聞遺失甚多，應確核（額設全鎖八百副，同治十年間因殘壞甚多，各司付取跪鏈實不敷用，片行工部製造脖鎖六百八十五掛，手錯七百四十三件，腳鐐七百四十三件，湊足全鎖三百副，嗣工部兩次送到全鎖三百五十副後，是否再續送，記查）。

三、斬、絞犯病故歸浙江司辦理，封印前具題。（換更柝、鑼鼓亦歸該司承辦。）

（按）：保護病犯，每一費心事，亦第一陰德事。遇有病犯，時時屬令同監年陳人犯用心扶侍，醫藥飲食常俱查問，放飯時進屋察視。如各屋調理，病痊者多，及連月無病犯，或無病故，須分別給賞（不拘時，不限數，若一定時日、數目，則成例，賞人不知感矣），以示鼓勵。其屋內病犯多者，時加申飭，庶各知慎重而瘐斃者少矣。

再：放飯時，犯皆魚貫立屋外以待，若各屋皆須進內查看，則為時過久；俟放至末屋，飯必致冷。若第觀其外而不進內查看，則屋中隩隅是否一律打掃潔淨，病犯情形是否均與報說相符，並難保無勒禁不放之犯。須知抽查之法，或早飯查此屋或晚飯查彼屋，或早晚飯均查此屋，或連數日均查彼屋，總使伊等不能預防，庶有所忌憚，若於放飯以外偶然便衣閒步，或閱視圍牆及飯屋各處，或到內廳司獄處商酌應辦諸事，隨時抽查亦可。（北監中門常有

役伺察提牢，一進鐵門便呵喊各監即知準備，南監則每不及防，屢被查出弊端矣）

提牢廳在闈署，地勢獨低，雨時易積水，廳外長溝。前任廷燕二公回堂領款，挑挖頗資利泄（翹任時，辛巳六月，大雨水沒臥床）。北監內更道積土高半於牆，易致梯越。聞後任訥子襄、欽、殷秋焦（如璋）費大功力去盡，均應隨時查看，勿任令更夫、禁卒棄灰堆土。致廢前功。（凡屋內出土時，飭更夫挑至署外）

更夫三十二名（飯頭在內隨時挑充），禁役一百二十人俱歸司務廳管理。禁卒每月只領有工食銀一兩五錢，更夫於工食外，在戶部支領三季米三百三十九石二斗。（工食米石現均折扣發給，計所得不足一身養，何論其家。今之事如斯者甚多，奈何！）禁卒頭役八人（分南北監），各管十四人，每收一犯中門出一名簽，謂之原收。欲知一年總收人數，查禁卒名簽全出幾次便得之。

禁卒名姓相似者多，最難記（多係父子兄弟叔侄，彼此毀譽，須視其人）。換班點名時逐一詳視，久之自認準貌，則其勤惰易察。若提牢茫然莫辨，惰者愈惰，勤者謂之當黑差。（役有勤者及看過現監者派外看差使勵之。勤者隨時派；看過現監者，以抽籤定派之先後）

官犯多收北監，以去提牢近也。外看差使亦多在廳旁左右。（役則南北俱派）惟蒙古寄監人犯向收南監。

作布被給病犯發汗。（飭其勤晾，一屋或兩條或三條）

薰藥蒼術、大黃、紅棗，三樣各一斤為末，早晚放飯時令各屋薰燒，最避疫厲。（每屋月給斤半，十日一發，須自製。例給避瘟香料銀，歸月例領，勿令斷）

加添鹽菜。（例給鹽菜，雖少，勿令斷，恐後無添者並此而無矣。凡事皆然，不獨鹽菜一端也）

摘換床板。（廳旁小屋存有前人捐置床板五十餘塊，價甚貴，須查記，勿任令搬用）

糊頂棚。（避臭蟲也，監內蚤極大）

多月草席。（定作織厚，例有者重累之）

夏月給茶葉並另購甜水飲之。（監井係苦水）

夏月給草扇。

夏月製單衣數十套。（量犯酌予不同，棉衣遍給也）

佳節放湯。（每屋給肉數斤，人給麵一斤，或給餅謂之放湯。一次不過費銀六七兩）

女監間時給草紙木梳。（各屋均可給木梳數把）

（按）：以上數事均前任已行者。如有友朋捐助（翹家寒無力，一任所辦各事均係堂憲潘及友朋捐助之款，至今感慟無即。尤幸者滿提牢樂希元善遇事和衷，絕無專議，竊原後之共事者常思同舟之喻，庶上和下輯而犯人得受實惠，亦無有不平安報滿者矣）量力為之。款少者擇其要，款多者全為之，再有餘，留於下任，不必枉費，不必重費，方為大公。何必存恩自己出之見，以有用歸無益也。

（按）：章程煩碎，冊內有連類而及者，有彼此互見者，有前人已言重為申明者，有別條已悉即不再及者，閱者須通冊合參庶得其要。

（按）：提牢固屬煩難，然法制嚴肅，事權歸一，較在司辦事少掣肘聚訟諸弊，苟公正而無私，允號令之罔阻，甚勿似仡仡睍睍，低首下心，為吏役所竊笑也，若無知而作任意以行，則又失矣。

卷四：雜事考

嘉言懿行，先路之師，博採廣收，為治之要。我朝矜恤庶獄，纖悉靡遺。官斯職者，類多惠政，踵而行之，仁詎遠乎？蓋使人知獄吏之尊，不如使人有眾母之感也。輯雜事考。

合肥李玉泉先生（文安）貫垣紀事詩

方今法制詳明，提牢一官職有攸司，遞年更新，換者或有未清舊者，必以瀆告。予仕事將滿，一切事宜境況均所親歷。思在官言官之義，公餘之暇輯為四字題，各綴以七絕一首，崇主紀事，不計詩之工拙也。

記名擬正

資格限人，部員擁擠。堂憲擇其資稍陳尚堪任事者，先記名擬陪，後始擬正，蓋用人行法綦慎如此。

群公袞袞升臺閣，半秋且供廷尉監；
榮幸幾年題漢柱，華資粉署籲朝衫。

報滿題補

一年差竣，先期報滿，補缺由吏部進題本。

桐闈喜逢槐夏日，瓜期預計麥秋天；
超凡證道非常事，面壁維摩已十年。

貫署輪班

漢滿二員輪班，五日一班。
諸友竟傳貫署班，半年辛苦半年閒；
要知三百六旬內，日日尤煎蚊負山。

抱被下直

五日下直，只布被一付隨身往來而已。
五日欣逢休沐期，羸童慍僕束裝時；
歸來不吠迎門吠，認慣龍鍾舊素絲。

月稿呈看

每月若付大庫及行各司各道文書若干件。
片司付庫行諸道，按月遵循各事宜；
吏稿辦成呈閱畫，琉璃窗下核成規。

雲亭畫諾

說堂與司事略同，只有手畫稿無堂期稿。
稿多手畫少堂期，也向雲亭擠一回；
成例謹遵無駁詰，免聽繞殿起春雷。

押發稟帖

每日申刻發各堂稟帖必親畫押
新收舊管並開除，各項條分縷晰書；
稟貼已成親押發，本來日省不慵疏。

鉤稽簿書

每日吏抱簿書半尺，鉤稽畢始發帖，視事惟率，由舊章束吏安囚，使吏役盡職，姦猾屏息，庶務畢舉，囚不失所而已。
束吏安囚庶務繁，成章井井簿書存；
若念朱墨無餘事，難得圜扉盡浹恩。

隸帖晨參

每早，頭役報監內平安，並呈病單。

衣冠整肅待衙參，每日平安竹報諳；
常願兩監無病帖，論功不厭紀窗南。
（秋冬監內平安，病俱醫痊，曾將醫士等記功）

官燭宵熒

每夜驗封後，一燈坐守，思日間公事無遺，即開卷與古人晤對。
重門已鎖晚餐澆，坐對空堂燭一條；
忽念累囚收飯後，饑腸永夜火中燒。
（囚收飯後，每念其苦，特捐小米爲糜以待之）

冠帶放飯

辰申刻放飯，必具衣冠而往。由北至南二里半，每日往返計共十里程也。
南北奔馳十里程，衣冠整肅躡沙行；
給籌魚貫分餐際，堪念嗷嗷待哺情。

朔望拈香

初一、十五日南北許拈香朝廟共七處。
望朔恭拈神廟香，幾聲鍾胥繞迴廊；
載瞻西阿東楊殿，慈愛忠貞萬古芳。

鐵門阿殿

由鐵門至中門以內群隸阿殿，雖一聲短道，不異兩部鼓吹也。
鐵門短道接中門，此地原推獄吏尊；
猛以糾寬寬濟猛，要將名訓細評論。

銀鑰收封

銀鑰卻收金鎖合，重門已閉貫星明；
忽聞吏役回司付，熬審提人守回更。

傳單哀矜

朱點長單一紙傳，瀛州司分本星聯；
要將石下窮民隱，藉重君公達九天。

綿衣功德

九月授衣，則向堂憲及各司官寫綿衣功德。
九月先籌卒歲衣，群公春意洽圓扉；

殷勤託遍沿門缽，檢點常虞吏橐肥。

片付三司

囚糧煤炭付陝西司，醫士米銀付福建司，囚衣付廣西司。

囚獄衣糧兼雜費，西垣專辦屬三司；

月來片付殷勤畫， 玉律金科守舊規。

冊送諸道

囚糧由陝西司行文，戶部支領，開鎖具冊送河南道查核，監御吏當時具冊。

每季領支天庾粟，發春收闈謹儲胥；

開銷按日因人給，冊送西臺校對符。

柏臺月省

每月都察院派御史二員查監一次。

舊例查臨月一回，新資輪派下烏臺；

圜扉聽點琅璫響， 知是乘驄御史來。

荷校日糧

枷號人犯口糧該司付廳支領。

軍遣流徒總折枷，各門旗分便稽查；

日糧例向西曹領，開斗應知惠有加。

朝審給赭

八月底朝審，奉堂派廣西司司員監督發放囚衣。

秋讞先期給赭衣，雨膏雷電配恩威；

九卿會議非常典，金水橋西看曉暉。

邊犯刺墨

許爾自新囚刺字，字分左右血模糊；

九江黥布狄銅面，莫謂英雄自古無。

蓋祠晝局

楊忠愍公祠在北監內圍，門署蓋奪群倫額，晝日常局。

忠愍專祠永晝局，太虛浩氣自流行；

階前春草萋萋綠，猶認當年指佞情。

內圍夜梵

內圍監追官犯，氣夜俱佛號，恍若僧寺。

內圍列屋宛僧僚，鐘磐深宵起佛號；

來去應參三昧訣，當頭明鏡月輪高。

科房查案

刀筆庸才少軼群，略能書記富前聞；

喜他碌碌安吾拙，質勝應知不舞文。

圜土鞫囚

年來坐鎮傳良法，雀鼠無爭大化齊；

偶而蒲鞭微示辱，常從孺子學驅雞。

牌票提審

各司提審有手票，帶差之役則遞牌司獄。

秋官判獄重如山，牌票提人屬等閒；

去尚精神來委頓，頭皮斷送血痕殷。

鈴柝傳更

更夫三十六名夜間巡更，鉦、鼓、鈴、柝甚屬嚴密。

兩所魚更三十六，柝鈴鉦鼓夜聲寒；

知他驚醒還多夢，濕透紅衣淚未乾。

三班更值

同獄共八人，輪班隸役共百二十人，逢五、十日更換。

五日應官五日歸，家人合賦採藍辭；

聖時文教通圜土，小吏都能名節持。

（因事教導，勉以行善，怵以禍福，厲以廉恥，吏役化之頗知自愛，亦知愛囚。間有二三人知解文義，克厲名節，溫文有儒者風，於此益歎聖世文教之盛焉。）

兩監掣籤

籤分南北共十六支，囚收監時自掣。

鳥已在羅魚在釜，搶頭惕息實堪矜；

臨風最慘琅璫響，誰不臨深更履冰。

內廳議事

司獄謂之內廳，南署祥廳，北署福廳。司獄該班不出中門。

北福南祥兩內廳，分班直宿戶常局；

諸君不少鳴琴客，茗話空堂一聚星。

（遇事開載布公，集思廣益，故司獄諸人皆知潔清自愛，同寅協恭，惟以束吏恤囚為務。）

外看勵勤

役有勤謹者遇外看差事，派之以示獎勵。

仙骨已成經墮落，對茲徒隸合心驚；

陽為伺候陰防範，彼有餘羞此有榮。

老屋麇集

共九監口謂之老屋，諸囚麇集其中。

南冠老屋同麇集，何故非刑度非及；

廷尉本來天下平，此中可有向隅泣。

更道蜂房

內更道即內圍。革員比屋而居，若蜂房焉。

內圍比屋若蜂房，多少星辰謫上方；

似聽牽牛語織女，何時九萬聘錢償。

下院情話

初二、十六日，已定案各犯例進家屬。各監有下院以備該囚與親屬情話之地也。

聖朝曠典恤煢獨，奸獄猶盟塵與灰；

好把幽情託明月，生明生魄正初哉。

中門傳呼

遣犯由中門傳呼以達監所。

令甲但標朱一點，中門傳人若風雷；

聞來心膽都應落，斷送頭皮屬者回。

囚髮一片

囚准薙髮者仍留一片。

摩頂聊行兼愛法，千鈞一髮守常經；
似看野燒樵株盡，留得山峰牛角青。

女監重扉

各監院門一道，女監二道。
重扉固鎖似深閨，霧鬟風鬢不掃眉；
春盡殘花付流水，餘紅難認故林枝。
（收監例多斷離）

天窗透氣

監屋各起小樓，留天窗透出獄氣，夏開多閉。
汗揮如雨氣如雲，暑夜麋居地惡氛；
賴有天窗通一線，九霄劍影煥星文。

地臺乘涼

每監外有卷棚三間，地略起高，夏間因賴以庇蔭。
廣廈庇人慈蔭遠，熙熙眾共上春臺；
況當赤日行天際，披拂南風習習來。

柏枝辟惡

夏日，例給柏枝蒼術等件焚之，以辟獄氣。辟瘟香，則四時製備分燒。
堂憲李曾給藥材，僕亦製藥材數劑以濟急。
柏枝蒼術辟邪香，功德門中便易方；
雀在密羅魚涸轍，但能拯救見天良。

冰塊消炎

夏間各監例給冰一塊。
炎炎長日日如火，況復圜扉不透風；
但得清涼冰一片，拯他涸轍鮒魚躬。

鋪墊草苫

秋間各監鋪草苫薦席，時督其洗晾，屋院惶飭其灑掃。
每思工部千間廈，更愛香山萬里裘；
我且按囚給大被，鋪苫草刈野塘秋。
（新置棉被二十四條散給貧病。）

病房飭醫

夏臺淹恤總城連，露淨霜淒貫索天；
縱得餘生無瘐死，殷屎聲裏亦堪憐。

釋囚發落

但得無干蒙省釋，已如困鳥出樊籠；
況就送府送兵部，蕭蕭長征詠澤鴻。

阿園綠竹

正直為人正直神，專祠專俎合千春；
園中萬杆猗猗竹，猶顯當年德意新。

神廟紅缸

北監獄神廟有紅缸二口，埋半截地中。
太廟金人太學鼓，各傳彝器萬斯年；
雙缸斑剝何時置，骨重神寒藻色鮮。

老樹啼鴉

內外圍老樹數十株，皆數百年物也。樹上鴉聲與之朝暮。
長棘高槐靜掩門，鴉啼犴守自朝昏；
每疑白臆思煙烏，仁壽枝頭介子魂。

陰溝走蝟

蹣跚白蝟猵牆走，群役見之竟垂手；
道是神靈此化身，敬之終吉悖致咎。

夏水成梐

（係滿少司寇恒、閩浙制軍劉前為提牢時創製，歷任率循修補缺壞。）
大雨時行，積水阻行，則用木板搭橋以濟。
苦潦兼旬積水生，　徒梐六月已先成。
過橋不少拆橋者，　利涉難忘滅頂驚。
（上年六月橋斷落水，茲特增修高大。）

冬牆更棘

歲底行文工部圍牆換棘一次。
冬來例換牆頭棘，彷彿茅龍歲改衣；
冰雪氣生今夜冷，一輪涼月鎖重扉。

秋讞決獄

從朝審到大差，重刑犯併入現監，防範益嚴。

情實並監殊緩決，未勾常作予勾看；

憐他西市歸來日，感戴皇恩天地寬。

春草生階

鶗鴂啼罷子規啼，回首湖湘舊夢迷；

常願訟庭無一事，滿階春草綠萋萋。

玉泉先生積厚流光，後嗣著昌，無比盛德已昭然在人耳目，何庸妄贊一詞。想有心人三復茲篇，當必聞風興起矣，以激勵後來之輩效法。

詠李玉泉先生為提牢詩

一湯一飯淺深量，是否堪餐每日嘗；

甘苦可推年十萬，獄中留得姓名香。

每囚日給米八合，工部頒發銅勺，每飯一勺。先生散飯必期勺滿，生熟親嘗之，囚徒感焉。（按：囚米例給一升，今日給一斤，此云八合，俟考。）

晚飯蚤過枵腹來，雙目炯炯不勝哀；

獄中幸有推恩米，例自先生到此開。

捐米煎粥以濟散晚飯後收到人犯。

棘牆深閉見天遙，溽暑薰蒸未易消；

賴有仁風吹隔座，蒲葵五萬共招搖。

捐薄扇分給囚徒，獄中自此多搖扇者。

存抱摘瘰見至誠，滿腔春意及群生；

一篇敬禱神前語，徒隸傳鈔心也傾。

獄中瘟疫易作，先生禱於獄神，文情詞懇切，囚病俱起，禁卒爭相傳頌。

托缽沿門釀俸錢，秋深檢點補黃綿；

先生更給病囚被，寒到圜扉不聳肩。

每秋各司捐製綿衣以給囚犯，先生更增綿被，兩所監獄各十二條，以備病犯發汗養病之用。

擬造慈航願未隨，斯須又到雨淋時；

仁人遺意休忘卻，且向仁人細述之。

戊申夏，大雨連月，闔署水深及腰，雖舊有木板搭橋之製，間猶病涉。先生擬造小舟以濟，未果，後有踵而成立者，亦良法也。

此亦時司獄王變堂作也，以有關李玉泉先生事蹟並錄之。

溧水濮公青士《提牢瑣記》

提牢，是獄吏也。位卑而責重，易孽亦易福焉。國家哀矜庶獄，不遺一夫，豈容愚賤妄議損益。然今昔異宜，變通乃久，雖曰小惠無傷大體，亦聖朝所不廢也。（文暹）循職無狀因時補苴，瑣瑣載筆，私備檢點，科條所布，則概從略，自惟不文體假憧如意者，呴嫗絮語，病夫呻言，明知厭聽，或亦有以諒其心矣，作《提牢瑣記》。

清慎勤，官箴也，提牢尤亟。眾獄所歸，竿牘易行。清則絕之猾役作威、大盜階厲；弓親鉅細，耳目入微；褻毋嫌瀆，煩不憚勞，勤之謂矣。三者之中清慎在心，勤乃妙用。凡所類記惟勤有功，一弗親歷，即屬虛文，亦記所不必記也。

關領囚糧，歲凡三期。雖具官司，仍責商戶，既便支存，亦易操縱。呈式先驗，隨時可核。米糯且塵，泄之務淨，炊或失宜，非饐則腐。盛以巨甬，幕以大布，冬則加綿，用避寒氣。健役交荷，時防索朽，雨雪艱步，尤宜慎之。辰申飯囚，毋或後先，立受以序，戒競戒曄。

範銅為勺，實容半升。上周鐫文，以防磨減。先備潔水，數數澤之，積垢斯滌，粒亦不膠。膠積太多，受者損矣。規木量杓，欲其平且盈也。傾杓欲速，欲其不寒也。揚而覆之，欲其杓無餘也。計口一杓，日凡兩給，人飽一升，定例然也。

飯給而湯隨之，人沃一瓢。冬加萊菔，夏加茱豆，春秋則茶。禁苦水，禁冷水，禁不熟水。暑則多儲，惟所需飲無時軒狴之側別設盎漿，夏日提訊諸囚，則出入飲之。淡食可憫，以鹽蔬濟之，毋過與，恐益煩渴尤苦。筋折者、裂者、碗損者、滲者、穢者、不足者，時時察之，易之，增之。

囚給熟麵一斤，佐以蔥醬，或增肉數兩，良辰佳節則為之。長官同僚惠於節日者，亦為之。例餐仍不撤，酒與洋煙有常禁。

屋環床五，守者居中，久禁而貸死者居潔地之兩床，鑿垣通便溺，餘兩床與近死囚居之。

床袤丈餘，廣可五六尺，支厚板去地尺許。朽必易，濕必曝，穢必濯。藉於板者，夏席而冬薦。席宜澤，薦宜厚，皆於寬也。加薦以毯，尤於冬宜。紉布而實以桔以為大枕，長如其床，月一，乾瘮乃更。

屋日必灑掃，床下尤督之。冬之煤氣、春之瘟氣、夏秋之交疫氣、汗氣、

朝夕之廁氣、庖湢氣、濕熱氣，皆足致疾以死。蓄術柏蕭艾，頻董之焚，或屑雜於藥盆益佳。

肥蟲咬人至酷，蚤虱繼之，不終夕已。瘡疫其體，血痕縱橫，四壁如繪，獄中第一苦惱境也。蟲有自壁出者、有自床上緣者、有自樑柱下墮者，隔以承塵而塗茨其旁隙，則稍得眠。

屋外隅皆多設廁，日必一淨。別具柳筐一，交繩而貫以木，渣滓悉入之，日荷以出，無有少積，夾堵尤戒之，慮塞溝渠，或至高積將可梯而竊也。

囚定讞者，許女屬入視，皆後朔望一日。先注門籍，出入以時，別納以屋閉戶而守，餘者禁窺伺。嚴私遞，戒偶語，絕謔言。

面日一沐，髮日一櫛。木梳、草紙、城豆、疏巾、敝斯易乏斯給，女獄倍之。或攜嬰種，護視益當謹。

女獄恆鍵，非公事男役不得入。扉之心特洞一穴藉傳所需，仍加片板而時掩焉。擇役之老而誠者司其鑰，病者、刑者、宿疾者、孕者、產者，醫必速，藥必具，日詢所苦而躬督之飲。勿強他囚與俱。勿移之側旁及穢濕地，非大瘳不止藥。

疾不可為者，立移空屋，杜傳染也。死則送往停屍所，縛屍於板，虛懸中央恐為鳥獸殘。呈驗勿稽，夏秋尤亟。痧藥、喉藥、痢藥、瘧藥、金創藥、杖傷藥，解毒藥求可預制者，蓄以應所急。

夏給扇，而早啟封，而遲固之，守者加嚴。

衣一袴一，秋袷而冬綿，絮多敗，布多粗，縫綴多疏；多垢膩，多縲紲、磨刮則皆易敝。禦一寒，人必二三易，厚厥值，倍厥數，施乃不窮。

巾襪不具，冬即寒皴。首所覆，足所藉，皆給焉。惟察所乏。秋冬夜永，柝聲難續，破寒往督，或風雨雪，督尤勿懈。平居巡獄，毋與定時，絕遷就也。役有告必察，囚有訴必受，微疾微傷必詳詰，隱處不潔必躬巡，築頹、葺漏、平道、疏渠，事皆舉矣。

垣周老棘，火災之媒，大旱大風，非時往察。

囚屋出入有定時，坐臥有定方，眠食有定候。狡者、悍者、宣笑者、詈者、鬥者、導訟者、商飾獄詞者、結死黨者，輕予長跪，重予杖，或加桎梏，甚者鐵索掣其肘，懸之梁間仍餘其索，俾可坐臥惟不可行。死囚中不得已乃一施之。

囚不遵法度，屋則彼此移，監則南北調。有訐之者，質諸守役，證之他囚，以情以實，然後行罰。

守者或虐囚，不敢以非法也，但暍而渴之，或強雜穢疾者同坐臥，無傷可證，已不堪命。故飲食必躬監，夜必核宿者之數，數必均，床必有限制。

罪輕者不摯，稍重曳鎖於項，又重拘手足，至重乃加栲杻。其間老幼、廢疾、樸魯安靜、嚴寒酷暑、刑傷太重者，皆可寬法，而仍時防之。

新制琅璫，芒楞未銷，著膚易傷，別給尺布護之。

支木爲凳，聯而屬焉。淫雨積潦，以渡奔走。自吏及囚，罔不利之。長官所施，厥費甚鐫。收發有時，修補有資，首役之責也。

司獄八員，輪宿在獄，見聞最習，力求和衷，事乃有濟。書吏二役，百有二十，巡夜武弁十，兵八十，司炊者二，司鈐櫃者三十有二，咸輪期代役。縱則玩，激則變，專寄耳目，蔽衡其輕重，以爲張弛。敝絕殊未也，免咎或庶幾焉。

獄有神，有總司，有分司，統尊之曰獄神。余典者，若關帝、龍神、門神；若佛典之大士、閻羅、社公；若道流之太乙、藥王、瘟部、火部，皆爲位以祀。別一楹，祀前明椒山楊公。而刑部尙書王公世貞、郎中史公朝賓、司獄劉公時守得附焉。座隅老榆盤錯，陰森不書，傳爲忠愍公手植者。南則阿公祠，公諱世圖，康熙時官滿司獄，以除夕縱囚，元日悉來歸，一囚偶後，公懼，竟仰藥死。囚踵至，痛公甚，亦觸柱死。即今肖像牽馬侍公側者也。諸神朔望則祀，履任則祀，報賽日則祀，勾決日則祀，祀則必躬詣，香帛虔潔，宜專厥司。庶幾，覆盆之中。亦有臨質神道設教，用佐良箴。

瑣記如右。蓋緣煦子以爲彌縫，舍本齊末，奚神勤懲、循吏不必爲，能吏又不屑爲也。文遑於是投筆而喟然曰：「嗟乎！斯所謂惠而不知爲政者歟！雖然《周易》言： 獄厥卦凡三，噬嗑，利用獄；著乾肉黃金之象，旅不留獄；協懷資得斧之占，無財不可以爲惠，聖人得無深意存焉。至於議獄，中孚乃格。豚魚，豚蠢可笠，魚愚可罟，獄囚近之矣。必格以信，厥道何先？天下萬事所不疑者，惟生與養，所養，所不變者，惟衣與食。本此立信，孚乃化邦，矧茲囹圄飢寒所斃。記言瑣瑣，固屬私恩，要非徒手遂堪坐理。且冥頑有不眾，頑視鋸鑊，夫豈口惠可以行賞，溫拊可以代續哉？試以勺水，人增一飲，不羹不薪亦何費。而計囚三百，積勺溢斛，已非一力可汲，一饔可儲，況其他乎？洪惟國家深仁厚德，靡隱不周恤囚僅爲政之一端。而原情立法恐，

計日糜帑，雖非賢君臣相，憂勤惻怛，所推被於無窮者哉？我不敢知曰：名存而實亡，然法積久則弊生，政待人而後行，上挈大網，下釐細目，遵茲成憲，濟以權宜，亦小臣所當自盡也。是故生者不使枉死者，惟其法，不惟其心，刑官之職固應爾爾。下逮提牢，厥責維均。夫新舊相代，政必以告，古人在官之義也。益由廣受思以集成，救弊補遍，敬俟來哲。光緒二年十月朔，提牢廳主事僕文暹謹記。

（按）：僕公現官南陽太守，在西曹時與翹心交十年，共事甚多，每以古道相切磨。茲篇用心之厚，文筆之工，自有識者，不敢私譽，致涉標榜。

月令仲春，囹圄去桎梏。孟夏出輕繫，挺重囚，益其食。挺者（拔出之意），輕繫之犯往往被獄卒凌虐，備受苦楚，輒至病死。必時加軫恤，俾諸囚勿受苦中之苦，則罪不至死者多所全活，而死罪亦可無含憤於地下矣。

羸老之人必察其有無疾病，婦人女子必察其有無娠孕。

囚有實病而吏不以告者，有未當病而吏誣以告者，蓋吏之視囚不甚經意，小病不加審詰，待重方以聞，甚至死而後告。若有資之囚，則令其詐病，巧為敷說，希圖免脫。監中人犯多非良民，得便乘機便要劫囚反獄。禁卒若肯日夜用心關防，縱在荒坡野地，豈能插翅騰空，乃監牆重重門戶，重犯往往脫逃豈非吏禁疏慢之罪？

牢頭獄霸行暴毆人，當衣奪食，放錢賣飯，或囚飯入門本囚未得入口，或囚糧到獄而本囚不得沾恩，穢污不肯掃除，疾病不得調理。忍寒受熱，叫號不徹於公堂；抱屈含冤，心事難白於官府。女監縱吏卒姦淫，輕犯將重押，凌虐如此，必有天禍。明理者知監鋪乃陰德之地，獄官乃方便之人，輕犯存哀矜之心，時加體恤；重犯嚴關防之法，不肯凌虐，斯為稱職，而子孫必享其餘慶矣。

生人之苦，牢中為最；雜穢疫病之苦，暑月為最。仁人君子體上帝好生之心，暑月常遣人掃囹圄、滌枷杻，務使眼前火坑化作清涼世界，此只在當權者念頭動、舌頭動、筆頭動，一霎時間耳，而鬼神中已鑒之矣。

宋張慶，右軍巡院吏也，好潔獄具，必親沐之，暑月尤勤。其妻夢神，以汝夫陰德多，與生貴子，後子孫皆顯達。

明萬曆年，南京獄官孫一謙待囚有恩。囚初入獄每驅之穢淫地，不得錢不與燥地，且給米時強弱不均，多有不得食者。一謙知之，一切嚴禁。稱米給飯，按籍以次，分給甚均，囚衣數為浣濯補葺。終其官，囚無凍餒凌虐死者。

以上數則俱錄自宋惠人邦惠太守《祥刑古鑒》。語語箴銘，日宜在目。

明萬曆二十九年，薊州人張差持梃入慈慶官門，案發後以瘋癲具獄。時提牢王之寀（陝西朝邑人）心疑其非，晚散飯獄中末，至差私詰其實，初不肯言之，寀令置飯差前，吐實與飯，否則餓死，麾左右去，留二吏扶問之，始吐實，因具疏以聞。

（按）艇擊案爲前明三大獄之始，首發正議者乃在提牢小吏，古人自待不肯菲薄，此其一端也。

陳望坡尙書（若霖）在刑部時，日惟坐司堂理牘，堂官從不識其面，公亦不求人知。時和珅初伏法，其僕劉禿者已擬遠戍，故事凡遣犯由提牢官點交差役，解往順天府衙門發配，司官弗與聞。是日適公當月，念此係重犯，親身押往，索取順天府收交回。旋有科道參奏遣犯劉禿聲勢尙赫，臨行，夾路餞筵擁擠不絕，以致發配三日尙未出京。上震怒，立召刑部各堂官，斥以所司何事。各堂官噤無以對，碰頭出，即聯騎入署，立傳各司官詰之。司官亦皆茫然。時公方貿貿入司堂，問：「何事暄嚷？」有老書吏告之故，且請公上堂。則堂官查出是日當月之員，已屬色相待，見公至大聲曰：「汝於某日當月乎？」曰：「然。」曰：「劉禿之事發矣，汝尙不知乎？」曰：「傾適知之，但咎在順天府，與本部何干？與當月者又何干？劉禿於某日出禁，司官即於是日親身押交順天府衙門，並立取本日收到印交爲據，尙何懼乎？」因就懷中出一紙呈上，各堂官皆輾然曰：「是不難覆奏矣。」事遂解。

（按）：望坡先生並未任提牢，然此事實可爲提牢法。凡有交出要犯，當日須索觀回文，方無疏誤。望坡先生存心仁恕，平生事積甚多，此特郎署末節然。即此一端，已可見先生遇事無論大小，不肯苟且，其揚歷中外，子孫昌盛也宜哉。

跋

提牢在西曹，爲眾獄關鎖要地，事例煩雜，乃向無成書，即前人所立章程亦半多散軼。初任每一切茫然，遇事罔知所措，迨稍覺熟悉，而又將去任矣。翹知其弊，搜輯數年始克成帙。第以早歲孤苦，兼值亂難，失學昧道，於古作者體例全未有聞，凡冊中竊附贅言，皆隨筆箚記，直抒胸臆，不敢稍存矜飾，閱者略其文諒其意可矣。至於舛錯遺漏，知所不免，補闕匡謬望諸來哲。趙舒翹又識。

會稽梁文定公（國治）其封翁東山先生（文標）官刑部司獄，恤囚備至。嘗曰：「彼自麗於法耳，何為瘐苦之？」向來詣獄者，獄官輒有所索，遇官犯所索尤賒，公獨屏不受，一無所染。督獄卒灑掃潔清，一切可以方便者，必多方調護之，始終不懈。世宗憲皇帝聞之曰：「是有陰德。」特擢主事，仍領獄事。外廳「天理人心」額，公手筆也。曾一日就乩壇詢宦途所至，批曰：「司獄有功，前程遠大。」曰：「然則可外擢道府乎？」曰：「不止。」「然則遞陞兩司或開府乎？」皆曰：「不止。」「然則內躋九列乎？」曰：「尚不止。」封翁大笑曰：「然則拜相乎？」則批曰：「真者不能，假者可得。」後誕文定公，由狀元起家，官東閣大學士。封翁果贈如其官。

東山先生治獄事蹟多不可考，聞其墓誌，著論甚詳，求之不可得。相傳從前犯多席地而臥，蒸濕最易致病，先生俱換板床，因至今蒙福薄哉利也。

楊忠愍公獄中手植楡樹記

曩余讀《椒山先生全集》，見其忠義之氣，凜如冰霜，照若日星。嘗慨然想慕其為人。歲甲辰成進士，官刑曹。越丁未，與同年德公提督獄中事，見獄神廟之東南小院有古楡本一，本大可數拱，風霜剝折，刀鋸削平，高僅及肩，而生機鬱勃，突起於中幹，蒼翠茂美，古秀可觀。詢之吏卒。答曰：「此相傳為明楊忠愍公所手植也。」余聞之慨然有感矣。夫自古忠臣義士，其皎然不欺之心與毅然敢為之氣，大都鍾天地之正氣，而氣之歷久不靡者，又往往泄其精華於一草一木。今觀此樹婆娑，生意已盡而，枯而復榮，未必非先生靈爽有以呵護之，雖然，先生之能呵護此樹也，先生之忠義為之也，後人之睹此樹而有懷於先生之忠義也，人心之忠義為之也，忠義之心同然之心也。嗟乎！人而同此心也，後之鑒者亦將有感於余言，是為記。刑部湖廣司主事管提牢廳事胡鈞璜撰。

題楊椒山先生獄中手植楡樹詩

漢社今何在？孤芳獨出群；
馨香嘉樹永，遺跡口碑聞。
萃潤重霄露，根蟠半壁雲；
丹心人去後，蒼翠弔斜曛。
星躔傳素質，手澤更超群；
浩氣留今古，幽光愜見聞。

榮枯銷歲月，節義薄風雲；

試訪紅苔處，青蔥對夕暉。（先生有獄中詠紅苔詩）

刑部山東司主事兼管提牢廳事德寧檛，乾隆五十二年歲次丁未八月望立石。

現在此樹勢作龍拏，枝皆北指，望之生氣凜然，文詩表章先賢遺跡，故錄之。樹旁有小祠，祀椒山先生神牌，並附祀刑部尚書王公世貞，郎中史公朝賓、司獄劉公時守。檛到任見其屋瓦敝漏，旁垣傾圮，禁卒多遺不潔，因集資新之，常扃其戶以昭靜肅。再按：今之刑部並非前明刑部舊址，乃錦衣衛所屬北鎮撫司也，原只有北監一所，本朝雍正初年始添建南監。北監舊有獄神廟一座，中龕祀皋陶，旁龕祀關帝、瘟部、火部諸神，素著靈異。年久圮側，屢欲重葺，均以監獄重地不敢妄興土木中止。檛察吏等心甚誠切，爰請發款督令興工終事，平安落成時，六堂親臨拈香，亦圜扉中一盛事也，附記之。

阿公祠碑

北監監門內西遍東向有祠。祀者，故司獄阿公也。祠一楹，院落故不闊。北倚修竹，雜松榆數，本葉稠密，陰翳蔽天，當日午入者猶骨栗。云公像貌作青碧色，目炯炯然而慈藹，不使瞻者怖。從者如鬼四，前牽馬立者。一獄卒曰：「祠之建且久，初不知何神，會公司北監，歲除，效貞觀縱囚故事。囚歸如公約，獨某囚家城外，以母病遲歸，城門閉，元旦乃入，而公先於夜分自懼而鳩。囚亦投階下死。翌日，司廟者入，神像則儼然公也，遂呼：「阿公祠。」而塗某囚形爲公牽馬。公諱世圖，隸鑲白旗滿洲。靈異時著於獄中，夜輒聞馬蹄聲，如周行巡視，然瞰之卒不見，嗚乎！神矣。

阿公此事奇特之至，檛見公祠甚新，禁卒祀公亦甚虔，私詢其故，云：伊等有機事謀於楊公祠則敗，謀於阿公祠則獲，故香火甚盛。此乃小人臆度之私。公誠有知，豈福若輩詭謀哉。祠內舊有綠竹一叢，古榆數株，今全無矣，欲補栽，未果。

陽明先生提牢廳壁題名記

京師天下獄訟之所歸也。天下之獄，分德於刑部之十三司，而十三司之獄又並繫於提牢廳，故提牢廳，天下之獄皆在焉。獄之繫，歲以萬計。朝則皆自提牢廳而出以分佈於十三司。提牢者目識其狀貌，手披其姓名，口詢耳

聽，魚貫而前，自辰及午而始畢。暮自十三司而歸，自未及酉，其勤亦如之，固天下之至繁也。其間獄之已成者，分為六監；其輕若重而未成者，又自為六監；其桎梏之緩急，扃鑰之啓閉，寒暑早夜之異防，饑渴疾病之殊養，其微至於箕箒刀錐，其賤至於滌垢除下，雖各司於六監之吏，而提牢者一不與知，即弊興害作，執法者得以議擬於其後，又天下之至猥也。獄之重者入於死，其次亦皆徒流，夫以共工之罪惡，而舜姑以流之於幽州，則夫拘繫於此，而其情之苟有未得者，又可以輕棄之於死地哉？是以雖其至繁至猥，而其勢有不容於不身親之者，是蓋天下之至重也。舊制提牢月更主事一人，至是弘治庚申之十月，而予適來當事，夫予天下之至拙也，其平居無恙，一遇紛擾且支離厭倦不能酬酢，況茲多病之餘，疲頓憔悴，又其平生至不可強之日，而每歲決獄皆以十月下旬，人懷疑懼多亦變故不測之虞，則又至不可為之時也。夫其天下之至繁也、至猥也、至重也，而又適當天下至拙之人，值其至不可強之日，與其至不可為之時，是亦豈非天下之至難也，以予之難不敢忘昔之治，於此者將求私淑之。而廳壁舊無題名，搜諸故牒，則存者僅百一耳，大懼泯沒，使昔人之善惡無所考徵，而後來者益以畏難，苟且莫有所觀感於是，乃悉取而書之廳壁，雖其既亡者不可復追，而將來者尚無究已，則後賢猶將有可別，擇以為從，遠而其間，苟有天下之至拙如予者，亦得以取法明善而免過愆，將不為無小補，然後知予之所以為此者，固亦推己及物之至情，自有不容於己也矣。弘治庚申十月望。

重修提牢廳、司獄司記

弘治庚申七月，重修提牢廳，工畢又兩越月，而司獄司成。於是餘姚王守仁適以次來提督獄事，六監之吏皆來言曰：「惟茲廳若司建自正統，破敝傾圮且二十年，其卑淺隘陋，則草創之制無尤焉矣。是亦豈惟無以凜觀瞻而嚴法制，將治事者風雨霜雪之不免，又何暇於職務之舉而奸細之防哉？然茲部之制修廢補敗有主事一人，以專其事。久壞不理，吾儕小人無得而知之者，獨惟拓隘以廣，易杇以堅，則自吾劉公實始有是。吾儕目睹其成而身享其逸，劉公之功不敢忘也。」又曰：「六監之囚，其罪大惡極，何所不有，作孽造奸，吏數逢其殃，而民徒益其死，獨禁防之不密哉？亦其間容有以生其心，自吾劉公始出己意，創為木閘，令不苛而密，奸不弭而消，桎梏可弛，縲泄可無，吾儕得以安忱無事，而囚亦或免於法外之誅，則劉公之功於是為大。小人事微而謀，窒無能為也，敢以布於執事，實重圓之。」於是守仁既無以御其情，

又與劉公為同僚，嫌於私相美譽也。乃謂之曰：「吾為爾記爾所言，書劉公之名姓，使承劉公之後者，益修劉公之職，繼兩輩而居此者，亦無忘劉公之功，則於爾心其亦已矣」。皆應曰：「是小人之願也。」遂記之曰。（劉君名璉，字延美，江西鄱陽人也。由弘治癸丑進士，今為刑部四川司主事。云弘治庚申十月十九日。）

前明刑政歸於廠衛，殘刻羅織，無所不至。其時刑部權甚輕，而獄之係，歲仍以萬計。現在刑監所收僅二百餘人，從前至多亦不過六七百人。然後歎我朝列祖列宗立法寬厚，有以培億萬年有道之長也。陽明先生《提牢廳題名記》愷惻慈祥，用意深厚，最宜詳玩。後一記係不得已，應酬之作，以名賢手筆並錄之，且略見明代監製。惟提牢一職，《明史·職官志》不載，豈因爾時係一月一更無專職歟，俟考。

人生仕宦，別官尚可久任，惟提牢只此一年。若因循遷就，遇方便而不為，在己失眼前善，在人無去後思，豈非寶山空回哉，況治獄有陰德者，天之報施，又未或爽顧視人，自勉何如耳。

附錄二：《清史稿·趙舒翹傳》^{〔註1〕}

趙舒翹，字展如，陝西長安人。同治十三年進士，授刑部主事，遷員外郎。讞河南王樹汶獄，承旨研辨，獲平反，巡撫李鶴年以下譴謫有差。居刑曹十年，多所纂定，其議服制及婦女離異諸條，能傅古義，爲時所誦。光緒十二年，以郎中出知安徽鳳陽府。皖北水浸，割俸助賑。課最，擢浙江溫處道，再遷布政使。二十年，擢江蘇巡撫。捕治太湖匪酋葉子春，餘黨股栗；復爲籌善後策，弊風漸革。明年，改訂日本條約，牒請總署重民生，所言皆切中。是時朝廷矜愼庶獄，以舒翹諳律令，召爲刑部左侍郎。二十四年，晉尙書，督辦礦務、鐵路。明年，命入總理各國事務衙門，充軍機大臣。

拳匪據涿州，舒翹被命馳往解散；匪眾堅請裭提督聶士成職，剛毅踵至，許之。匪既入京，攻使館。聯軍至，李秉衡兵敗，太后乃令王文韶與舒翹詣使館通慇勤，爲議款計。文韶以老辭，舒翹曰：「臣望淺，不如文韶！」卒不往。旋隨扈至西安。聯軍索辦罪魁，乃裭職留任，尋改斬監候。次年，各國索益亟，西安士民集數百人爲舒翹請命，上聞，賜自盡，命岑春煊監視。舒翹故不祖匪，又痛老母九十餘見此慘禍，頗自悔恨。初飮金，更飮以鴆，久之乃絕，其妻仰藥以殉。

〔註1〕（民國）趙爾巽等：《清史稿》卷 465《趙舒翹傳》，北京：中華書局，1977年，第 12752～12753 頁。

附錄三：《清史列傳・趙舒翹傳》〔註1〕

趙舒翹，陝西長安人。同治十三年進士，以主事用，分刑部。光緒六年，補漢提牢，著《提牢備考》二卷，七年，補直隸司主事。八年，升員外郎。時河南王樹汶冤獄，疆吏多迴護，詔交刑部審訊。舒翹復詰駁，卒盡得其情，案獲平反，脫王樹汶於死。巡撫李鶴年、河道總督梅啓照及初審官鎮平今馬翥、複審官開封守王兆蘭、知府馬永修等皆得罪，九年，補湖廣司郎中。

舒翹官刑部久，博學，習舊事，凡釐定例案，解析疑難，多由其撰擬。如議定宗室婦女

犯罪所坐夫男，應照例折罰錢糧，凡調奸、圖奸、拒捕、殺傷親屬，應照強姦拒捕例減等；議廣西土官犯罪，家口不應遷徙別省；議共謀爲盜，臨時不行分贓，罪罰不宜照前加重，又誘脅上盜，不能照情有可原例概從輕減；議定婦女犯軍流徙罪實發爲奴者二十二條，實發而不爲奴者九條，爲奴而不實發者一條；議覆永遠枷號舊章變通軍流章程，及新疆流犯屯田辦法之類，皆見施行。其引經史以斷獄，則於《議命案婦女離異》及《議服製圖》二篇，尤所致意。

《議命案婦女離異篇》，略曰：「潘汰之父被杜氏之父毆死，則杜氏乃仇人之女。潘廣碌之死，杜氏雖不知情，實由杜氏而起，則杜氏亦潘汰之仇。以仇人之女爲妻不可，以仇爲妻更不可。《春秋公羊傳》曰：『仇讎不交婚姻。』《穀梁傳》曰：『仇讎之人，非所以接婚姻也。』夫魯忘仇爲齊主婚，《春秋》猶非之，而況自爲妻乎？文姜孫齊，《春秋》削其姜氏，左氏曰：『絕不爲親，

〔註1〕王鍾翰點校：《清史列傳》卷63《趙舒翹傳》，北京，中華書局，1987年，第4992～4998頁。

禮也。』母尚可絕，又何有於其妻乎？漢時梁人有後妻殺夫，其子又殺之。孔季彥議以非司寇而擅殺。夫因父仇殺母，尚以擅論，又何有於離異其妻乎？《唐律・戶婚篇》云：『諸凡義絕者離之。』長孫無忌等《疏義》謂若夫妻祖父母、父母、外祖父母、伯叔父母、姑姊妹自相殺，皆爲義絕。《唐律》集秦、漢以來法書大成，斟酌最爲盡善，明言應離，更屬可則。又考之隋史，煬帝女南陽公主適宇文士及，士及之兄化及行逆，公主爲尼。士及請見，不許，公主曰：『我與君仇家，今所以不手刃君者，謀逆之日，察君不與知耳。』呵令速去。夫女子有從夫之義，尚可以仇而絕夫，而謂夫不可以絕妻，其義安在？宋元豐中，壽州民殺妻之父母兄弟數口，州司以不道緣坐其妻。刑曹駁之曰：『毆妻父母，即是義絕，況是謀殺，不當坐其妻。』又莆田民楊訟其子婦不孝，官爲逮問，則婦之父爲人毆死，楊亦與焉。坐獄未竟，遇赦免，婦仍在家攝守。陳振孫謂：『兩下相殺，義絕之大。初問楊罪時，合勒其婦休離，不離即是違法。縱有相犯，並同凡人。此婦不合收坐。斯二案皆義絕之事。明邱濬載入《大學衍義補》，其按語謂：『生身之恩，重於伉儷之義』。女子受命於父而後有夫，因夫而有舅姑。異姓所以相合者義也，義既絕矣，恩從而亡。』名儒之論，足爲世教。正可與此對觀。然猶異代事也。國朝道光十一年山東兩令約爲婚姻，尚未迎娶，後因事壻父戕女父死，女不忍事仇，自經死，詔旌其孝。當時議者咸謂女即不死，其義已絕，後有此比，宜請斷離。由是推之，則潘汰之不應以杜氏爲妻也明甚。」

《議服制圖篇》略曰：「查服制悉根於《禮經》，《儀禮》於爲人後者爲其本宗之服，惟載父母昆弟姊妹，餘皆不見。元儒敖繼公謂：『本服降一等止於此親耳，所以然者，以與己爲一體也。自此之外，凡小宗正親旁親，皆以所後者之親屬爲服，不在此數。』《欽定儀禮義疏》不主其說，而謂賈疏本生餘親悉降一等，足以補《禮經》之所未備。律是以有『爲人後者於本生親屬服皆降一等』之語，至爲人後者之子孫爲本宗親屬，如何持服，不特《禮經》並無明文，即歷代典章亦俱未議及。惟我朝徐乾學纂輯《讀禮通考》引唐杜佑《通典》內數條，始有應爲服制之說。然亦第指本生祖父母而言，其餘旁親並不在內。查所引各條，賀循則云：『初出情重，故不奪其親而與其降，承出之後，義漸輕疏而絕其恩。』崔凱則云：『經文爲人後者爲其父母周，爲其兄姊降一等。』此指爲後者身也，不及其子，則當以父所後之家還計其親疏爲服紀耳。劉智則云：『禮爲人後者當惟出子一身還本親』，孔正陽亦云：『爲

人後者服所後之親若子爲其本親降一等。不言代降一等者，以爲至其子以義斷，不復還本親故也。是爲後者宜降一等，而爲後者之子不得隨父而降一等。晉、宋以來，已有此議。例內所云：『衹論所後親屬服制』等語，並非無所依據。迨乾隆二十四年，又定有爲人後者於本生伯叔兄姊以下有犯，均依《律服圖》降一等科罪之例。道光四年，又以《禮部則例》及《刑律》內所載爲人後者本生親屬服制闕略不全，經大學士九卿奏明，凡《會典》未載入悉照降一等之文，遂條增補，俱極詳備，而於爲人後者之子孫應否爲本生親屬持服，亦均無一語敍及。豈眞見不及此耶？竊以爲古人立後，多取親支，此情理之常也。故所後之服與其父所降之服，尚不致互相參差。後世立後，兼取遠族，此情理之變也。故所後之服與其父所降之服，或致大相懸絕。至最親者莫如祖父母，爲人後者有本生父，故稱情推及於所生，爲人後之子孫，並無所謂本生父。故據禮難同於上殺，祖父母且然，況降於祖父母者乎？古人不立此等服制而所以後宗支爲斷，其以此歟！昔唐王元感欲增三年之服爲三十六月，韋縚又欲加外祖父母大功舅妻小功堂姨舅降一等，意亦可云從厚；而張柬之、裴耀卿等均具疏力爭，其議遂寢。至今論者不以張柬之等爲非，而以王元感等爲是。可知先王制禮無太過也，無不及也，亦惟酌乎人情天理之中而已。若受人之重，已間世矣，復欲厚服其私親，則嫌於二祖矣。議禮者所不敢出此也。

十一年，以俸滿截取繁缺知府，十二年，授安徽鳳陽府知府。時值皖北水災，捐廉銀二千兩助賑。奏入，賞戴花翎。河決鄭州，上命諸臣集議。舒翹上議，略曰：「黃河濁悍，自古難治，在大禹亦不過分九河以殺其勢，多以地與水而已。今則挽回故道之說已不能行，所恃者僅繕隄堵合，增卑培薄，與悍流爭地之一法。第河自孟津以下，經萬里折回而怒放，挾百川灌注而奔騰，無高山之障，無大澤之蓄，區區大清河一線，安能容其沖溢震盪而不潰決四出也哉？將欲治之，亦惟循水漸北之勢，分流以殺，多以水與地而已。九河故道，雖不可尋，而徒駭、馬頰、鉤盤尚有舊跡，如能得熟地形而善治水者相地開引，俾勢分力減，庶望安流。不然，則當徐觀其勢，俟下流路暢，因其自然而施以利導，加以隄防，亦行所無事之一道也。」十五年，大計，保薦卓異，擢浙江溫處道。十九年，授浙江按察使，尋遷布政使。

二十年，授江蘇巡撫。先是，海防戒嚴，前撫臣欲爲防外靖內計，招募湘軍四營，又招集私販鹽梟爲海靖三營，然眞正梟匪實未應募，徒集遊惰菶

民、虛糜餉項而已。舒翹察知無益,實時撤遣,只留湘軍二營分駐要地,以防緝梟匪。蘇省地濱太湖,爲梟匪淵藪,營弁多其黨羽,互爲勾結援引,統領營官亦受其賄遺恫挾,遂勢成養癰。吳江、震澤港漢紛歧,匪艇便於出沒,盜匪尤夥。舒翹遣飛劃營管帶許國祥等嚴密剿捕,獲匪首葉萬春等戮之,群盜震懾,匪炎漸息。舒翹乃爲籌善後之法,建議謂:「松郡沿海數縣窮民,以板曬鹽爲生。每年產鹽不下七八千萬觔,商收僅三分之一。如不礙官引之零星小販,必寬之;其不畏官法之大幫梟匪,必剿之。不用通梟之統帶,亦不招梟匪爲營弁,無事則飭勇梭巡,不懈弛其氣;有事即立時拏捕,不張大其詞。由是兵與匪涇渭既分,而蘇省鹽捕積弊,遂漸袪除矣。」

二十一年,與日人改訂新約,諭令舒翹先事圖維。舒翹以近來各關常遷就於條約之外,爲周旋縫之妙訣,遂使洋務日益棘手,因先致函總理各國事務王大臣,略謂:「留民生計,係固本先務;保全釐金,尤屬目前要圖。釐金能保,必生意尙在華商。保民之計即寓乎其中。然上海開局各商,皆係與洋人通熟,初多賠折,近始稍有利益。要必自行經理,常與洋商通融,方能獲利。若動公款以爲本,成敗利鈍責諸紳商。其公正者既不肯任事,其任事者往往假公爲私,明華暗洋,種種弊竇,防不勝防。故欲設機器局,惟有因民所利而利之一法,廣爲招徠,令民集股自辦,凡繅絲紡紗及一切製造,洋人所能者我商民悉准仿行,官但爲之維持保護斯可矣。至新約允日人在內地購買貨件,及在通商口岸任便從事,既未能以力爭,亦何能以智勝,惟有與之平偹商訂細約,庶可保全釐金。貨物由行交易,給照出運,仍查照舊章由關給單,鄭重而出,則奸商串通詭託之弊少矣。至於輪船駛入各口裝運貨物,應令照華商小輪新章一律完捐。如有奸商掛洋旗請單購資,須赴產地,一時既難卒集,加以關道鄭重給單,奸商自當知難而止。得此範圍纂入行船章程,其所以保全釐金者實多。總之,定章雖貴嚴密,尤賴奉行之不稍出入也。」又謂:「與洋人定議,過於高堅,則必至決裂,貽朝廷憂;若塞責求其速了,則必至失體,招彼族侮。故必與之剛柔相參,方可集事。」

時朝廷矜愼庶獄,以舒翹久歷西曹,精法律,二十三年,召入爲刑部左侍郎,旋兼署禮部左侍郎。二十四年八月,命會同王文韶督辦礦務鐵路總局,旋擢刑部尙書。二十五年八月,命在總理各國事務衙門行走。十月,賜紫禁城騎馬。十一月,命在軍機大臣上學習行走,免其稽查保甲事務。旋兼管順天府府尹事務。二十六年,德宗景皇帝三旬萬壽,賞穿帶膝貂褂。是年,拳

匪肇亂。方事初起，良、涿等處糾集數千人，五月，奉命查辦，舒翹至，悉
解散之。七月，聯軍入京師，扈蹕幸長安。旋因議和，外人欲重罪諸臣，閏
八月初二日，奉旨：「此次中外開釁，變出非常。推其致禍之由，實非朝廷本
意，皆因諸王大臣等縱庇拳匪，啓釁友邦，以致貽憂宗社，乘輿播遷。朕固
不能不引咎自責，而諸王大臣等無端肇禍，亦亟應分別重輕加以懲處。刑部
尚書趙舒翹著交都察院、吏部議處以示懲儆。朕受祖宗付託之重，總期保全
大局，不能兼顧其他。諸王大臣等謀國不臧，咎由自取，當亦天下臣民所共
諒也。」吏議舒翹應革職留任，然外人究未知舒翹之不祖拳匪，猶以爲懲處
尚輕也。十二月二十五日，復有旨：「京師自五月以來，拳匪倡亂，開釁友邦。
現經奕劻、李鴻章與各國使臣議和，大綱草約，業已畫押。追思肇禍之始，
實由諸王大臣等信邪縱匪，上危宗社，下禍黎元，自問當得何罪。前者兩降
諭旨，尚覺法輕情重，不足蔽辜；應再分別等差加以懲處，革職留任刑部尚
書趙舒翹平日尙無忌疾外交之意，其查辦拳匪亦無庇縱之詞，惟究屬草率貽
誤，著加恩革職，定爲監斬候罪名，先在陝西省監禁。朕懲辦禍首諸人，並
無輕縱，即天下臣民亦曉然於此案關係重大也。」尋賜自盡。

附錄四：《續修陝西通志稿‧
趙舒翹傳》〔註1〕

　　趙舒翹，字展如，號琴舫，長安人。幼失怙恃，家貧，賴兼祧母旌表節孝董太夫人教養成立。舒翹亦孝敬無違，好學不倦。師事同邑柏景偉，有志聖賢之學。同治十二年舉於鄉，聯捷成進士，授刑部主事，派提牢廳。以刑名出入民命在呼吸間，折獄恤囚，悉出哀矜，深知外省移案就律，巧爲羅織之弊，研核審慎，法外施仁，最著者爲河南王樹汶臨刑呼冤一案，與某尚書力爭，卒得平反，直聲震都下。又博學，諳習舊事，凡釐定例案，解析疑難，多所議擬。其引引經斷獄，則議命案婦女離異及服製圖二事尤致意。

　　光緒十二年由郎中授安微鳳陽知府，擢鳳穎六泗道，累遷浙江溫處道、按察使、布政使、江蘇巡撫。蘇濱太湖爲梟匪淵蔽，營弁多勾結受賄，舒翹嚴飭密捕匪首葉萬春等戮之，盜炎漸息。乃籌善後法，裁遣前招梟匪數營，寬小販，剿大幫，飭勇嚴緝，兵與匪分，積弊以除。外人訂約，開埠昂其值，以購膏腴，又多方要挾，部議及江督將許之，舒翹力持曰：「吾爲朝廷守土，寧可尺寸失耶！求廢地起塵而蹴之，歲課其租，他省官埠者援爲例。時議裁兵，舒翹謂兵防不可馳，乃汰老弱、申約束，躬親檢閱，旌壘一新，所至賑荒拯溺，恤嫠育嬰，善政備舉，並捐廉奉爲原籍灃水修橋，以利行人。

　　二十三年，內詔蘇人爲建生祠，授刑部侍郎兼署禮部，明慎用刑而不留獄，尤爲朝廷倚重。明年遷尚書，值軍機，兼管順天府府尹事，歷充總理各

〔註 1〕　（民國）楊虎城、邵力子等修：《續修陝西通志稿》卷 74《趙舒翹傳》，民國
　　　　二十三年（1934 年）鉛印本。

國事務大臣、總辦鐵路礦務、督辦城工、稽查保甲大臣，賞戴花翎，賜紫禁城騎馬。

二十六年，拳匪亂作，命舒翹偕大學士剛毅往涿州查辦。剛毅信拳，以民氣大可恃入奏。舒翹爲剛毅所沮，不能力爭。後扈蹕至西安，外人持之急，帝不得已以查辦草率褫職，賜自盡，年五十有四，時論冤之。著有《提牢備考》、《溫處鹽務紀略》、《愼戰要言》、《愼疾箴言》、《藻監》《前規格言雜錄》、《愼齋文集》、《別集》。

附錄五：《咸甯長安兩縣續志‧趙舒翹傳》〔註1〕

　　趙舒翹，字展如，世居大袁村。家世力農，貧窮莫繼饘粥。舒翹生即英挺，稍長頭角森然。其時馮籍村柏景偉以名孝廉居鄉教讀，見而異之，召之讀，不責修脯。景偉負經世才，罄授所蓄，日漸月摩，諸過客又匯而濡之，蓋其為秀才時已自矯矯矣。同治癸酉舉於鄉，甲戌成進士，以主事分刑部。當是時，同邑薛允升為本部郎，精法學，卓卓無倫比，舒翹以邑後進隨尤升後，公餘問業，昕夕不倦，薰浸磨琢，名譽鵲起，幾與允升垺。迨允升出守，而刑部巨任遂萃之舒翹一人，非他曹郎所能及已。光緒六年，補提牢廳。八年，河南王樹汶冒盜代死一案，疆吏多迴護，詔部覆勘，時尚書潘祖蔭承政府王公意，欲左祖，授意舒翹，舒翹承審得實，持不可，潘弗從，舒翹爭之曰：「人命至重，可遷就耶！某可去，此案不可移。」言次聲色俱厲，拂袖出，潘怒，欲劾之。會潘調他部，他堂韙舒翹議，卒平反之，巡撫以下皆得罪。當是時，舒翹直聲震天下，輦轂之下，道路嘖嘖。舒翹之受上知自此始矣。

　　九年，洊升郎中；十二年，授安徽鳳陽府；十五年，遷浙江溫處道；十九年，授按察使，尋遷布政使；二十年，授江蘇巡撫。蘇郡濱太湖，為匪淵藪，營弁多勾結賄縱，舒翹嚴飭，密捕匪首葉萬春等戮之，群盜悚帖，乃籌善後，寬以容窮民小販而嚴以勦梟匪大幫，不用通梟之銃帶，不招積匪為營弁，無事梭巡，有事立捕，由是兵與匪分，而鹽捕積弊遂息。二十一年，與

〔註1〕　（民國）翁柽修、宋聯奎等修：《咸寧長安兩縣續志》卷15《趙舒翹傳》，民國二十五年（1936年）鉛印本。

日人改訂新約，舒翹致書總理各國事務大臣，略謂：「留民生計係固本，先務保全釐金尤目前要圖。釐金能保，必生意尙在華商，而保民之計即寓其中。」又謂：「中外定議，持之過堅，恐潰裂以貽憂，曲意遷就，又墮威而失體，宜隨機應之」云云。識者歎爲知言。

　　二十三年，除刑部左侍郎。舒翹精熟律例，博習舊典，凡釐定例案，解析疑義，多其撰擬，皆見施行。而引經史以斷獄者二事尤爲卓絕。其《議命案婦女離異》，略曰：「潘汰之父被杜氏之父毆死，則杜氏乃仇人之女，潘廣祿之死，杜氏雖不知情，實由杜氏而起，則杜氏亦潘汰之仇，以仇之女爲妻不可，以仇爲妻更不可。《春秋公羊傳》曰：『仇讎不交婚姻』。《穀梁傳》曰：『仇讎之人，非所以接婚姻也。』夫魯忘仇爲齊主婚，《春秋》猶非之，況自爲妻乎？文姜孫齊，《春秋》削其姜氏，左氏曰：『絕不爲親，禮也。』母尙可絕，又何有於其妻乎？《唐律‧戶婚篇》有云：『諸凡義絕者離之。』《疏義》謂若夫妻、祖父母、父母、外祖父母、伯叔父母、姑姊妹自相殺，皆爲義絕。《唐律》斟酌最善，明言應離，尤屬可則。又考之隋史，煬帝女南陽公主適宇文士及，士及之兄化及行逆，公主爲尼。士及請見，不許，曰：『我與君仇家，今所以不手刃君者，謀逆之日，察君不與知耳。』夫女子有從夫之義，尙可以仇而絕夫，而謂夫不可以絕妻，其義安在？宋元豐中，壽州民殺妻之父母兄弟數口，州司緣坐其妻。刑曹駁之曰：『毆妻父母，即是義絕，況是謀殺，不當坐其妻。』又莆田民楊訟其子婦不孝，官爲逮問，則婦之父爲人毆死，楊亦與焉。坐獄未竟，遇赦免，婦仍在家攝守。陳振孫謂：『兩下相殺，義絕之大。合勒其婦休離，不離即是違法。斯二案皆義絕之大。邱濬載入《大學衍義補》，其按語謂：『生身之恩，重於伉儷之義。女子受命於父而後有夫，因夫而後有舅姑。異姓所以相合者，義也，義既絕矣，恩從而亡。』名儒之論，足爲世教。正可與此對觀。然猶異代事也。國朝道光十一年山東兩令約爲婚姻，尙未迎娶，後因事壻父戕女父，女不忍事仇，自經死，詔旌其孝。當時議者咸謂女即不死，其義已絕，後有此比，宜請斷離。由是推之，則潘汰之不應以杜氏爲妻也明甚。」

　　《議服制圖篇》略曰：「服制根於《禮經》，《儀禮》於爲人後者爲其本宗之服，惟載父母昆弟姊妹，餘皆不見。元儒敖繼公謂：『本服降一等，止於此親耳，所以然者，以與己爲一體也。此外皆以所後者之親屬爲服』。《欽定儀禮》不主其說，而謂賈疏本生餘親悉降一等，足補《禮經》之所未備。律是

以有『爲人後者於本生親屬服皆降一等』之語，至爲人後者之子孫爲本宗親屬，如何持服，並無明文，即歷代典章亦俱未議及。惟我朝徐乾學纂輯《讀禮通考》引唐杜佑《通典》內數條，始有應爲服制之說。然亦第指本生祖父母而言，其餘旁親並不在內。迨乾隆二十四年，定爲人後者於本生伯叔兄姊以下有犯，均依《律服圖》降一等科罪之例。道光四年，又以《禮部則例》及《刑律》內所載爲人後者本生親屬服制闕略不全，經廷臣議奏，凡《會典》未載入，悉照降一等之文，逐條增補，俱極詳備，而於爲人後者之子孫應否爲本生親屬持服，亦均無一語敘及。豈眞見不及此耶？竊以爲古人立後，多取親支，此情理之常也。故所後之服與其父所降之服，尚不致互相參差。後世立後，兼取遠族，此情理之變也。故所後之服與其父所降之服，或致大相懸絕。至最親者莫如祖父母，爲人後者有本生父，故稱情推及於所生，爲人後之子孫，並無所謂本生父。故據理難同於上，殺祖父母且然，況降於祖父母者乎？古人不立此等服制而以所後宗支爲斷，其以此歟！先王制禮無太過也，無不及也，亦惟酌乎人情天理之中而已。若受人之重，已間世矣，復欲厚服其私親，則嫌於二祖矣。議禮者所不敢出此也，其宏通精審如此。

二十四年，遷尚書。明年，入值軍機，總辦鐵路礦務、督辦城工、稽查保甲大臣，賞戴花翎，賜紫禁城騎馬，兼管順天府府尹事務。二十六年五月，拳匪亂起良鄉、涿州等處，集數千人，舒翹奉命查辦。至，即悉解散之。未及覆命，剛毅又往查，則以民氣大可恃入奏，舒翹爭之不得，拳禍遂成。方聯軍之入京也，扈蹕幸長安。朝旨與各國構和，加罪首禍諸臣，舒翹亦褫臣留任，外使疑其庇匪也，以懲處尚輕持之急，朝廷不得已，復諭曰：「趙舒翹平日尚無疾視外交之意，其查辦拳匪亦無庇縱之詞，惟究屬草率貽誤，著革職，定爲監斬候罪名，先在陝西監禁。」已又改賜自盡，迨聯軍統帥瓦德西得其查辦一疏，知其枉，急告議和王大臣等，電奏請免予以遣戍，而舒翹已先一日死矣，識者冤之。（墓誌、西巡大事記、採訪冊）

附錄六：趙舒翹研究綜述

研究趙舒翹的論文有 20 餘篇〔註1〕，專著尚付闕如。趙舒翹的研究主要

〔註 1〕劉茂亭：《晚清的法律家——趙舒翹》，《西北政法學院學報》1984 年第 1 期，第 95～98 頁。韓學儒：《關於趙舒翹之死》，《西北大學學報》1985 年第 3 期，第 105～108 頁。韓學儒：《趙舒翹的生平及其最後的悲劇》，載於韓學儒、吳永濤主編：《三秦近代名人評傳‧初集》，西安：西北大學出版社，1988 年，第 105～122 頁。張應超：《趙舒翹》，載於清史編委會編、李文海、孔祥吉主編：《清代人物傳稿》第 5 卷，瀋陽：遼寧人民出版社，1989 年，第 63～69 頁。薛梅卿、張守東：《〈提牢備考〉對建設文明監獄的啓示》，1996 年發表於中國政法大學監獄史學研究中心內部刊物，載於薛梅卿、楊育棠點注：《〈庚辛提牢筆記〉點注》，北京：中國政法大學出版社，2007 年，第 266～276 頁。洪丕謨：《〈提牢備考〉書評》，《文匯讀書週報》1999 年 6 月 19 日，載於於建華、洪運：《洪丕謨年譜》，上海：學林出版社，2006 年，第 281 頁。洪丕謨：《中國古代法律名著提要》，杭州：浙江人民出版社，1999 年，第 317～320 頁。何勤華：《中國第一部監獄學著作——趙舒翹撰〈提牢備考〉評述》，《法學》1999 年第 7 期，第 16～17 頁。張秀夫：《以史爲鑒、繼往開來——主編〈提牢備考譯注〉有感》，載於張秀夫：《中國監獄現代化建設》，北京：法律出版社，2001 年，第 529～535 頁。閆曉君：《走近「陝派律學」》，《西北政法學院學報》2005 年第 2 期，第 122～128 頁。高鑫：《由〈提牢備考〉探悉清代獄官、獄吏管理制度》，載於中國政法大學監獄史學研究中心編：《中國監獄文化的傳統與現代文明》，北京：法律出版社，2006 年，第 108～118 頁。高奉春：《從〈提牢備考〉看中國傳統監獄文化》，山東大學 2008 碩士論文。李儀：《提牢備考》，載於張晉藩主編：《清代律學名著選介》，北京：中國政法大學出版社，2009 年，第 362～371 頁。賈熟村：《義和團時期的趙舒翹》，《南陽師範學院學報》2010 年第 7 期，第 30～35 頁。陸玉芹：《穿越歷史的忠奸之辨：庚子事變中「五大臣」被殺研究》，北京：中國社會科學出版社，2010 年。閆曉君：《陝派律學的幾個問題》，《法律文化研究》2010 年第 00 期，第 151～163 頁。王新龍：《認識「陝派律學」》，《中國—東盟博覽》2011 年第 4 期，第 46～47 頁。曾憲義、王健、閆曉君主編：《律學與法學：中國法律教

集中於通論性質的傳記書寫，義和團時期的趙舒翹及「庚子事變」被殺研究，以及趙氏的律學思想研究三個方面。介於此，筆者分三個方面對研究現狀予以梳理。

　　通論性質的傳記書寫以蔡冠洛編著的《清代七百名人傳》〔註2〕最早，其中著錄趙氏小傳，但頗爲簡略。之後有韓學儒的《趙舒翹的生平及其最後的悲劇》〔註3〕、張應超的《趙舒翹》〔註4〕，此兩文較爲細緻得敘述趙舒翹生平，資料充實，很具有參考價值。再之後的相關傳記多與韓文、張文類似，參考價值不大〔註5〕。張安興的《新徵集民國〈趙母董太夫人墓誌〉淺說——

　　育與法律學術的傳統及其現代發展》，北京：中國人民大學出版社，2011 年，第 206～208 頁。沈瑋瑋：《文若其人：趙舒翹與〈提牢備考〉互證：兼論中國法律史的研究方法》，《政法論壇》2012 年第 2 期，第 86～96。孫美玲：《趙舒翹法律思想淺析》，《法制與社會》2013 年第 13 期，第 3～4 頁；趙亞男：《「陝派律學」研究》，山東大學 2014 年碩士論文。

〔註2〕蔡冠洛編著：《清代七百名人傳》，北京：中國書店，1984 年，第 514～517 頁。

〔註3〕韓學儒，吳永濤主編：《三秦近代名人評傳・初集》，西安：西北大學出版社，1988 年，第 105～122 頁。

〔註4〕清史編委會編、李文海、孔祥吉主編：《清代人物傳稿》第 5 卷，瀋陽：遼寧人民出版社，1989 年，第 63～69 頁。

〔註5〕如遼寧大學歷史系編：《中國近代史名詞解釋》，遼寧大學歷史系，1985 年，第 207 頁。郭琦主編、楊育坤等著：《陝西五千年》，西安：陝西師範大學出版社，1989 年，第 618～619 頁。羅籲九主編：《中國名君名臣政績辭典》，南昌：江西教育出版社，1990 年，第 934 頁。李振民、張守憲主編，陝西省中共黨史人物研究會編：《陝西近現代名人錄・續集》，西安：西北大學出版社，1991 年，第 238～241 頁。高占祥等主編：《中國文化大百科全書・歷史卷》下，長春：長春出版社，1994 年，第 482 頁。車吉心主編、劉德增、王大建、李曉副主編：《中國宰相全傳》，濟南：山東教育出版社，1997 年，第 4757～4762 頁。西安市蓮湖區地方志編纂委員會編：《蓮湖區志・人物》，西安：三秦出版社，2001，第 755～756 頁。馬寬厚：《陝西文學史稿》，北京：中國文學出版社，2002 年，第 150 頁。尚恒元、孫安邦主編：中國人名異稱大辭典・綜合卷》，太原：山西人民出版社，2002 年，第 1108 頁。陝西省地方志編纂委員會編、白智民、秦天行主編：《陝西省志》卷 65《文化藝術志》，西安：陝西人民出版社，2005 年，第 930 頁。馬彥群：《人傑地靈》，西安：三秦出版社，2006 年，第 111～112 頁。西安市地方志編纂委員會編：《西安市志》卷 7，西安出版社，2006 年，第 400～401 頁。翟國璋主編：《中國科舉辭典》，南昌：江西教育出版社，2006，第 1049 頁。金梁輯：《近世人物志》，北京圖書館出版社，2007 年，第 333～334 頁。王躍斌：《大清官趙舒翹》，《章回小說（上半月）》2008 年第 5 期，第 22～38 頁。曹子西主編：《北京史志文化備要》，北京：中國文史出版社，2008 年，第 687～698 頁。周斌編著：《中國近

兼談趙舒翹其人其事》〔註 6〕一文通過考釋趙母董太夫人墓誌，簡述趙氏生平，尤其是對趙氏的家世及早歲成長經歷有所參考價值。《灃河上還有清代趙舒翹橋遺址》〔註 7〕一文簡述了趙氏生平，通過實物資料佐證了趙氏為家鄉建石橋之事。

關於義和團時期的趙舒翹及「庚子事變」被殺研究，以西北大學歷史系的《舊民主主義革命時期陝西大事記述（1840～1919 年）》載錄的《趙舒翹在西安被「賜令自盡」（1901 年 2 月）》〔註 8〕為最早。之後有許多關於趙舒翹之死的敘述，但以韓學儒的《關於趙舒翹之死》〔註 9〕、賈熟村的《義和團時期的趙舒翹》〔註 10〕最具學術性，兩文材料充實，論證嚴密，但韓文、賈文將趙舒翹之死歸因於趙氏的「為官之道」、「附和權貴」以及其「思想保守性」，筆者認為過於簡單化，應該全面地分析趙舒翹的死因。其他關於趙氏之死的著作，皆流於傳奇小說式的書寫〔註 11〕，其參考晚清、民國的稗官野史、筆

現代書法家辭典》，杭州：浙江人民出版社，2009 年，第 515 頁。南開大學古籍與文化研究所編：《清文海》第 97 冊，北京：國家圖書館出版社，2010 年，第 605 頁。鄭小悠：《清代刑部的提牢官》，《文史知識》2014 年第 12 期。

〔註 6〕 張安興：《新徵集民國〈趙母董太夫人墓誌〉淺說——兼談趙舒翹其人其事》，收錄於西安碑林博物館編：《碑林集刊》第十輯，西安：三秦出版社，2004 年，第 149～153 頁。

〔註 7〕 《灃河上還有清代趙舒翹橋遺址》，《西安晚報》2013 年 8 月 18 日，第 11 版。

〔註 8〕 西北大學歷史系編：《舊民主主義革命時期陝西大事記述（1840～1919 年）》，西安：陝西人民出版社，1984 年，第 126～128 頁。

〔註 9〕 韓學儒：《關於趙舒翹之死》，《西北大學學報》1985 年第 3 期，第 105～108 頁。

〔註 10〕 賈熟村：《義和團時期的趙舒翹》，《南陽師範學院學報》2010 年第 7 期，第 30～35 頁。

〔註 11〕 如張應超：《趙舒翹是怎樣獲罪和身亡的？》，載於施宣圓等編：《中國文化之謎》，上海：學林出版社，1987 年，第 286～288 頁；亦載於施宣圓等主編：《千古之謎‧中國文化史 500 疑案‧續》鄭州：中州古籍出版社，1996 年，第 76～77 頁；施宣圓、李春元主編：《中外文化之謎》，上海：文匯出版社，2000 年，第 209～211 頁；施宣圓等主編：《千古之謎‧中國文化 1000 疑案‧甲編》，鄭州：中州古籍出版社，2003 年，第 98～99 頁。朱碧森：《女國男兒淚——林琴南傳》，北京：中國文聯出版公司，1989 年，第 175 頁。常青：《趙舒翹之死》，載於張銘洽主編：《長安史話‧宋元明清分冊》，西安：陝西旅遊出版社，1991 年，第 253～258 頁。《清廷對列強求和及趙舒翹等人被賜死》，載於孫志亮、馬林安等主編：《陝西近代史稿》，西安：西北大學出版社，1992 年，第 197～200 頁。《趙舒翹懲治惡霸》、《趙舒翹之死》，載於許蓉生、林成西編譯：《白話清朝野史大觀》，成都：四川人民出版社，1998 年，第 279～283 頁。《趙舒翹作替罪羊》，載於林驊編選，章利國繪：《清人軼事》，天津：百

花文藝出版社，1998 年，第 233 頁。《趙舒翹被處死其幕後原因是什麼？》，載於鍾進平編著：《歷史百謎》，哈爾濱：北方文藝出版社，2000 年，144～145 頁。周劭：《「八大聖人」之趙舒翹》，載於周劭著：《向晚漫筆》，上海古籍出版社，2000 年，第 29～32 頁；此文亦載於《紫禁城》2009 年第 7 期，第 50～51 頁。《義和團蜂擁津京，趙舒翹獻計招撫》，載於夏以溶主編、劉斌、謝本書著：《中國近代史話 1840～1919》第 7 卷，昆明：雲南人民出版社，2001 年，第 70～84 頁。劉劼：《趙舒翹獲罪和身亡之謎》，載於李廣生主編：《中國歷史之謎》，天津：百花文藝出版社，2002 年，第 190～192 頁；此書再版為李廣生主編：《中國歷史之謎》，天津：百花文藝出版社，2007 年，第 130～131 頁。《趙舒翹獲罪和身亡之謎》，載於李勇成編：《人類歷史難解之謎》，烏魯木齊：新疆人民出版社，2003 年，第 144～146 頁。《趙舒翹的冤案是怎麼回事？》，載於東方史主編：《千古之謎・帝王將相篇》，北京：光明日報出版社，2003 年，第 228～230 頁。《趙舒翹緣何獲罪身亡》，載於諸葛文編著：《中國歷代秘聞軼事・清史》，北京：京華出版社，2004 年，第 198～199 頁。《刑部尚書趙舒翹結局之謎》，載於劉軾編著：《大清王朝未解之謎》，呼和浩特：內蒙古人民出版社，2004 年，第 289～292 頁。《琴臺客聚：趙舒翹之死》，《香港文匯報》2004 年 11 月 29 日，第 09 版（副刊）。林盛：《法學家趙舒翹的悲劇命運》，《浙江人大》2005 年第 9 期，第 52～52 頁。李蒼如：《趙舒翹的遺言》，載於張培禮、孔珞、江弘基主編、陝西省文史研究館編：《三秦軼事》，北京：中華書局，2005 年，第 30 頁。《趙舒翹不通時務》，載於侯占虎：《青少年傳統美德閱讀精品叢書・言辨達事理》長春：吉林人民出版社，2005 年，第 68～69 頁。范超：《國難當頭鑄成師門恩怨》，《三秦都市報》2006 年 9 月 9 日，第 A16 版。范超：《千古奇冤：105 年前的艱難一死》，《三秦讀書報》2006 年 9 月 16 日，第 A15 版。趙心愚，秦和平編：《康區藏族社會珍稀資料輯要》上冊，巴蜀書社，2006 年，第 18 頁。孫希濤編：《清宮秘聞：清代十三朝宮闈秘史》，北京：大眾文藝出版社，2006 年，第 162 頁。《趙舒翹之死》，載於李娟、華博、李岩：《慈禧・統治了中國晚清 48 年一代的帝後》，北京圖書館出版社，2007 年，第 341～353 頁。《趙舒翹結局之謎》，載於周浩文編著：《大清未解之謎》，北京：中國華僑出版社，2007 年，第 163～165 頁。《趙舒翹之死》，載於澤文：《呂海寰》，北京：新華出版社，2007 年，第 243～263 頁。《趙舒翹是否為〈辛丑條約〉「首禍」》，載於蘇建軍編著：《歷史的黑洞》，天津人民出版社，2008 年，第 107～109 頁。《清廉、保守大臣之死・趙舒翹的雙面人生》，載於陳峰主編：《斜陽下的樂章・中心轉移後的三秦大地》，西安：西北大學出版社，2009 年，第 185～186 頁。《趙舒翹的冤案是怎麼回事？》，載於陳中梅主編：《中國未解之謎・圖文版》，瀋陽：遼海出版社，2009 年，第 137～139 頁。李國濤：《趙舒翹冤死案》，《團結報》2010 年 3 月 6 日，第 7 版；此文亦載於《溫州都市報》2010 年 6 月 3 日，第 37 版；《香港文匯報》2010 年 3 月 10 日，第 09 版（副刊）。李國濤：《冤死趙舒翹》，載於《中華傳奇・大歷史》2010 年第 5 期，第 99 頁。《趙舒翹因何獲罪身亡？》，載於黃凱存、王蕾編：《中國歷史懸案大揭秘》，北京燕山出版社，2010 年，第 203～206 頁。鄭連根：《故紙眉批：一個傳媒人的讀史心得》，銀川：寧夏少年兒童出版社，2010 年，第 221 頁。《趙舒翹身亡》，載於符文軍、王飛鴻

記小說，將趙氏之死的原因歸結於「趨附剛毅，以致殺身」、「遭李鴻章幕僚陷害」、「清廷鬥爭，爲人（李鴻章）不容」等。而陸玉芹的《穿越歷史的忠奸之辨：庚子事變中「五大臣」被殺研究》〔註12〕，從庚子事變中被殺的「五大臣」角度分析當時的清廷權力結構，爲趙氏之死的研究提供了新的視角。

關於趙舒翹的律學思想研究，在中國法制史、中國監獄史的研究著作〔註13〕敘述清代法制及監獄制度（主要爲提牢制度）時，都會簡述趙著《提

編著：《中國名人未解之謎・新編版》，北京：時事出版社，2011 年，第 206
～207 頁。《稀缺清官之趙舒翹傳奇》，載於綦彥臣：《晚清官場亂象》，上海：
復旦大學出版社，2011 年，第 161～170 頁。凡雨：《風悲追思趙舒翹》，《西
安晚報》2012 年 7 月 1 日，第 10 版。董佳：《被冤死的軍機大臣趙舒翹》，《新
聞讀》2012 年第 5 期，第 25～26 頁；此文亦載於董佳：《教科書裏沒有的近
代史》，北京：中華書局，2011 年，第 56～62 頁。侯雁、高國飛：《軍機大臣
不想死》，《百花（懸念故事）》2012 年第 9 期，第 59～65 頁。

〔註12〕陸玉芹：《穿越歷史的忠奸之辨：庚子事變中「五大臣」被殺研究》，北京：
中國社會科學出版社，2010 年。

〔註13〕如李甲孚：《中國監獄法制史》，臺北：商務印書館，1984 年。薛梅卿主編：《中
國監獄史》北京：群眾出版社，1986 年，第 158、165～168 頁。薛梅卿、葉
峰：《中國法制史稿》，北京：高等教育出版社，1990，第 335～336 頁。梁民
立：《簡明中國監獄史》，北京：群眾出版社，1994 年。朱崇武，沈坤平著：《中
國監獄罪犯行刑分級處遇研究》，上海：華東師範大學出版社，1996 年，第
55～56 頁。王利榮：《中國監獄史》，成都：四川大學出版社，1996 年。楊殿
升、張金桑主編：《中國特色監獄制度研究》，北京：法律出版社，1999 年，
第 109～110 頁。張建智：《中國神秘的獄神廟》，上海三聯書店出版社，2000
年，第 101 頁。薛梅卿主編：《中國監獄史知識》，北京：法律出版社，2001
年，第 111～112 頁。張小樂、劉名明、黃保亮、武志紅著：《失衡的天平・
中國歷代法制》，瀋陽：遼海出版社，2001 年，第 137 頁。萬安中：《中國監
獄史》，北京：中國政法大學出版社，2003 年。李金華、毛曉燕主編：《中國
監獄史》，北京：金城出版社，2003 年，第 15、161～163 頁。鞏濤：《西方法
律引進之前的中國法學》，載於《法國漢學》叢書編輯委員會編：《法國漢學・
第八輯・教育史專號》，北京：中華書局，2003 年，第 220～249 頁。張志京：
《賤民執法：一項中國封建獄政管理制度的考察》，《中國監獄學刊》2005 年
第 2 期，第 133～135 頁；亦載於中國政法大學監獄史學研究中心編：《中國
監獄文化的傳統與現代文明》，北京：法律出版社，2006 年，第 39～46 頁。
王偉凱：《「賤民執法」質疑：兼與張志京教授商榷》，《中國監獄學刊》2005
第 5 期，第 149～150 頁。郭明：《中國監獄史學研究》，中國政法大學 2005
年博士論文。張伯元主編：《法律文獻整理與研究》，北京大學出版社，2005
年，第 224～228 頁。孫家紅：《〈舊抄內定律例稿本〉作者置疑》，載於中國
法律史學會編：《法史學刊・第 2 卷・2007》，北京：社會科學文獻出版社，
2008 年，第 363 頁。王素芬：《明暗之間：近代中國獄制轉型研究 理念更新
與制度重構》，北京：中國方正出版社，2009 年，第 60、94、103 頁。胡肖華、

牢備考》，肯定其書的研究價值及趙氏的律學成就。而對趙專門的研究以劉茂亭的《晚清的法律家——趙舒翹》〔註14〕一文爲最早，文章簡述趙氏生平，肯定其在中國古代法制進程中的作用，偏重於趙氏律學思想的「威嚇刑主義」、「重刑主義」、執法的「無枉無縱」原則、法制對「安民」的作用等，但忽略趙著《提牢備考》的內容和其法學思想，此缺陷之處也。而薛梅卿、張守東的《〈提牢備考〉對建設文明監獄的啓示》〔註15〕則簡述了《提牢備考》的編撰過程、內容梗概，重點闡述其對現代監獄文明管理的啓示〔註16〕，彌補了上文不足。

1997 年法律出版社出版了張秀夫的《提牢備考譯注》〔註17〕，其書對原

廖永安主編：《法學基礎課程導讀》上，湘潭：湘潭大學出版社，2009 年，第325 頁。張晶：《近代百年中國監獄制度的全球化問題研究（上）》，《犯罪與改造研究》2009 年第 2 期，第 22～31 頁。陳兆肆：《近三十年清代監獄史研究述評》，《史林》2009 年第 5 期，第 180～187 頁；轉載於《複印報刊資料·明清史》2010 年第 4 期，第 79～85 頁。陳煜：《清末新政中的修訂法律館——中國法律近代化的一段往事》，北京：中國政法大學出版社，2009 年，第 178～180 頁。朱蘇人編著：《中國法制史》，北京大學出版社，2010 年，第 203頁。張晶：《監獄文化的批判性省思》，《刑事法評論》2010 年第 27 卷，第 543頁；轉載於《複印報刊資料·刑事法學》2011 年第 3 期，第 41 頁。陳立毅、王美玉：《我國刑罰執行方式現狀分析——以勞動改造爲例》，《江海縱橫》2010年 第 9 期，第 50～51 頁。曹強新：《清代監獄研究》，武漢：湖北人民出版社，2011 年，第 31～32 頁。何勤華：《中國法學史綱》，北京：商務印書館，2012 年，第 210～211 頁。其他一些法學類詞典亦有《提牢備考》簡述。如楊顯光主編：《勞改法學詞典》，成都：四川辭書出版社，1989 年，第 100 頁。中國政法大學圖書館編：《中國法律圖書總目》，北京：中國政法大學出版社，1991 年，第 723 頁。武樹臣主編：《中國傳統法律文化辭典》，北京大學出版社，1999 年，第 541 頁。張晉藩主編：《中華法學大辭典·法律史學卷》，北京：中國檢察出版社，1999 年，第 430 頁。趙傳仁、鮑延毅、萬增福主編：《中國書名釋義大辭典》，濟南：山東友誼出版社，2007 年，第 1045 頁。

〔註14〕劉茂亭：《晚清的法律家——趙舒翹》，《西北政法學院學報》1984 年第 1 期，第 95～98 頁。

〔註15〕薛梅卿、張守東：《〈提牢備考〉對建設文明監獄的啓示》，1996 年發表於中國政法大學監獄史學研究中心內部刊物，載於薛梅卿、楊育棠點注：《〈庚辛提牢筆記〉點注》，北京：中國政法大學出版社，2007 年，第 266～276 頁。

〔註16〕薛、張文指出有關監獄管理，建設文明監獄的啓示：1. 獄政管理的完善關鍵在於制度的高度嚴密。2. 制度的高度嚴密關鍵在於其本身的法律特質的嚴肅性。3. 法律制度的嚴格執行而有效關鍵在於監管人員素質的提高。

〔註17〕張秀夫：《提牢備考譯注》，北京：法律出版社，1997 年。之後薛梅卿、楊育棠點校的《〈庚辛提牢筆記〉點注》（中國政法大學出版社 2007 年版）附錄有《提牢備考》，與張秀夫譯注格式有所不同，同時增加了民國雷瀛仙的序（第200～201 頁）。

著除進行校訂、注釋和翻譯之外，從結構體例上增加了《序》、《後記》和《清朝提牢制度簡介》等內容。由於該書編者〔註18〕在全國司法行政系統及監獄系統的影響力，因此它的出版對於《提牢備考》、趙舒翹的傳播和研究起到了積極的推動作用。之後洪丕謨〔註19〕、何勤華〔註20〕、張秀夫〔註21〕、高鑫〔註22〕、李儀〔註23〕均對《提牢備考》有所著述，但其僅限於文獻簡要介紹和通過對書中所述錄的律條、技措或觀念等的分析研究，以資現代監獄管理的借鑒和應用，仍未超越薛、張文的研究。而高奉春的碩士論文《從〈提牢備考〉看中國傳統監獄文化》則在前人研究的基礎之上深入分析《提牢備考》，展開對中國古代監獄制度的研究，從而進一步分析地研究中國傳統監獄文化，間接地反映趙舒翹的律學成就和在中國監獄史的作用，其亦是至今最為全面的研究《提牢備考》的文章。而喻江的《從〈提牢備考〉看清代的治監理念》〔註24〕主要通過《提牢備考》考察清代的監獄治理情況。

而閆曉君的《走近「陝派律學」》〔註25〕、《陝派律學的幾個問題》〔註26〕與王新龍的《認識「陝派律學」》〔註27〕、曾憲義、王健、閆曉君主編的《律學與法學：中國法律教育與法律學術的傳統及其現代發展》中《明清律學與

〔註18〕張秀夫時任司法部副部長，此書由時任司法部部長肖揚作序。

〔註19〕洪丕謨：《〈提牢備考〉書評》，《文匯讀書週報》1999 年 6 月 19 日，載於於建華、洪運：《洪丕漠年譜》，上海：學林出版社，2006 年，第 281 頁。洪丕謨著：《中國古代法律名著提要》，杭州：浙江人民出版社，1999 年，第 317～320 頁。此書評筆者未見到，但應與之後的《中國古代法律名著提要》中的《提牢備考》詞條相類似。

〔註20〕何勤華：《中國第一部監獄學著作——趙舒翹撰〈提牢備考〉評述》，《法學》1999 年第 7 期，第 16～17 頁。

〔註21〕張秀夫：《以史為鑒、繼往開來——主編〈提牢備考譯注〉有感》，載於張秀夫：《中國監獄現代化建設》，北京：法律出版社，2001 年，第 529～535 頁。

〔註22〕高鑫：《由〈提牢備考〉探悉清代獄官、獄吏管理制度》，載於中國政法大學監獄史學研究中心編：《中國監獄文化的傳統與現代文明》，北京：法律出版社，2006 年，第 108～118 頁。

〔註23〕李儀：《提牢備考》，載於張晉藩主編：《清代律學名著選介》，北京：中國政法大學出版社，2009 年，第 362～371 頁。

〔註24〕喻江：《從〈提牢備考〉看清代的治監理念》，《黑龍江史志》2014 年第 9 期。

〔註25〕閆曉君：《走近「陝派律學」》，《西北政法學院學報》2005 年第 2 期，第 122～128 頁。

〔註26〕閆曉君：《陝派律學的幾個問題》，《法律文化研究》2010 年第 00 期，第 151～163 頁。

〔註27〕王新龍：《認識「陝派律學」》，《中國—東盟博覽》2011 年第 4 期，第 46～47 頁。

法律教育》〔註28〕和閆曉君、陳濤《關於「陝派律學」》〔註29〕、趙亞男《「陝派律學」研究》〔註30〕等文章對「陝律學派」做一系統性、歷史性整理，對趙舒翹以一代表性人物做概述性介紹，以「陝派律學」在中國古代律學的研究反映趙氏的思想。

之後沈瑋瑋《文若其人：趙舒翹與〈提牢備考〉互證——兼論中國法律史的研究方法》〔註31〕對趙舒翹的閱歷與法學思想的互動有一整體性研究，並以《提牢備考》互證，內容詳實，集上述諸文的優點，有很大的參考價值。孫美玲的《趙舒翹法律思想淺析》〔註32〕，只是對趙舒翹的律學思想做了簡要的敘述，價值不大。其他還有一些文章通過趙舒翹的刑案審判研究其律學思想〔註33〕，也有一定的研究價值。

2014 年 5 月法律出版社出版閆曉君整理的《愼齋文集》〔註34〕，爲進一步研究趙舒翹及「陝派律學」提供了資料基礎，具有很大的借鑒意義。

總之，統觀國內外的有關趙舒翹的研究現狀，儘管出現了一些研究成果，爲今後趙舒翹的深入研究打下了堅實的基礎，但總體上還屬於粗略的敘述，不夠深入，許多問題還有待進一步研究和完善，尤其是趙氏的政治活動和律學思想。故本文整體性地研究趙舒翹其人、其事及其律學思想，希望可以對中國近代政治史、法制史研究有所裨益。

〔註28〕 曾憲義、王健、閆曉君主編：《律學與法學：中國法律教育與法律學術的傳統及其現代發展》，北京：中國人民大學出版社，2011 年，第 206～208 頁。

〔註29〕 閆曉君、陳濤：《關於「陝派律學」》，載於（清）趙舒翹：《愼齋文集》，閆曉君整理，北京：法律出版社，2014 年，第 1～14 頁。

〔註30〕 趙亞男：《「陝派律學」研究》，山東大學 2014 年碩士論文。

〔註31〕 沈瑋瑋：《文若其人：趙舒翹與〈提牢備考〉互證——兼論中國法律史的研究方法》，《政法論壇》2012 年第 2 期，第 86～96。

〔註32〕 孫美玲：《趙舒翹法律思想淺析》，《法制與社會》2013 年第 13 期，第 3～4 頁。

〔註33〕 如侯丹、劉茂亭：《趙舒翹平反冤獄》，載於魚聞詩、段克正、關睢主編、西安市文史研究館編：《風雨長安》，北京：中華書局，2005 年，第 40～41 頁。《趙舒翹與「安德海事件」》，載於方繼孝：《舊墨二記：世紀學人的墨蹟與往事》，北京圖書館出版社，2006 年，第 41～43 頁。范超：《十五歲「兇犯」法場喊冤奇案》，《三秦都市報》2006 年 8 月 26 日，第 A12 版。《趙舒翹拒賄平冤案》，載於王石主編：《中華廉政文化讀本》，北京：人民出版社，2007 年，第 153 頁。《趙舒翹與王樹汶》，載於沈小蘭、蔡小雪：《修律大臣沈家本》，北京：人民法院出版社，2012 年，第 75～78 頁。

〔註34〕 〔清〕趙舒翹：《愼齋文集》，閆曉君整理，北京：法律出版社，2014 年。

參考文獻

一、

1. （清）趙舒翹：《溫處鹽務紀要》，光緒十九年（1893 年）甌江官舍刻本。

2. （清）趙舒翹：《慎齋文集》，民國十三年（1924 年）酉山書局鉛印本。

3. （清）趙舒翹：《慎齋別集》，民國十三年（1924 年）酉山書局鉛印本。

4. （清）趙舒翹：《慎齋文集》，閆曉君整理，北京：法律出版社，2014 年。

5. （清）柏景偉：《灃西草堂集》，民國十三年（1924 年）蘇州金陵思過齋刻本。

6. （清）文廷式：《純常子枝語》，民國三十二年（1944 年）刻本。

7. （清）鮑心增：《蛻齋詩稿》，1949 年鉛印本。

8. （清）劉坤一：《劉坤一遺集》，中國科學院歷史研究所第三所工具書組校點，北京：中華書局，1959 年。

9. （清）黃遵憲著、錢仲聯箋注：《人境廬詩草箋注》，上海古籍出版社，1981 年。

10. （清）徐柯：《清稗類鈔》，北京：商務印書館，1984 年。

11. （清）劉體智著、劉篤齡點校：《異辭錄》，北京：中華書局，1988 年。

12. （清）趙舒翹、張秀夫譯：《提牢備考譯注》，北京：法律出版社，1997 年。

13. （清）孫靜庵著、李岳瑞著、張明芳點校：《棲霞閣野乘》，太原：山西古籍出版社，1997 年。

14. （清）羅惇曧著、孫安邦、王開學點校：《羅癭公筆記選》，太原：山西古籍出版社，1997 年。

15. （清）徐凌霄，徐一士：《凌霄一士隨筆》，太原：山西古籍出版社，1997 年。

16. （清）蘇曼殊等著、馬玉山點校：《民權素筆記薈萃》，太原：山西古籍出版社，1997 年。

17. （清）李伯元：《南亭筆記》，太原：山西古籍出版社，山西教育出版社，1999 年。

18. （清）李伯元著、薛正興校點：《南亭四話》，南京：江蘇古籍出版社，2000 年。

19. （清）翁同龢：《翁同龢日記》，陳義傑整理，北京：中華書局，2006 年。

20. （清）惲毓鼎：《惲毓鼎澄齋奏稿》，杭州：浙江古籍出版社，2007 年。

21. （清）李鴻章：《李鴻章全集》，合肥：安徽教育出版社，2008 年。

22. （清）張之洞：《張之洞全集》，武漢：武漢出版社，2008 年。

23. （清）吳永口述、劉治襄記：《庚子西狩叢談》，桂林：廣西師範大學出版社，2008 年。

24. （清）王彥威輯：《西巡大事記》，民國清季外交史料附刊本。

25. （清）潘文舫：《新增刑案匯覽》，清光緒紫英山房刻本。

26. （清）劉孟揚：《天津拳匪變亂紀事》，清鈔本。

27. （清）范當世：《范伯子詩集》，清末本。

28. （清）葉昌熾：《緣督廬日記抄》，民國上海蟬隱廬石印本。

29. （民國）黃鴻壽：《清史紀事本末》，民國三年（1914 年）石印本。

30. （民國）劉古愚：《劉古愚先生全書》，民國七年（1918 年）蘇州金陵思過齋刊本。

31. （民國）王步瀛：《慎齋年譜》，民國十三年（1924 年）西山書局鉛印本。

32. （民國）楊虎城、邵力子等：《續修陝西通志稿》，民國二十三年（1934 年）鉛印本。

33. （民國）翁樨修、宋聯奎等修：《咸寧長安兩縣續志》，民國二十五年（1936 年）鉛印本。

34. （民國）趙爾巽等：《清史稿》，北京：中華書局，1976 年。

35. （民國）張一麐：《古紅梅閣筆記》，上海書店出版社，1998 年。

36. （民國）黃濬著：《花隨人聖庵摭憶》，太原：山西古籍出版社，1999 年。

37. （民國）王伯恭著、郭建平點校；（民國）江庸著、常士功點校：《蜷廬隨筆、趨廷隨筆》，太原：山西古籍出版社、山西教育出版社，1999 年。

38. （民國）吉同鈞：《樂素堂文集》，北平楊梅竹斜街中華印書局鉛印本。

二、

1. 王鍾翰點校：《清史列傳》，北京：中華書局，1962 年。

2. 朱保炯等：《明清進士題名碑錄索引》，上海：上海古籍出版社，1980 年。

3. 中國社會科學院近代史研究所《近代史資料》編輯組編：《義和團史料》，北京：中國社會科學出版社，1982 年。

4. 《清實錄》，北京：中華書局，1987 年影印本。

5. 韓學儒、吳永濤主編：《三秦近代名人評傳》，西安：西北大學出版社，1988 年。

6. 李文海、孔祥吉主編：《清代人物傳稿》，瀋陽：遼寧人民出版社，1989 年。

7. 中國社會科學院近代史研究所近代史資料編輯組：《近代史資料·總 76 號》，北京：中國社會科學出版社，1989 年。

8. 陸允昌編：《蘇州洋關史料（1896～1945）》，南京：南京大學出版社，1991 年。

9. 政協興平縣文史資料委員會編：《興平文史資料》第 10 輯，政協興平縣文史資料委員會，1991 年。

10. 錢仲聯主編：《中國近代文學大系（1840～1919）詩詞集》，上海：上海書店出版社，1991 年。

11. 陝西省地方志編纂委員會編：《陝西通志》，西安：三秦出版社，1992 年。

12. 中國第一歷史檔案館：《光緒朝朱批奏摺》，北京：中華書局，1996 年。

13. 中國第一歷史檔案館編：《光緒朝上諭檔》，桂林：廣西師範大學出版社，1996 年。

14. 秦經國主編、唐益年、葉秀雲副主編、中國第一歷史檔案館藏：《清代官員履歷檔案彙編》，上海：華東師範大學出版社，1997 年。

15. 江蘇省地方志編纂委員會編：《江蘇省志·海關志》，南京：江蘇古籍出版社，1998 年。

16. 陝西省地方志編纂委員會編：《陝西省志·出版志》，西安：三秦出版社，1998 年。

17. 江蘇省財政志編輯辦公室編：《江蘇財政史料叢書·第 1 輯》，北京：方志出版社，1999 年。

18. 洪丕謨：《中國古代法律名著提要》，杭州：浙江人民出版社，1999 年。

19. 張秀夫：《中國監獄現代化建設》，北京：法律出版社，2001 年。

20. 中國第一歷史檔案館編：《庚子事變清宮檔案彙編》，北京：中國人民大學出版社，2003 年。

21. 西安碑林博物館編：《碑林集刊》第十輯，西安：三秦出版社，2004 年。

22. 中國第一歷史檔案館編：《清代軍機處電報檔案彙編》，北京：中國人民大學出版社，2005 年。

23. 李貴連：《沈家本評傳》，南京：南京大學出版社，2005 年。

24. 趙心愚，秦和平編：《康區藏族社會珍稀資料輯要》，成都：巴蜀書社，2006 年。

25. 中國政法大學監獄史學研究中心編：《中國監獄文化的傳統與現代文明》，北京：法律出版社，2006 年。

26. 金梁輯：《近世人物志》，北京：北京圖書館出版社，2007 年。

27. 裴偉選注：《鎮江詩文》，蘇州：蘇州大學出版社，2007 年。

28. 薛梅卿、楊育棠點注：《〈庚辛提牢筆記〉點注》，北京：中國政法大學出版社，2007 年。

29. 郭郁烈主編：《西北民族大學圖書館于右任舊藏金石拓片精選》，上海古籍出版社，2008 年。

30. 吳劍傑編著：《張之洞年譜長編》，上海交通大學出版社，2009 年。

31. 張晉藩主編：《清代律學名著選介》，北京：中國政法大學出版社，2009 年。

32. 程水龍：《理學在浙江的傳播——以〈近思錄〉衛中心的歷史考察》，上海：上海古籍出版社，2010 年。

33. 陸玉芹：《穿越歷史的忠奸之辨：庚子事變中「五大臣」被殺研究》，北京：中國社會科學出版社，2010 年。

34. 曾憲義、王健、閆曉君主編：《律學與法學：中國法律教育與法律學術的傳統及其現代發展》，北京：中國人民大學出版社，2011 年。

35. 臺灣中央研究院近代史研究所檔案館館藏檔案。

36. 臺灣中央研究院館藏清代宮中檔奏摺及軍機處檔摺件。

三、

1. 范煙橋：《記趙舒翹治梟》，《紅玫瑰》1925 年第 35 期。

2. 劉茂亭：《晚清的法律家趙舒翹》，《西北政法學院院報》1984 年第 1 期。

3. 韓學儒：《關於趙舒翹之死》，《西北大學學報》1985 年第 3 期。

4. 何勤華：《中國第一部監獄學著作——趙舒翹撰〈提牢備考〉評述》，《法學》1999 年第 7 期。

5. 洪丕謨：《〈提牢備考〉書評》，《文匯讀書週報》1999 年 6 月 19 日。

6. （法）鞏濤（Jerome Bourcon）著，林蕙娥譯：《西方法律引進之前的中國法學》，載《法國漢學》第 8 輯《教育史專號》，北京：中華書局，2003 年。

7. 閆曉君：《走近「陝派律學」》，《法律科學》2005 年第 2 期。

8. 林盛：《法學家趙舒翹的悲慘命運》，《浙江人大》2005 年第 9 期。

9. 高奉春：《從〈提牢備考〉看中國傳統監獄文化》，山東大學 2008 碩士論文。

10. 周劭：《「八大聖人」之趙舒翹》，《紫禁城》2009 年第 7 期。

11. 李俊義：《〈鄉飲介賓司殿英先生墓誌銘〉》作者考略》，《赤峰學院學報》2009 年第 8 期。

12. 閆曉君：《陝派律學的幾個問題》，《法律文化研究》2010 年。

13. 沈瑋瑋：《 文若其人：趙舒翹與《提牢備考》互證——兼論中國法律史的研究方法》，《政法論壇》2010 年第 2 期。

14. 賈熟村：《義和團時期的趙舒翹》，《南陽師範學院院學報》2010 年第 7 期。

15. 王新龍：《認識「陝派律學」》，《中國—東盟博覽》2011 年第 4 期。

16. 董佳：《被冤死的軍機大臣趙舒翹》，《新閱讀》2012 年第 5 期。

17. 孫美玲：《趙舒翹法律思想淺析》，《法制與社會》2013 年第 13 期。

18. 趙亞男：《「陝派律學」研究》，山東大學 2014 年碩士論文。

後　記

　　《趙舒翹年譜》的編纂，是筆者求學蘭州大學七年間的學術積累。自本科二年級開始即關注趙舒翹及陝派律學，得到蘭州大學歷史文化學院喬健教授、張克非教授、屈直敏教授、西北政法大學閆曉君教授、中國政法大學朱勇教授的指導與幫助，並獲得蘭州大學創新創業訓練計劃項目的資助。在進一步研究過程中，因緣相識趙舒翹後人——西安美術學院趙農教授，趙老師多方幫助，教誨頗多，特此感謝。

　　書稿的編纂完成，以此感謝父母多年的養育教誨恩情。同時希望著作的出版，對自己的學術研究增加一些自我的勉勵。

閆強樂

2019 年 3 月 27 日

於北京薊門橋